学術選書 047

諸文明の起源 13

古代朝鮮 墳墓にみる国家形成

吉井秀夫

KYOTO UNIVERSITY PRESS

京都大学学術出版会

口絵 1 ●ソウル・石村洞 3 号墓（上・1998 年筆者撮影）と慶州・鳳凰台（下・1987 年筆者撮影）

口絵２●釜山・福泉洞墳墓群（上・1997 年筆者撮影）と羅州・新村里９号墓（下：1987 年筆者撮影）

口絵 3●昌寧・校洞墳墓群（上・1998 年筆者撮影）と扶餘・陵山里墳墓群（下：1985 年筆者撮影）

口絵 4●新安・道昌里古墳の全景（上）と石室の入口（下）（2005 年筆者撮影）

古代朝鮮　墳墓にみる国家形成◉目　次

はじめに

朝鮮半島は、朝鮮海峡をはさんで日本列島と接している、日本からは最も近い外国の一つである。その一方、二〇世紀前半の日本による植民地支配に代表されるような、過去の複雑な歴史的関係により、「近くて遠い国」と表現される地域でもある。この朝鮮半島において、古代国家がどのように形成されていったのかを、主に考古資料を用いてどこまで議論できるかを、日本人が主な読者であることを想定しながら概観するのが、本書の目的である。

最初からやや回りくどい書き方になったが、それには相応の理由がある。というのも、朝鮮半島における考古学研究は、他の学問分野と同様あるいはそれ以上に、過去の学史と、筆者を含めた研究者の置かれた社会的状況を意識せざるをえないからである。一九〇五年の韓国統監府の設置を経て、一九一〇年の韓国併合によって日本の植民地となった朝鮮半島の考古学調査は、東京帝国大学と京都帝国大学を中心とする日本人研究者によって独占的に進められた。それらの調査の中には、平壌郊外に広がる楽浪漢墓の調査や慶州の新羅墳墓の調査のように、朝鮮考古学だけではなく、中国や日本の考古学研究の進展に貢献したものもある。しかし、そこから導き出された研究成果には、さまざまな限界があり、その評価については現在でも大きく意見が分かれている。

一九四五年に日本による植民地支配が終わり、連合軍による統治を経て、一九四八年に大韓民国（以下、韓国と表記）と朝鮮民主主義人民共和国（以下、北朝鮮）の二つの国家が成立すると、それぞれの国において考古学研究が進められることになった。両国における考古学は、植民地時代の研究を批判し、朝鮮民族の過去をさかのぼろうとした点においては共通している。しかし、国家体制の違いや、実際に発掘調査がおこなえるフィールドの違い、そして直接的な学術交流が困難であったことにより、研究の理論的な枠組みや、具体的な歴史記述においては、大きな違いをみせているのが実情である。

さらに最近では、朝鮮半島とその周辺地域の間における原始・古代社会の理解の違いが、新たな論争を生み出している。例えば、栄山江流域の前方後円形墳をはじめとする、朝鮮半島における「倭系」考古資料の発見は、日本と韓国の研究者にさまざまな問題を投げかけてきた。また、高句麗史・渤海史の評価をめぐる中華人民共和国（以下、中国）と韓国の研究者の見解の違いは、マスコミなどに大々的に取り上げられ、社会問題化した。

二一世紀を迎えた現在、これまでの歴史的な限界を克服して、新たな研究の枠組みを構想する時期にさしかかっているのではないかと筆者は考える。文献史料が相対的に乏しい朝鮮古代史研究の場合、考古学が果たすべき役割は大きい。また、地域によって違いがあるものの、発掘調査の増加やそれに伴う研究の進展により、考古資料に基づいて古代国家形成過程を記述するための諸情報は増大しつつある。そして、これまで蓄積された資料にもとづいて、新たな研究成果が提示されてきた。

以上のような研究史を踏まえつつ、本書では、朝鮮半島内における考古学的な文化、つまり考古資料の組み合わせの変化からみた地域性の変遷を、朝鮮半島に人類が出現してから、高句麗・百済・新羅の三国、および加耶諸国が成長し、新羅が大同江以南地域を統一するまでの時間幅で概観する。そして朝鮮半島内での地域性と地域間関係の変化に注目して、朝鮮半島において古代国家がどのように形成されたのかを考えてみたい。

本書における具体的な検討対象は、各時代における墳墓および出土遺物の諸様相である。本来であれば、集落構造の変化や、文物の生産・流通体制の変化などについても同時に議論すべきである。しかし、朝鮮半島の考古学の実情では、特定の時期・地域でそうした問題を議論することは可能であるものの、本書が目指すような通時的な検討をおこなうためには、まだまだ資料不足であるといわざるをえない。古くから朝鮮考古学の主たる研究対象の一つであった墳墓においても、資料的な空白があったり、移行期の様相が不明確な時代・地域が少なくない。そうした限界を認識しつつも、これまでの先行研究の助けをかりながら、筆者なりの見通しを示してみたい。

なお、本書を記述するにあたり、あらかじめ用語の問題を整理しておきたい。まず、「朝鮮半島」あるいは「朝鮮」は、地域名として用いる。それに対して、現在、朝鮮半島に存在する二つの国家やそこに存在する遺跡、あるいは研究者を指し示すときには、朝鮮民主主義人民共和国を「北朝鮮」、大韓民国を「韓国」と表記することにする。遺跡名を最初に表記するときには、最上級の地方行政区画である道の名称と市郡レベルの地名を併記した。現在、北朝鮮と韓国で用いられている道の名称と位置については、図2を参照されたい。韓国では、ソウル特別市や、仁川・大田・光州・大邱・蔚山・釜山広域市、北朝鮮では平壌・南浦・開城特別市のように、道とは独立した行政単位が存在するが、それらは便宜上、本来所属していた道名で表記する。また本書では、日本列島の古墳と区別する意図から、「古墳」と呼ばれることの多い三国時代の墳墓についても、できる限り「墳墓」・「墳墓群」という用語を用いた。ただ、慣例上、あるいは語感の問題から、「古墳」・「墳」という用語を使わざるをえない場合がある点を、あらかじめご理解いただきたい。

古代朝鮮　墳墓にみる国家形成

第1章……朝鮮半島の地理的環境と墳墓分析の視角

1　朝鮮半島の地理的環境

朝鮮半島の自然地理的環境

朝鮮半島は、ユーラシア大陸の東北部から南側にのびる、南北約一〇〇〇キロメートル、総面積約二二万二〇〇〇平方キロメートルの半島である（図1）。北側は、鴨緑江《おうりょくこう》《アムノクガン》と豆満江《とまんこう》《ツマンガン》を境として、中国とロシアに接し、東西は海に囲まれ、南側は朝鮮海峡を挟んで、日本と接している（図2）。

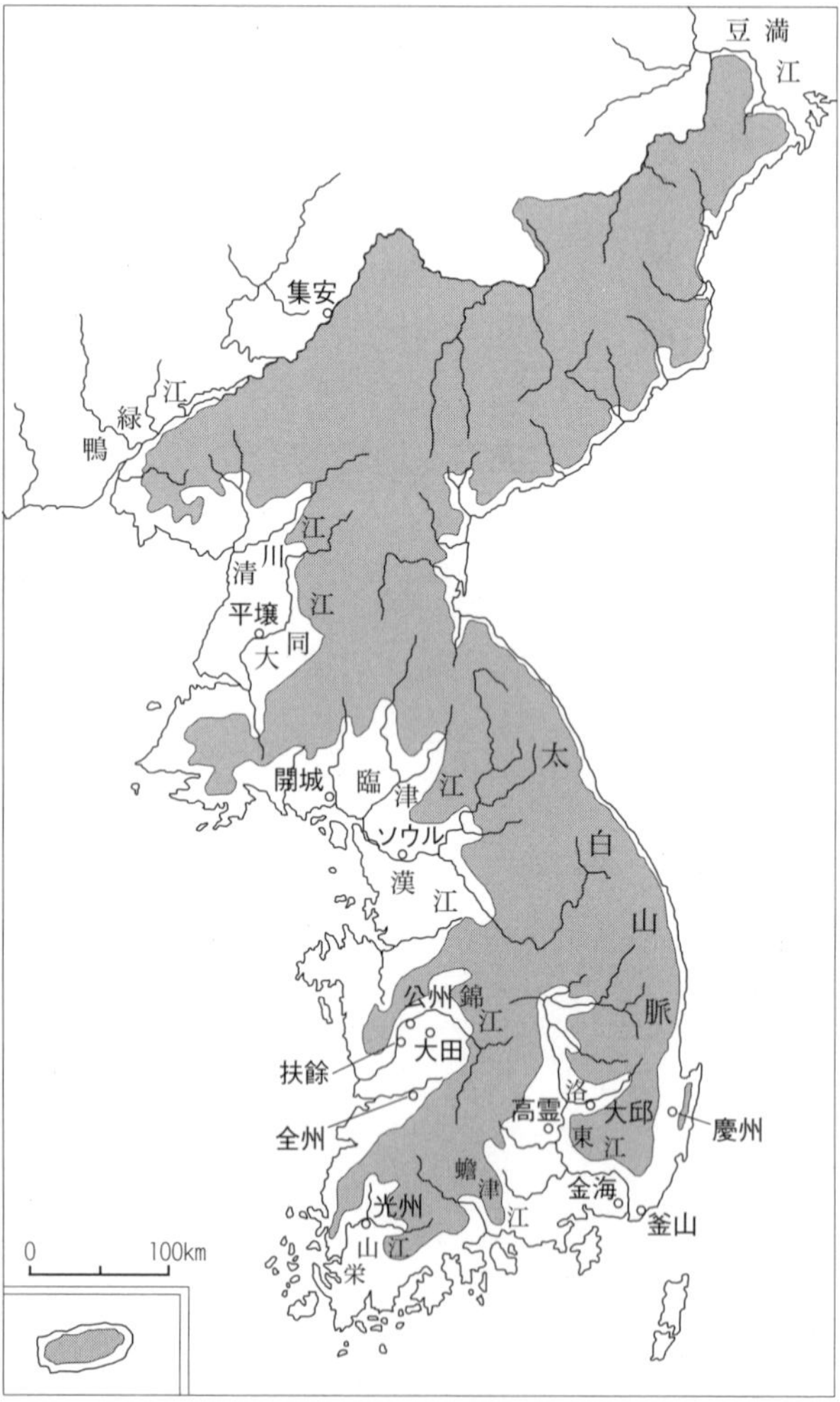
豆満江
集安
鴨緑江
清川江
平壌
大同江
開城
臨津江
ソウル
漢江
太白山脈
公州
錦江
大田
扶餘
全州
洛東江
高霊
大邱
慶州
金海
釜山
蟾津江
光州
栄山江
0
100km

図1●朝鮮半島の地勢

ユーラシア大陸の東端に位置する朝鮮半島は、日本にくらべて空気が乾燥しており、気温の年較差は大きい。ただ、南北に長い地形ため、地域による気候の違いも大きい。筆者が三回にわたり長期滞在した大邱《たいきゅう》《テグ》は、朝鮮半島東南部の内陸に位置する盆地であるために、真夏の最高気温は四〇度近く上がることも珍しくない。しかし、湿度が高くないために、日陰にいればどうにか暑さをしのぐことができた。その一方、最低気温が零下七~八度まで下がる真冬の気候は、兵庫県の瀬戸内海沿岸で生まれ育った筆者にとっては、はじめて体験する寒さで、非常に苦労した。ただ、同時期の釜山《ふさん》《プサン》では、大邱よりも数度ほど暖かく、ソウルでは零下一〇度以下に下がっているのをテレビでみて、気候の違いを実感したことが思い出される。

植生との関係をみると、北緯三五度前後（日本の京都や名古屋などとほぼ同緯度）の朝鮮半島南海岸は、西日本と同様の照葉樹林帯に属する。日本の東北地方とほぼ同じ緯度であるソウル（北緯三七・五度前後）や平壌（北緯三九度前後）は、落葉広葉樹林帯にあたる。また、北部の山岳地帯には、亜寒帯林が広がる。ここで注意しておきたいことは、朝鮮半島の古代国家である高句麗《こうくり》《コグリョ》・百済《くだら》《ペクチェ》・新羅《しらぎ》《シルラ》の王都が、いずれも落葉広葉樹林帯に属している点である。日本の古代における国家形成に深く関わる地域のほとんどが、照葉樹林帯に属していることとは対照的である。日本列島と朝鮮半島における古代国家はしばしば比較対象となる。しかし、農業生産をはじめとする経済的基盤が少なからず異なっていた可能性があることは、いつも念頭に置いておく必要があるだろう。

朝鮮半島の背骨ともいえる太白《たいはく》《テベク》山脈は、北西―南東方向に伸びる。そして、そこから肋骨のように、北東―南西方向に幾筋もの山脈がのび、地理的な境界を形成している。太白山脈の位置が半島の中心より東側にかたよっているために、西海岸および南海岸に向かって流れる川は傾斜が緩やかで長く、その周囲には平野が発達している。こうした平野は、先史から現代に至るまで、多くの人々が生活し、独特の文化を発達させる舞台となった。また西海岸と南海岸は、海岸線が入り組み、大小多くの島々が散在する。こうした地理的特徴は、海上交通を発達させるための拠点となる港の形成に適した地形を提供している。

一方、東海岸に流れる川は、太白山脈と海岸との距離が近く、豆満江を除いて流路が短くて傾斜度が大きいため、平野は発達していない。海岸線はおおむね直線的で、河口には砂丘や砂州、潟湖がしばしば形成されている。

朝鮮半島の歴史地理的環境と地域区分

朝鮮半島西海岸および南海岸は、主要な河川を中心として、いくつかの地域に分けられる。これからの議論のために、北西から南東の順に、各地域の歴史地理的環境を概観しておこう。

鴨緑江流域は、新石器時代や青銅器時代においては、朝鮮半島南部よりは、むしろ中国東北地方の諸文化と深い関係をもつ地域である。その文化的な広がりは、清川江《せいせんこう》《チョンチョンガン》を南限とすることが多い。三国の一つである高句麗の二番目の王都であった集安《しゅうあん》《チーアン》は、鴨緑江中流域の北岸に位置する。大同江《だいどうこう》《テドンガン》流域には、南京《なんきょう》《ナムギョン》遺跡などの新石器時代・青銅器時代の重要な遺跡が存在し、前漢によって滅ぼされた衛氏朝鮮の位置した地域でもある。大同江中流域の北岸に位置する北朝鮮の首都、平壌《へいじょう》《ピョンヤン》の市街地は、高句麗の最後の王城がおかれた長安城と同じ位置にある。大同江を挟んで南側には、楽浪郡治が置かれたと考えられる楽浪土城があり、その周辺に楽浪漢墓とよばれる墳墓が多数築造された。

朝鮮王朝の王都であり現在は韓国の首都であるソウルと、高麗《こうらい》《コリョ》王朝の王都のあった開城《かいじょう》《ケソン》の中間を流れる臨津江《りんじんこう》《イムジンガン》は、南北休戦ラインに近く、長らく遺跡の実態が知られていなかった。しかし最近の調査により、臨津江の北岸に沿って、高句麗の防塁城が、南岸に沿って百済や新羅の山城が分布していることが明らかになった。このことにより、臨津江付近で、三国時代における高句麗と百済や新羅の領域が接することが多かったことがわかる。

ソウルが北岸に位置する漢江《かんこう》《ハンガン》は、上流で南漢江と北漢江に分かれ、その流域面積は広い。朝鮮王朝の王都が置かれて以来、政治的な中心として機能してきたソウルの旧市街は、漢江の北岸に位置する。一方、漢江を挟んで南側には、百済の最初の王都であった漢城と関係する遺跡が広がっている。錦江《きんこう》《クムガン》流域には、扶餘《ふよ》《プヨ》・松菊里《しょうぎくり》《ソングンニ》遺跡に代表されるように、青銅器時代から初期鉄器時代にかけての大規模な遺跡が分布し、細形銅剣を中心とする多様な青銅器も多く出土している。四七五年に高句麗によって王都である漢城《かんじょう》《ハンソン》を失った百済は、錦江流域の熊津《ゆうしん》《ウンジン》（現在の公州《こうしゅう》《コンジュ》市）を王都として再興をはかり、五三八年にはやや下流の泗沘《しひ》《サビ》（現在の扶餘《ふよ》《プヨ》邑）に遷都した。錦江の上流は、大田《たいでん》《テジョン》広域市の北側を通って南下し、全羅北道《ぜんらほくどう》《チョルラプクド》の東半部にいたる。この地域は、蟾津江《せんじんこう》《ソムジンガン》の上流や、洛東江《らくとうこう》《ナクトンガン》の支流である南江《なんこう》《ナムガン》の上流と接しており、加耶の南海岸や内陸部と百済を結ぶ交通上の要地であったと考えられている。

朝鮮半島西南端に位置する栄山江《えいざんこう》《ヨンサンガン》流域は、自然環境に恵まれた穀倉地帯である。三国時代においては、独特の形態の甕棺を埋葬施設とする独自の墓制が展開する。日本では、前方後円形墳が築造された地域として注目を浴びることになったが、最近の調査研究により、それ以前の段階から、日本列島の対外交渉を考える上で重要な役割を果たした地域であることが再認識されつつある。

全羅南道《ぜんらなんどう》《チョルラナムド》と慶尚南道《けいしょうなんどう》《キョンサンナムド》の境界を流れる蟾津江の流域には、大きな平野・盆地は形成されていない。しかし、その上流は錦江の上流と接する。また、南原《なんげん》《ナムウォン》盆地と雲峰《うんぽう》《ウムボン》高原を挟んで、洛東江の支流である南江の上流ともつながる。こうした地理的条件から、蟾津江は、南海岸から内陸諸地域に至る交通路としての役割が注目されている。

朝鮮半島の東南部を南北に流れる洛東江およびその支流である南江・黄江《こうこう》《ファンガン》・琴湖江《きんここう》《クモガン》の流域に沿っては、多くの盆地が連なっている。三国時代においては、各盆地を単位として、加耶諸国とその独特な文化が広がっていた。新羅の王都であった慶州《けいしゅう》《キョンジュ》は、東海岸の浦項《ほこう》《ポハン》に河口をもつ兄山江《きょうさんこう》《ヒョンサンガン》流域に位

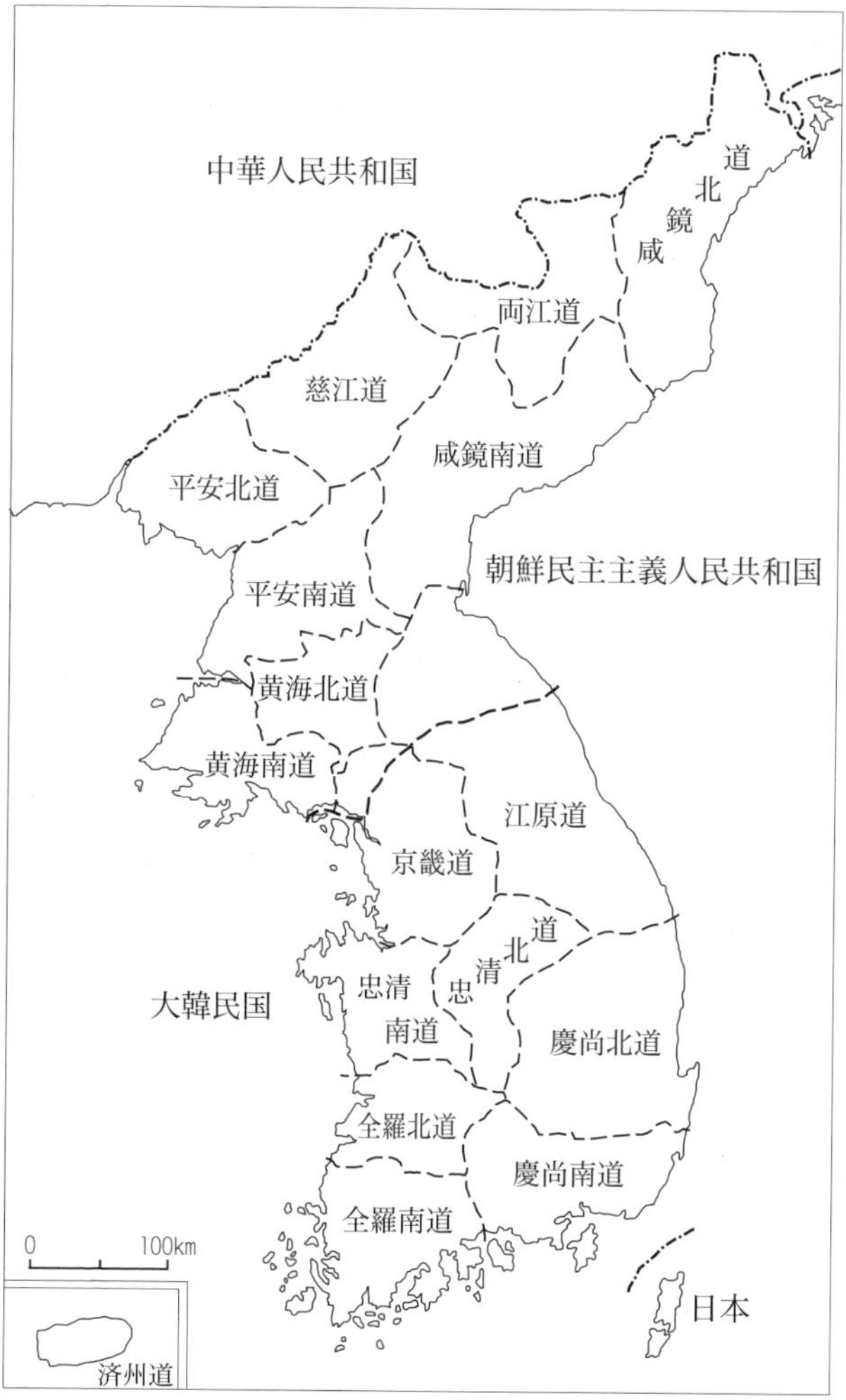

図2●北朝鮮・韓国の行政区画

置するが、琴湖江の上流域と接している。また、慶尚道各地とつながる交通路が、慶州を中心として広がっており、洛東江流域との関係が深い地域である。

以下、本書では、原始古代においてさまざまな文化が展開した諸地域の中心を流れる河川を基準として、鴨緑江流域・大同江流域・漢江流域・錦江流域・栄山江流域・洛東江流域を、墳墓の地域色を比較検討するための地理的な単位としたい。また、三国時代における領域の変遷を念頭に置きつつ、高句麗の領域と重なる鴨緑江流域および大同江流域を「朝鮮半島西北部」、百済の領域と重なる漢江流域・錦江流域・栄山江流域を「朝鮮半島西南部」、新羅および加耶諸国の領域と重なる洛東江流域を「朝鮮半島東南部」と表記することにする。

2　朝鮮考古学における時代区分

次に、朝鮮考古学における時代区分案の変遷を概観しておこう。先史時代から三国時代にいたるまでの時代区分案の変化は、朝鮮考古学の発展や、古代国家形成過程に対する認識の変化と密接に関係している。また、時代区分案の変遷には、新たな考古資料の発見とそれに対する歴史的評価の変化だけではなく、それぞれの研究者が研究をおこなうさまざまな環境の違いも反映されている点に留意したい。

植民地時代における時代区分案

植民地時代に、日本人研究者が調査研究を進めていく中で、考古資料の編年とそれに基づく時代区分に対する検討も進められた。京城帝国大学教授であり、長らく朝鮮総督府博物館主任（実質的な館長）として、朝鮮古蹟調査を指揮した藤田亮策は、以下のような時代区分案を示している（注1）。

石器時代
金石併用時代
楽浪帯方時代
三国（新羅・百済・高句麗）時代

明石原人の発見で有名な直良信夫は、咸鏡北道穏城《かんきょうほくどうおんじょう》《ハムギョンプクドオンソン》・潼関鎮《どうかんちん》《トングアンチン》遺跡で発掘された更新世のほ乳類化石に混じって、石器や骨角器が存在することから、これらが旧石器時代の遺物であると主張していた（注2）。しかし藤田は、日本と同様に、朝鮮半島における旧石器時代の存在については否定的であった。また藤田は、石器時代には、厚手無文土器・櫛目文土器・丹塗磨研土器・押型及打型文土器の四種があり、土器の違いが集団差であると考えていた。

次の金石併用時代は、慶尚南道金海《きんかい》《キメ》市の金海会峴里《かいけんり》《フェヒョンニ》貝塚（図3）に代表される。この時代には、青銅器・鉄器といった金属器が北方や中国からもたらされ、支石墓・甕棺といった新しい要素が登場する一方で、貝塚・竪穴などの石器時代の伝統が残存するとされた。楽浪帯方時代は、金石併用時代と時間的に重なる中国漢の文化に特徴づけられる時代であり、楽浪・帯方郡の滅亡する四世紀前半以降に、高句麗・百済・新羅からなる三国時代がはじまった、と藤田は理解した。こうした藤田の時代認識は、古朝鮮を史実として認めず、楽浪郡滅亡（三一三年）後の三国時代からを朝鮮史とみる、朝鮮史編纂事業の歴史観に通じている。

現在の研究水準からみれば、三国時代より前の時代における考古資料の理解については、多くの部分で修正が必要である。例えば、系統差と理解された櫛目文土器と厚手無文土器は、使用時期がそれぞれ異なることが明らかになっている。また、金石併用時代としてまとめられた多くの考古資料は、後述するように約一〇〇〇年間の時間幅の中でその変遷過程が追えるものである。

次に、三国時代における地域間関係がどのように理解されていたのかを知るために、植民地時代における墳墓研究の成果をまとめた、梅原末治『朝鮮古代の墓制』（一九四六年）をみてみよう。梅原は、三国時代の墓制を「高句麗中代の墓制」・「平壌を中心とした高句麗下代の墓制」・「百済の古墓制」・「古新羅の墓制概観」・「南鮮各地古墳の様相」という項目を立てて、説明している。高句麗・百済・新羅については、それぞれの王都が存在した地域の墳墓を取り上げている。それに対して、「南鮮」

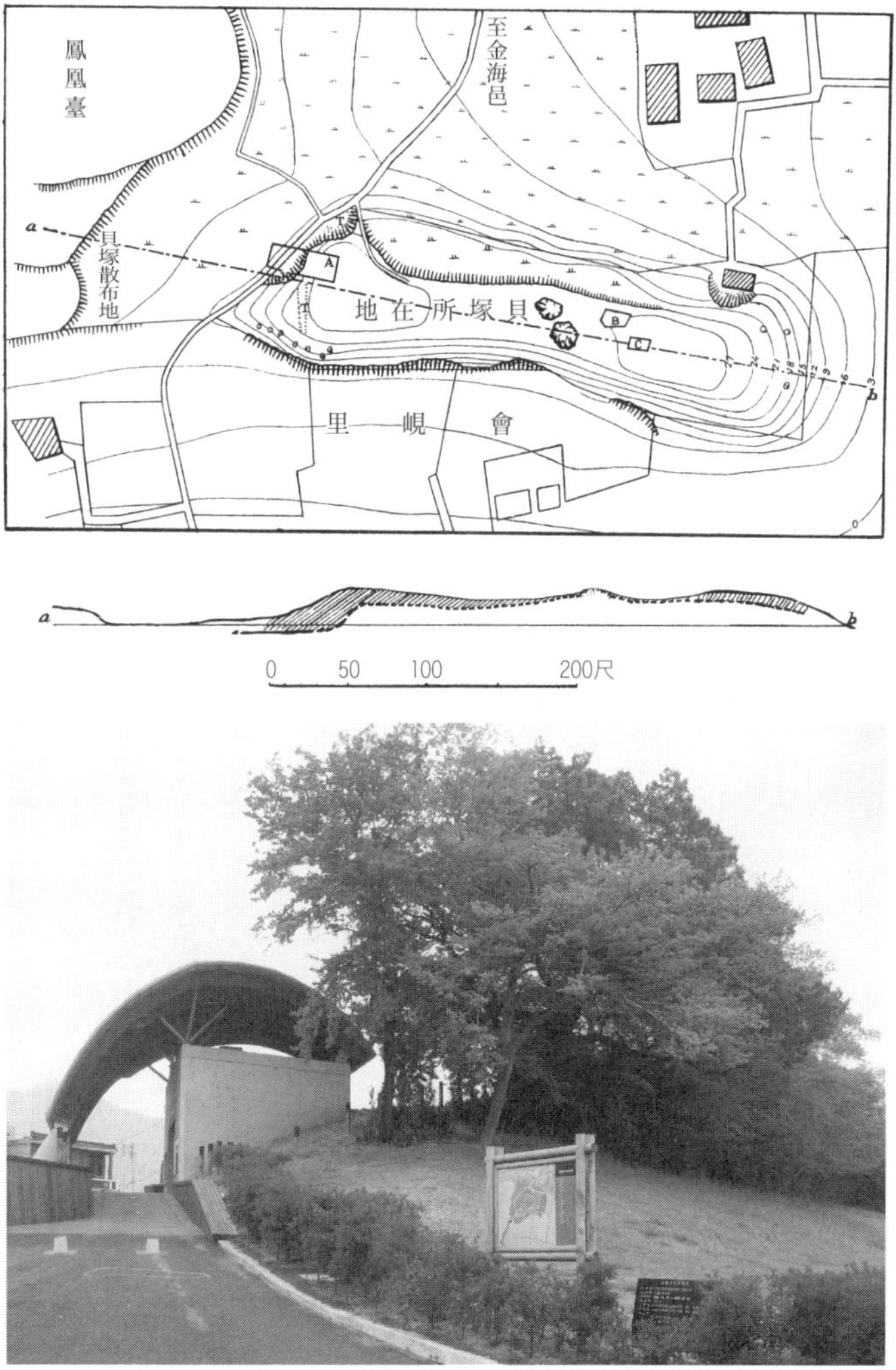

図3●金海会峴里貝塚（上：1920 年の調査時　下：現在の整備状況）

各地として取り上げた地域は、慶尚北道《けいしょうほくどう》《キョンサンプクド》（大邱・星州《せいしゅう》《ソンジュ》・高霊《こうれい》《コリョン》・玄風《げんぷう》《ヒョンプン》・善山《ぜんざん》《ソンサン》・金泉《きんせん》《クムチョン》）、慶尚南道（昌寧《しょうねい》《チャンニョン》・梁山《りょうざん》《ヤンサン》・晋州《しんしゅう》《チンジュ》・咸安《かんあん》《ハマン》）、全羅南道（羅州《らしゅう》《ナジュ》）など広域にわたる。そしてこの広がりは、末松保和が『任那興亡史』（一九四九年）などで想定した「任那」の範囲とほぼ一致する。『朝鮮古代の墓制』において、梅原自身は、朝鮮半島と日本列島の墳墓の構造や副葬品の違いを理由に、日鮮同祖論を否定する。その一方で、勾玉や直弧文鹿角製装具などを倭系の遺物の存在をあげて、それらが「古史の所伝を裏書き」しているとも考えた。

以上のように、朝鮮総督府の支配下において、日本人研究者は朝鮮半島における考古資料の大まかな広がりを把握し、考古資料の変遷についてもその大枠を把握しようとした。しかし、「石器時代」や「金石併用時代」の設定は、朝鮮半島の石器時代が長い間変化せずに停滞した状態が続いたように理解され、朝鮮半島における内的な発展を否定したとの批判を受けることになる。また、楽浪滅亡後の三国時代から朝鮮民族による国家形成がはじまったとみなし、『古事記』・『日本書紀』の歴史観に立脚して、三国時代の考古資料を理解しようとした研究姿勢も、北朝鮮と韓国の研究者による再検討の対象となった。

解放後の時代区分案

一九四五年八月一五日に日本が連合軍に無条件降伏したことにより、朝鮮半島は朝鮮総督府による植民地支配から解放された。古蹟調査事業の拠点であった朝鮮総督府博物館は、連合軍の指導の下、朝鮮人による運営に移される。しかし、その後の南北分断により、朝鮮考古学は、二つの国家のもとで、別々に進められることになった。

日本人の設定した時代区分に対する批判的な再検討は、北朝鮮でまず進められた。北朝鮮では、一九四九年以降、朝鮮戦争による中断期はあるものの、先史時代の遺跡を中心として、活発な発掘調査が進められた。櫛目文土器を伴う集落遺跡からは、炭化した穀物や農具と思われる石器類が見つかり、農耕の存在が確認された。また、青銅器や支石墓などの研究も進められた。さらに一九六三年には、咸鏡北道先鋒（旧雄基）・西浦項《せいほこう》《ソポハン》貝塚の下層で、旧石器時代に相当する石器が発見され、朝鮮半島における人類の活動の歴史が、更新世までさかのぼることが明らかになった。

こうした考古学的な調査研究成果を踏まえて、一九五〇年代後半から一九六〇年代にかけての北朝鮮では、唯物史観による歴史発展論をどのように朝鮮史に適用するのかが盛んに議論された。なかでも、「金石併用時代」の再構成と、文献史料と考古資料を用いた古朝鮮の評価は、大きな問題であった。具体的な研究動向について、本書では立ち入らないが、その間の議論をまとめて刊行された社会科学院考古学研究所『朝鮮考古学概要』（一九七七年）をみると、以下のような時代区分が採用されている。

旧石器時代
新石器時代
青銅器時代
奴隷社会（古朝鮮・扶餘・辰国）
封建社会（三国〜朝鮮）

遺跡の発見によって設定された旧石器時代はさらに三期に細分され、前・中期は原始共同体期、後期は初期母系氏族社会と規定された。新石器時代は、櫛目文土器で代表される時代であり、発展した母系氏族社会とされた。藤田の設定した石器時代の一部と金石併用時代は、青銅器時代と奴隷社会に再編された。青銅器時代は、父系氏族社会の段階と考えられた。また古朝鮮・扶餘・辰国の段階は奴隷社会であり、古代に相当すると規定された。ここでは、朝鮮総督府の朝鮮史編纂事業において朝鮮史から排除された古朝鮮を古代国家として認定し、考古学の時代区分にも反映されていることに注意しておきたい。

一方、韓国においては、一九六二年にソウル大学校の考古学人類学科に考古学担当の教授として赴任した金《キム》元《ウォン》龍《リョン》が、北朝鮮での研究成果と韓国国内での調査成果を踏まえて、一九六六年に『韓国考古学概論』を執筆した。本書における時代区分は以下のようである。

旧石器文化
中石器文化
新石器文化
青銅器文化
初期鉄器文化
原三国文化
三国古墳文化

北朝鮮における時代区分と異なる点のうち、「中石器文化」は、欧米の研究状況を参照しながら存在の可能性を指摘しただけで、現在でもその存在が具体的な考古資料で実証されたわけではない。また、細型銅剣や粘土帯土器などで特徴づけられる文化・時代である「初期鉄器文化（時代）」については、のちに金元龍自身が『韓国考古学概説』を改訂した際に、「青銅器時代」の一部に含めた時期があった。

金元龍の時代区分案の最大の特色は、「原三国時代」の設定である。「原三国時代」は「プロト」三国時代とでも呼べる時代であり、金元龍はこの時代を先史と三国時代を結ぶ過渡期と位置づけようとした。この時代に該当する紀元前後から紀元後三〇〇年は、一二世紀半ばに編纂された歴史書である

『三国史記』に、三国に関するさまざまな記録が残されている時期である。植民地時代における日本人研究者は、この時期の『三国史記』の記録は、基本的に史実として扱わなかった。それに対して金元龍は、楽浪漢墓と支石墓の分布図を示して、楽浪郡の影響が及んだ範囲は大同江下流域周辺に限られており、それ以外の地域では、『三国史記』に記録されたような、独自の政治的な発展がありえたと主張した（注3）。原三国時代は、『三国史記』の記録を積極的に利用すべきであるとする金元龍の歴史構想に基づく時代設定であったと理解できる。

日本においては、西谷正が朝鮮考古学におけるそれまでの時代区分を批判的に検討し、新石器時代以後は土器の特色を、古代国家成立以後は王朝の交代をメルクマールとして、以下のような時代区分案を提案した（注4）。

旧石器時代
櫛目文土器時代
無文土器時代
原三国時代
三国時代
統一新羅時代

高麗時代
朝鮮時代

この案のうち「櫛目文土器時代」は、金元龍案の新石器時代に、また「無文土器時代」は、金元龍案の青銅器時代と初期鉄器時代に該当する。日本では、西谷案のように無文土器時代を用いる研究者が多く、韓国でも一部の研究者がこの時代名を用いている。

以上のように、解放後の北朝鮮と韓国においては、先史時代から三国時代にいたるまでの間に、新たな時代が設定された。それらは、日本人研究者による時代区分を植民地主義的であるとして批判し、朝鮮半島においても、ヨーロッパや中近東における時代区分に対応させうる文化の発展が確認できることを示そうとするものであった。

また、北朝鮮における「奴隷社会」や、韓国における「原三国時代」の設定にみられるように、朝鮮民族による国家のはじまりを、紀元後四世紀よりさらに古くまでさかのぼらせようとする解放後の歴史学界の潮流が反映されている。ただ、そうした時代の設定、特に歴史時代への移行期については、文献史学の成果を反映しつつ理念的に想定された部分が大きく、各時代に具体的にどのような考古資料が対応するのかについての実証的な検討を進めるためには、発掘調査の増加と、それに対する研究の進展をまたねばならなかった。

最近の研究動向

北朝鮮では、一九九三年に、朝鮮民族の始祖と伝えられる檀君《だんくん》《タングン》の墓とされる墳墓が発掘されたことが発表された。そして、そこから出土した人骨の年代測定結果にもとづき、この骨が檀君の骨であるとされた。それ以降、北朝鮮では檀君は実在の人物とされ、古朝鮮の中心が最初から平壌周辺にあったことを前提とした時代区分が新たに設定されて現在にいたっている。

一方、韓国においては、一九八〇年代以降、高速道路やダムの建設にともなって消滅の危機を迎えた遺跡の発掘を、各地の国立博物館や大学博物館が担当することによって、新たな発見が相次いだ。一九九〇年代半ばからは、さらに増大する発掘調査に対応するために、発掘調査専門機関が設立されはじめ、二一世紀に入ってからは、これまでの予想を覆すような新たな発見が続いている。

こうした調査および研究の進展により、韓国内では各時代における考古資料の具体的な様相が明らかになってきた。例えば青銅器時代においては、支石墓が代表的な墳墓であり、水田や畑の発見を通して本格的な農業がはじまったことがわかってきた。こうした考古資料の様相からみて、朝鮮半島における階層社会の出現と展開を考えるためには、青銅器時代の評価が重要な鍵を握っていると考えられる。これは、日本における古墳時代以降の国家形成過程の前史として、弥生時代の評価が重要視されるようになってきたことと対比できるだろう。

また、初期鉄器時代や原三国時代における考古資料の変遷過程も、次第に明らかになってきた。そうした研究の進展とともに、青銅器時代から原三国時代にかけての画期が再検討され、青銅器時代から三国時代にかけての時代区分について新たな案が提示され、議論が続いている。この時期における時代区分をめぐって論争が続いているのは、考古資料の実態が明らかになってきた中で、その成果を文献史料をもとに想定されてきた朝鮮半島における国家形成過程と、どのように整合させていくのかを考えざるをえなくなってきたからであろう。

また一九九〇年代以降、文献史料に頼るのではなく、考古資料自体の分析を通して階層社会の成長や古代国家形成過程を検討しようとする研究が、韓国の研究者の手によって進められてきた。青銅器時代から三国時代にかけての階層化社会の発展モデルを提示した崔鍾圭《チェジョンギュ》の研究（注5）、漢江流域における考古資料の分析を通して百済の成立を検討した朴淳發《パクスンバル》の研究（注6）、洛東江流域における古代国家形成過程を検討した李熙濬《イフィジュン》（注7）、李盛周《イソンジュ》（注8）、金龍星《キムヨンソン》（注9）の研究などが、その代表的な例である。

こうした先行研究成果に学びつつ、本書では、考古資料のうち墳墓とその副葬品に注目し、その長期的な変化と地域性に注目して、朝鮮半島における国家形成過程の素描を試みたい。本来であれば、集落の構造や農業をはじめとする生業の変化も検討すべきである。ただ、こうした問題について十分な検討ができる時代・地域はまだ限られている。墳墓研究の場合も、実態がはっきりしない部分が決して少なくはないが、先学の研究成果の助けを得ながら、その変化の大枠を示していくことにしたい。以下の分析では、韓国考古学会が編集・刊行した最新の概説書である『韓国考古学講義』（二〇〇七年）でも採用されている、金元龍の時代区分案をひとまず採用することにする。

3　墳墓分析の視角

最後に、朝鮮半島における墳墓の変遷を分析するための方法について述べておきたい。

一般的に、墳墓は、死者が所属していた社会におけるさまざまな葬送儀礼のしきたり（葬制）に従ってつくられたと考えられる。葬制のなかでも、墳墓を築造する上でのさまざまなしきたりを、本書では墓制とよびたい。人類学者や民俗学者とは違い、考古学者は、墳墓をつくる人々にインタビューしたり、墳墓築造の過程を観察することによって、墓制や葬制、そしてその背後にある葬送観念を叙述することはできない。考古学者が一次的に知り得るのは、発掘調査によって墳墓から見いだされた遺構や遺物を通して得られる情報に過ぎない。それらの情報のうちいくつかの要素の間に見いだされる一定の相関関係を通して、考古学者は、特定の地域・集団・階層に対する墓制・葬制を理解する。さらに、そうした墓制・葬制の特徴を通して、その背後に存在した当時の社会状況を推測しようとするのである。

　墳墓を通して古代国家形成過程を考えるために、考古学者が注目してきたのは、墳墓間のさまざまな格差である。考古学者は、①立地、②墳丘や埋葬施設の規模と構造、③副葬品の量と内容などの分析を通して、墳墓群内、もしくは墳墓群間の格差を見いだす。そして、それを手がかりとして、当時の社会における階層構造を復元し、それをあらかじめ準備したモデルや、文献記録との比較対照を通して、その社会の国家形成過程における歴史的位置づけをおこなってきた。本書でおこなおうとする墳墓の分析自体も、基本的に同様の立場に立つ。

　墳墓を検討する地理的な広がりには、（a）墳墓群内における墳墓間の関係、（b）盆地程度の小地域内における墳墓群間の関係、（c）河川を単位とする地域内における墳墓群・小地域間の関係、というレベルの設定が可能である。調査が進んでいる地域であれば、レベル（a）や（b）での分析が可能である。しかし、そうした地域は限られているので、本書ではレベル（c）の広がりを、墳墓の動向を考える上での基本的な単位とする。そして、朝鮮半島において墳墓が確認できる新石器時代から、高句麗・百済・新羅と加耶諸国が朝鮮半島内に割拠する三国時代までの時間幅において、地域ごとに墳墓の変遷を検討していきたい。

　その上で本書では、朝鮮半島の各流域間の墳墓の様相の比較もおこなっていく。しかし、こうした比較は思ったほど容易なことではない。それは、地域ごとに墳墓の規模・構造や、副葬品の量や組み合わせが異なるからである。具体的な例を、個人的な体験をもとに説明してみよう。

筆者はもともと、百済の故地であった朝鮮半島西南部における三国時代の墳墓を研究していた。ところが諸事情により、筆者は大邱にある慶北大学校に留学し、新羅や加耶諸国に関連する遺跡の調査や研究会にもしばしば参加した。そのときに、新羅や加耶の考古学を専攻する研究者や友人から、なぜ新羅や加耶の墳墓の研究をせずに百済の墳墓の研究をしているのか、ということをしばしば聞かれて閉口したものである。こうした発言がなされる原因の一つは、多様な副葬品が多量に出土する新羅や加耶の墳墓研究にたずさわっている研究者の目からみて、副葬品の量がそれほど多くない百済の墳墓に魅力を感じられないことにあったのだろう。

一方、日本の古墳研究者と話をしていると、日本の前方後円墳にくらべて、朝鮮半島の墳墓はたいしたことがない、といったニュアンスの話を聞かされることがある。こうした発言の真意がどこにあるのかはともかくとして、日本の古墳を研究する視角でみたとき、朝鮮半島の墳墓は、墳丘の規模が小さく、その形状も変化に乏しいようにみえるのが、そうした発想の原因の一つではないかと考えている。

このような墳墓に対する評価の「ずれ」は、墳墓から階層差を導き出すために注目する要素が、地域ごとに違うことにより生じるのであろう。新羅や加耶における墳墓の階層差を最も大きく反映しているのは、副葬品の量と組み合わせである。それに対して、日本列島の古墳においては、墳丘の形状と規模の組み合わせが、被葬者の社会的位置づけをよく反映していると考えられてきた。しかし、そうした特定地域に通用する「物差し」で、他地域の墳墓をうまく評価できるとは限らないのである。

この問題を解決するためには、各地域の墳墓における特定の要素が、被葬者の階層性をよりよく反映することになった原因を、墓制・葬制上の伝統の中に探る必要があると考える。そして、そうした違いが生じる大きな原因の一つとして、本書では墳墓の築造過程、特に墳丘と埋葬施設の構築順序の違いに注目したい。

この問題は、埋葬施設が墳丘内に位置するのか、墳丘より下の地山（当時の地表面）内に位置するのかの違いとして、二〇世紀前半の日本人考古学者はすでに認識していた。また、解放後の韓国人研究者は、地山と埋葬施設の位置関係により、墳墓を「地下式」・「半地下式」・「地上式」というように分類してきた。そうした墳墓の構造の多様性を、墳丘と埋葬施設の構築順序の違いに注目して整理し、その朝鮮半島における時空的な展開を検討したのが李盛周である（注10）。李盛周は、朝鮮半島に存在する墳墓を、埋葬施設を設置した後にそれを密封するために封土を積み上げた「封土墳」と、石や土により墳丘を造成した後に、その中に埋葬施設を築造した「墳丘墓」に分類する。そして両者を、埋葬施設の構造などの違いを越えて長期持続的な伝統として存続する墳墓築造の観念と考え、その系統と展開を検討した。

こうした先行研究を受けて、筆者は、墳丘と埋葬施設の構築順序の違いが、埋葬施設の変化を越えて長期間持続する傾向があることに注目してきた。特に、葬送儀礼がおこなわれる「場」の重要性に注目して、埋葬施設に被葬者が安置される段階において、墳丘が存在するかがどうかが重要な分類基準となると考えて、筆者は、東アジアの墳墓を「墳丘先行型」と「墳丘後行型」に大別している（図4、注11）。

墳丘先行型の墳墓は、墳丘がある程度築造された後に埋葬施設の構築がはじまり、墳墓が完成した段階で、埋葬施設が墳丘内に存在する墳墓である。この類型の墳墓の場合、被葬者を埋葬施設に安置する際の諸儀礼は、主に墳丘上でおこなわれたと考えられる。前方後円墳に代表される日本の古墳は、典型的な墳丘先行型の墳墓である。後述するが、朝鮮半島においては、鴨緑江・漢江・栄山江流域において、墳丘先行型の墳墓が多く確認される。また、中国の長江流域に分布する土墩墓も、墳丘先行型の墳墓に分類することができる。

墳丘後行型の墳墓は、埋葬施設をまずつくり、そこへの被葬者の埋葬が完了してから、墳丘がつくられる。この類型の墳墓の場合、被葬者を埋葬施設に安置する際の諸儀礼は、墳丘が盛られる以前に埋葬施設の周囲に広がっていた、地上の空間を利用しておこなわれたと考えられる。慶尚北道高霊の池山洞《ちさんどう／チサンドン》墳墓群を中心として、五世紀～六世紀前半にかけて各地で築造された大加耶系の墳墓の場合、その墳丘下面に、主槨を囲むように、殉葬者を納めたと推定されている小石槨、器台や大甕を用いた儀礼の痕跡や、甑などを用いて調理をおこなったと思われる痕跡などが残っており、諸儀礼がおこな

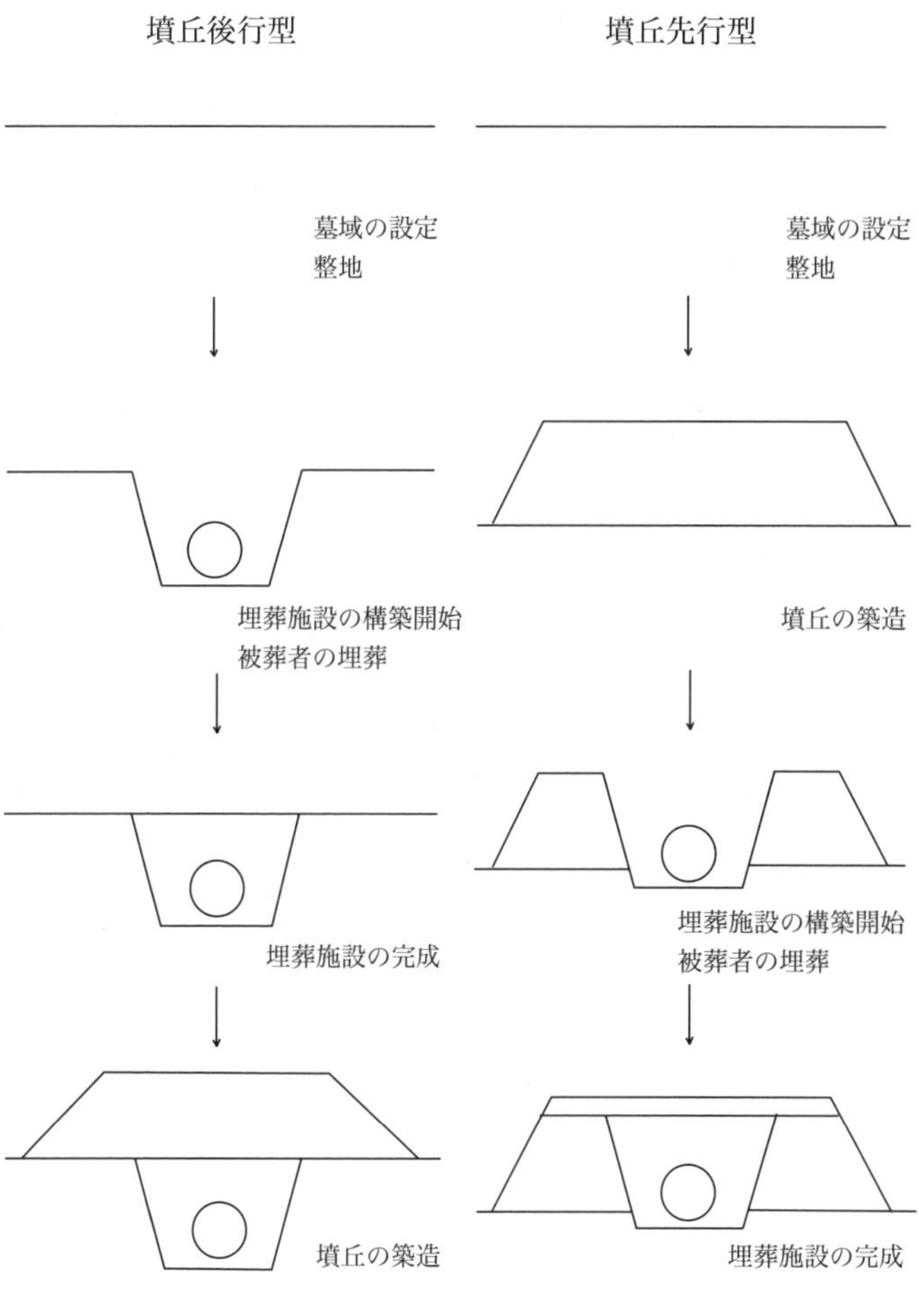

図4●墳丘先行型・後行型墳墓の築造過程（模式図）

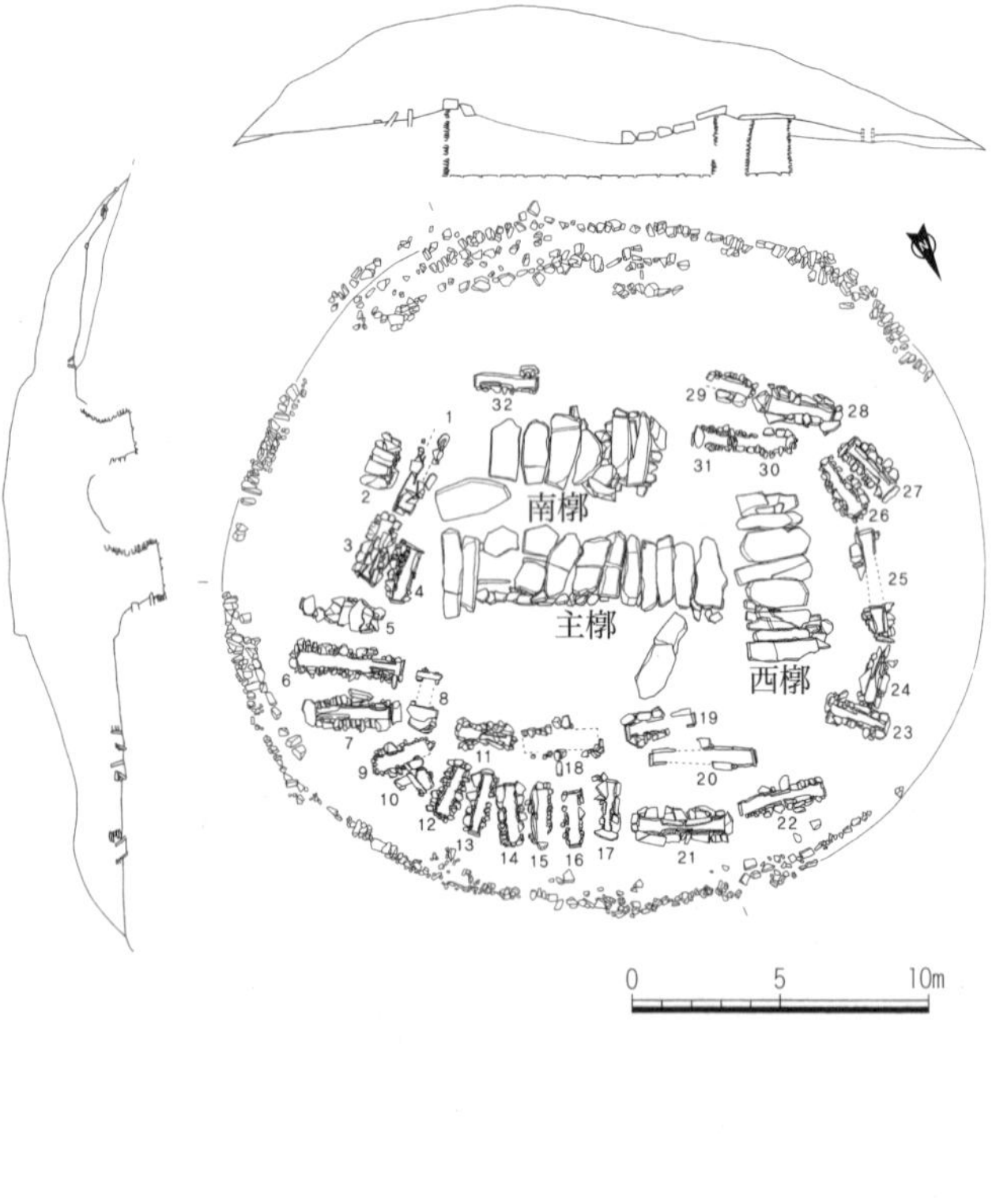

南槨
主槨
西槨
1
2
3
4
5
6
7
8
9
10
11
12
13
14
15
16
17
18
19
20
21
22
23
24
25
26
27
28
29
30
31
32
0
5
10m

図5●池山洞44号墓

われた場の存在がよくわかる（図5）。朝鮮半島においては、高霊を含む洛東江流域と錦江流域において、墳丘後行型の墳墓がつくられる傾向がみられる。中国においては、殷周時代をはじめとする中国中原地域の墳墓は、地下深くに埋葬施設がつくられた墳丘後行型の墳墓に分類される。

筆者は、以前の検討において、墳丘後行型・墳丘先行型の二類型の墳墓は、朝鮮半島の中で河川の流域を単位として排他的に分布し、埋葬施設の構造や墳丘の構造・規模が変化しても、どちらかの類型の伝統が比較的長期間維持されることを示したことがある（注12）。本書では、そうした研究をもとに、墳丘と埋葬施設の構築順序の伝統の違いが、墳墓の変遷過程にどのように反映されるのかを明らかにしていきたい。そしてこうした地域差を前提として、墳墓間の関係の変化の共通性について検討をすすめることにしたい。

第2章 新石器時代〜初期鉄器時代の墳墓

朝鮮半島ではじめて生活をおこなった人類は、京畿道漣川《けいきどうれんせん》《キョンギドヨンチョン》・全谷里《ぜんこくり》《チョンゴンニ》遺跡例に代表されるハンドアックス（握斧）を中心とした石器文化の担い手であったと思われる。旧石器時代の人骨の出土例としては、平壌・大峴洞《だいけんどう》《テヒョンドン》遺跡でみつかった力浦人、平安南道徳川《へいあんなんどうとくせん》《ピョンアンナムドトクチョン》の勝利山人、平壌・晩達里《ばんたつり》《マンダルリ》遺跡から見つかった晩達人などが知られているが、人を埋葬したことがわかる確実な例はまだ見つかっていない。そのため、朝鮮半島における墳墓の検討は、新石器時代の例からはじめることになる。本章では、新石器時代から初期鉄器時代にいたるまでの墳墓の様相を検討していくことにしよう（図6）。

図6●第2章で扱う主な遺跡
1 龍淵洞、2 校洞、3 槐亭洞、4 松菊里、5 院北里、6 葛洞、7 南陽里、8 東村里、9 積良洞、10 欲知島、11 煙台島、12 上村里、13 徳川里、14 凡方貝塚、15 厚浦里

1 新石器時代の墳墓

約一万年前に更新世が終わり、現在とほぼ同じ気候になると、人類は磨製石器と土器を本格的に用いるようになり、狩猟採集を中心とする生活から、農耕牧畜を中心とする生活へと移行していったことが知られている。朝鮮半島においても、同時期に旧石器時代から新石器時代への変化を迎えた。

朝鮮半島の新石器時代を代表する土器は、文様の施文方法の特徴により、隆起文土器、櫛目文土器、あるいは両者を合わせて有文土器と呼ばれる。これらの土器については、平底と尖底の違いや、文様の施文方法・モチーフ・施文範囲を手がかりとして、編年や地域性の検討が進んでいる。海岸地域では、貝塚を形成している場合が多く、出土遺物を通して、狩猟・漁撈・採集を主たる生業としていたことがわかる。また、石鍬・石鎌・石皿といった耕作・収穫・加工に関わる石器の存在や、アワ・ヒエなどの穀類の炭化物が出土していることから、雑穀類を中心とする原始的な植物栽培がおこなわれていたと推定されている。

新石器時代の墳墓は、少数ではあるが主に韓国において類例が知られている。それも、釜山・凡方貝塚、慶尚南道統営《とうえい》《トンヨン》・煙台島《えんだいとう》《ヨンデド》貝塚、同・欲知島《よくちとう》《ヨクチド》貝塚など、南海岸沿いに集中している。このうち墳墓の様相がよくわかる煙台島貝塚（注13）の場合をみてみよう（図7）。

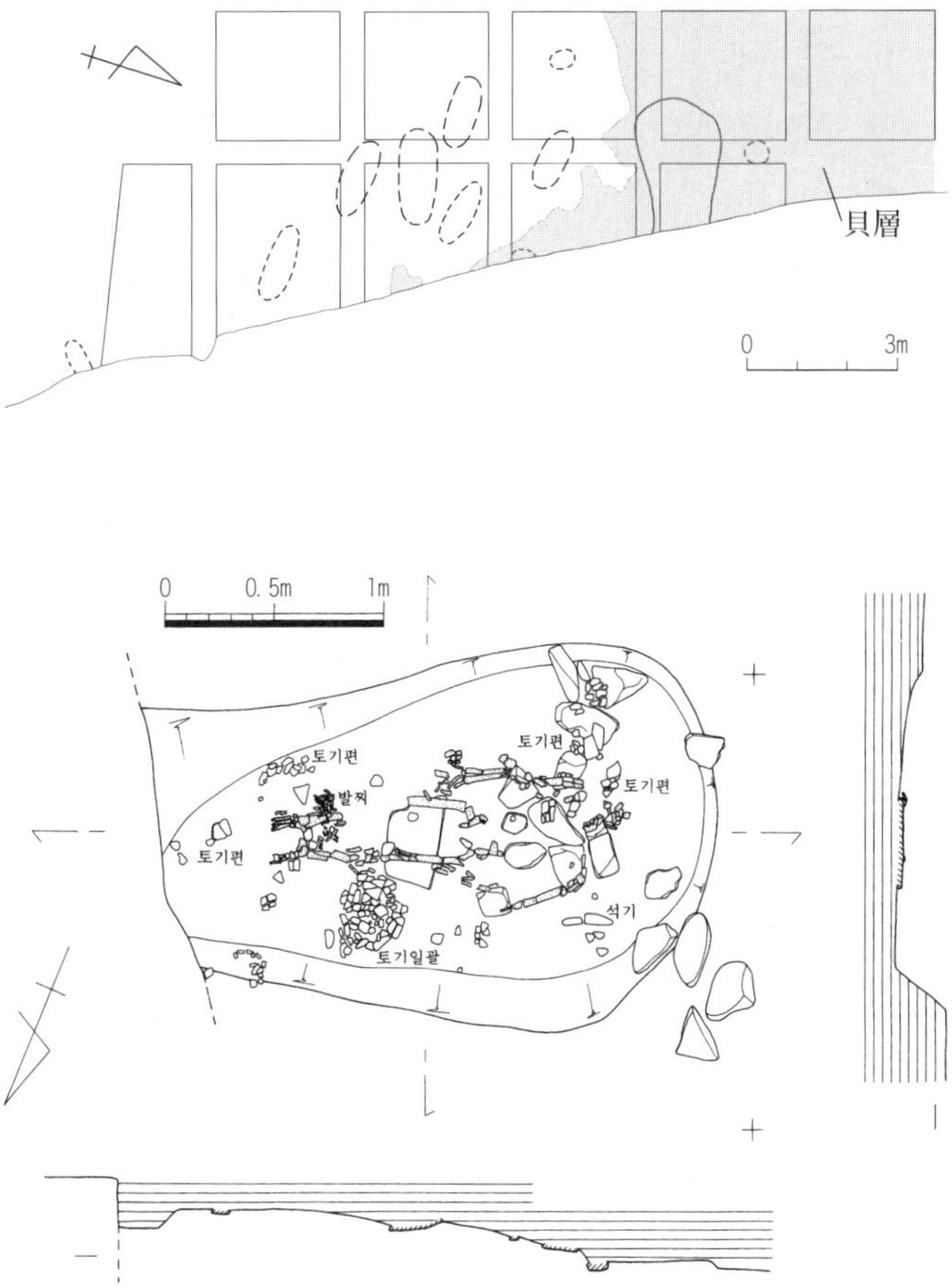

図7●新石器時代の墳墓（上：煙台島貝塚P～Uピットの墳墓配置図、下：煙台島貝塚7号墓）

煙台島は、慶尚南道南海岸に広がる大小の島々の一つである。島の北側の海に面したところに、隆起文土器・櫛目文土器を用いた時期の貝塚が形成されていた。貝塚から出土した動物遺体の分析を通して、この島の住人は島の沿岸で漁をおこない、島には住んでいない猪や鹿の骨や角を持ち込んでいたことが明らかになった。また、佐賀県腰岳産と推定される黒曜石や、縄文文化でよくみられる石匙が出土しており、この島の住人が、日本の北部九州からもたらされた文物を、直接あるいは間接に入手できたことがわかる。

この遺跡の一角では、計一三基の埋葬遺構が発見され、その多くに人骨が残っていた。不定形に浅く掘られた墓壙の中に、人骨は頭を西側に向けて伸展葬されていた。ほとんどは成人骨であるが、二号墓からは新生児の骨も出土している。墳墓の中には、被葬者が貝や動物の牙でつくられた腕飾を身につけた例や、少数の土器や石器が副葬された例がある。墓壙は小さな石で覆うようにして埋められていた。形質人類学的検討により、頭蓋骨に外耳道骨腫が確認されていることから、被葬者達が潜水漁に従事していたことがわかる。墓壙の大きさや墓壙間の間隔、副葬品の量などには、特別な違いを見いだすことができない。

江原道春川《こうげんどうしゅんせん》《カンウォンドチュンチョン》・校洞《こうどう》《キョドン》遺跡では、住居として使われたと思われる洞窟内で三人分の人骨が発見されたが、それらの人骨も、手・足を伸ばして埋葬されていたと報告されている。その他の例からみても、朝鮮半島の新石器時代においては、伸展葬が一般的であったのではないかと推測される。これは、屈葬が一般的であった、縄文時代の埋葬とは大きな違いである。

一方、二次葬で埋葬された例も知られている。例えば、慶尚北道蔚珍《いちん》《ウルチン》・厚浦里《こうほり》《フポリ》遺跡（注14）の場合は、東西四・五メートル、南北三・五メートルをはかる不定形土壙の中に、四〇体分以上と推定される人骨を数次にわたって埋葬した遺構が発見された。土壙内からは、一三〇点余りの磨製石斧が出土した。その長さは二〇～三〇センチメートル代のものが多いが、なかには五〇センチメートルをこえるものもある。同様の大型の磨製石斧は、慶尚北道の東海岸で出土例があり、この地域周辺で、このような集骨墓が流行していた時期があった可能性がある。この他、慶尚南道晋州・上村里《じょうそんり》《サンチョンニ》遺跡B地区などでは、土器棺を用いた埋葬が確認されている。

上記の通り、新石器時代の墳墓の例は非常に限られている。今後の類例の増加により、時期ごとの変遷や地域性が明らかになることが期待される。ただ、これまでの類例でみる限り、新石器時代の墳墓は、土壙内にに伸展葬することを原則とし、被葬者の間で何らかの階層差を示す要素が見いだされないことを確認しておきたい。

2　青銅器時代の墳墓

朝鮮半島における新石器時代からの青銅器時代への具体的な移行過程については、はっきりしていない点が多い。現状としては、無文土器と呼ばれる土器の登場をもって、青銅器時代のはじまりとすることができよう。さらにこの時代は、松菊里型土器をはじめとするいくつかの特徴的な考古資料によって定義される「松菊里類型」と呼ばれる文化の出現を画期として、前後二時期に分けられる。青銅器時代前期の文化は、土器を主な指標としていくつかの類型に分かれることがわかっているが、各類型の時空的な位置づけについては、現在韓国内でも異論が多く、評価が安定するまであとしばらく検討を続ける必要がありそうである。

青銅器時代の開始時期については、紀元前一〇世紀まではさかのぼりそうであり、放射性炭素AMS年代測定法による測定結果を受け入れれば、紀元前一三世紀までさかのぼる可能性がある。さらに、刻目突帯文土器に代表される文化が従来の青銅器時代前期に先行する、と考える説があり、それを認めれば、青銅器時代のはじまりはさらにさかのぼることになる。

このように、青銅器時代の相対的・絶対的上限がさかのぼった結果、少なくとも朝鮮半島南部において本格的に青銅器が使われはじめる段階は、青銅器時代の開始よりかなり遅れることが明らかになっている。朝鮮半島で多く出土する銅剣には琵琶形銅剣と細形銅剣があるが、後者は初期鉄器時代を代表する遺物であるとする立場で、本書は叙述することにしたい。

青銅器時代の生業における最大の変化は、本格的な農耕がはじまったことである。炭化穀物の出土状況などからみて、朝鮮半島南部では稲、北部ではそれ以外の穀物が主たる作物であったと考えられる。特に韓国では、青銅器時代前期までさかのぼる水田や畑の遺構が各地で発掘されている。集落においては、この時代には環濠集落が出現する。これから検討する墳墓の様相の変化のみならず、生業の変化や集落の分析を通しても、この時代において共同体内、あるいは共同体間の格差が生じはじめ、社会の階層化が進んでいったことがうかがわれる。

青銅器時代の代表的な墳墓には、支石墓・箱式石棺墓・甕棺墓がある。なかでも支石墓は朝鮮半島各地に広がり、その分布は中国の遼東半島にまで及ぶ。また、稲作の伝播とともに、九州北部でも支石墓が築造された。

支石墓は、地上に露出した部分の構造の違いにより、板石を組み合わせて石棺状につくった支石の上部に大きな板石（上石）をのせた北方式支石墓と、埋葬施設を地下につくり、埋葬が終了してから上石を据える南方式支石墓に大きく区分して検討が進められてきた。しかし、「北方式」・「南方式」という名称と実際の分布は、必ずしも一致しない。また、埋葬施設の構造とその構築過程は多様であり、それらの違いは、時間差だけではなく地域差も反映していることが指摘されてきている（図8、

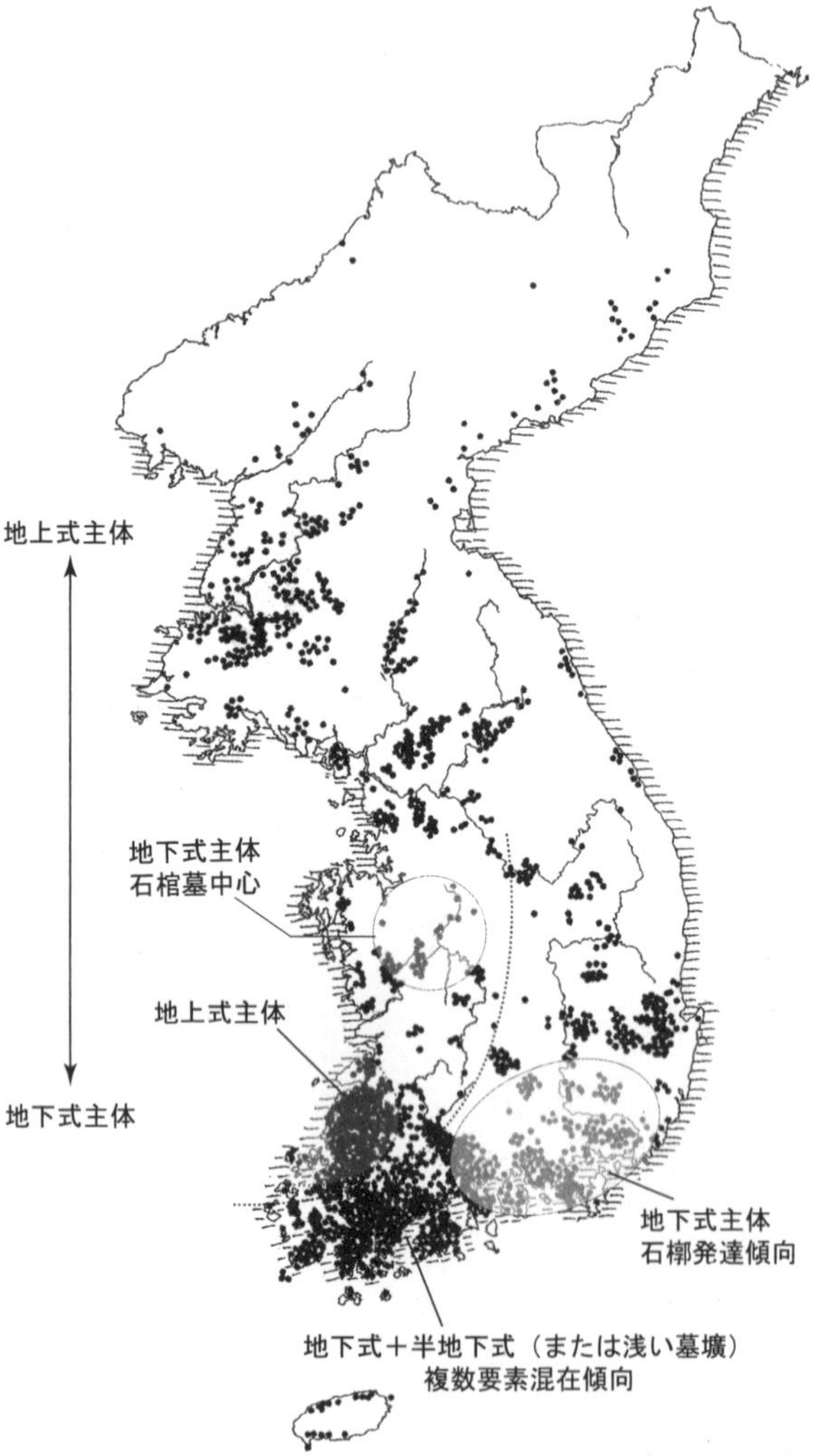

図8●支石墓の分布と地域性

注15)。今後、忠清南道地域に分布の中心をもつ箱式石棺墓を含めて、埋葬施設の構造に注目した分類と、時空的展開の整理が必要であろう。

　支石墓を築造するためには、多くの石材が必要である。特に上石には、クレーンなどの現代の重機を使っても、移動が容易ではないほど大きくて重いものが少なくない。このことから、支石墓の出現は、共同体を統率するリーダーの出現を示す有力な根拠であると考えられてきた。しかし、調査方法および調査範囲の変化は、支石墓に対する従来のイメージを大きく変えつつある。かつての支石墓の調査は、上石の下側の狭い範囲だけを発掘していた。ところが、開発に伴う大規模調査のために、支石墓周辺を全て発掘する場合が一般化するにつれ、上石が存在しない（あるいは失われた）場所にも、複数の埋葬施設が残っている場合があることや、支石墓の墓域を区画するさまざまな付属施設が伴っていたことが明らかになってきた。そして、個々の支石墓に対する分析だけではなく、支石墓群自体の分析も必要になってきた。その中でも注目されるのは、埋葬施設の構造・規模や、副葬品の種類などを基準として、同一支石墓内、あるいは支石墓群間における階層差を見いだそうとする研究である。以下いくつかの例を紹介しつつ、具体的な様相を検討してみよう。

麗水半島の支石墓

　まず、甲元真之（注16）や武末純一（注17）が注目した、全羅南道・麗水《れいすい》《ヨス》半島の支石墓の場合をとりあげてみよう。麗水半島は、全羅南道と慶尚南道の境界に隣接しており、南側に突出した半島の先が、さらに北東方向と南西方向に分かれて伸びている。なかでも北東方向にのびる半島部には、分布調査および発掘調査により四五〇基以上の支石墓が確認されており、当該地域の小平野・盆地ごとに群を形成している。このうち、積良洞《せきりょうどう》《チョクリャンドン》・平呂洞《へいろどう》《ピョンノドン》・禾長洞《かちょうどう》《ファヂャンドン》・鳳渓洞《ほうけいどう》《ポンゲドン》・五林洞《ごりんどう》《オイムドン》支石墓群でのみ、遼寧式銅剣が出土している。それらの支石墓群のほとんどの例では、基本的に全体で一本前後しか銅剣が出土していないのに対して、積良洞支石墓群では、七本の遼寧式銅剣と一本の遼寧式銅矛が出土した。このことから、武末は、多数の遼寧式銅剣を所有する支石墓群――一本前後の銅剣を所有する支石墓群――銅剣類を所有しない支石墓群、といった階層構造が存在したと推定した。

次に、積良洞支石墓群内における埋葬施設の分布状況と遼寧式銅剣の所有状況の関係をみてみよう(図9上)。この支石墓群は、調査前、一四基の上石が確認されていた。しかし、調査区域内を全面発掘したところ、三〇前後の埋葬施設が確認された。調査区の一部は開墾のために削平されており、本来はさらに多くの支石墓が存在したのであろう。これらのうち七号支石墓は、他の墳墓とはやや離れた位置に単独で築造されているようにみえるのに対して、残りの墳墓は数基ずつ群集しているようにみえる。武末はこれらを六小群に分け、基本的に各群に一本ずつの銅剣が出土していることから、各群の関係は、比較的対等な立場にあったと理解する。

甲元は、七号支石墓以外の埋葬施設を四つの群に分け、積石が相互に連なって全体が一つの墓域を

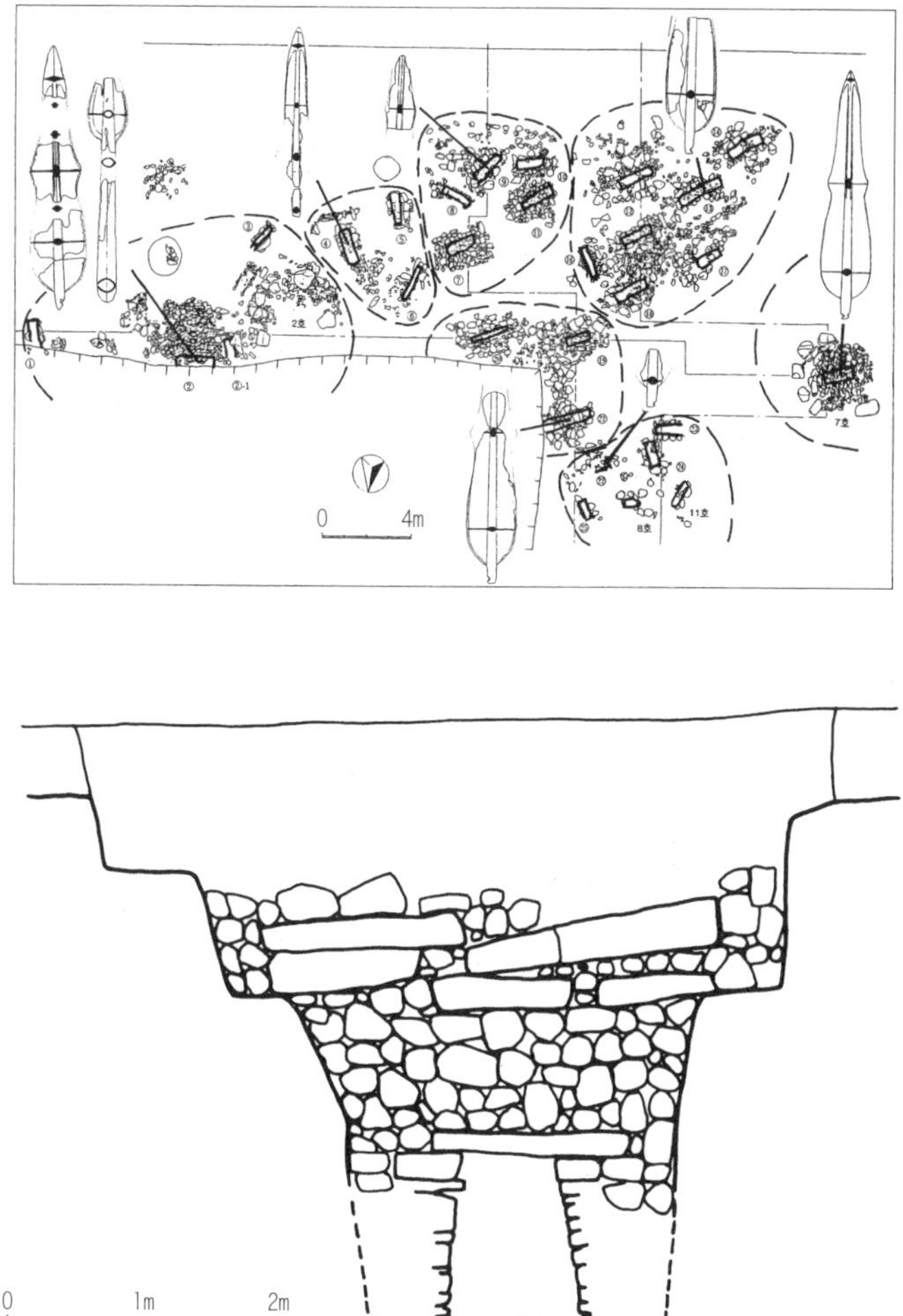

図９●青銅器時代の墳墓（上：積良洞支石墓群、下：徳川里１号支石墓）

形成するもの（A群、B群）と、共同墓地と個別墓域が併存するもの（C群、D群）に細分して、この違いを時間差であると考えた。その結果、甲元は、積良洞支石墓群の構造を、「独立した一人の「盟主」に対して二つの下部集団より成り立って」いたと考えた。

支石墓群から当時の社会構造を読み解くための一番の問題は、各支石墓の築造年代、および他の支石墓との先後関係の決定が難しいところにある。武末と甲元の理解の違いも、そうした限界を示しているといえよう。しかしいずれにせよ、この地域においては、特定の集団に遼寧式銅剣の所有が集中する一方、同一支石墓内においては、支石墓間の格差がさほど明確ではないことは認められよう。

松菊里遺跡の箱式石棺墓

次に、特定の集団もしくは個人に、遼寧式銅剣をはじめとする副葬品が集中した例として、忠清南道扶餘・松菊里遺跡五二地区の場合をみてみよう（図10、注18）。松菊里遺跡は、韓国の青銅器時代を代表する集落遺跡である。特に五四地区では、竪穴式住居址と貯蔵施設からなる集落の周囲に柵列と環濠がめぐらされており、この時期における拠点集落の具体的な様相が明らかになったことで有名である。平底・長卵形の胴部に外反する口縁をもつ松菊里型土器や、中央に溝状の土壙と二つの柱穴をもつ円形住居址である松菊里型住居址は、忠清南道を中心として全羅道および慶尚道西部にまで広がっている。また、松菊里型住居址は、九州を中心として日本列島各地にまで分布している。

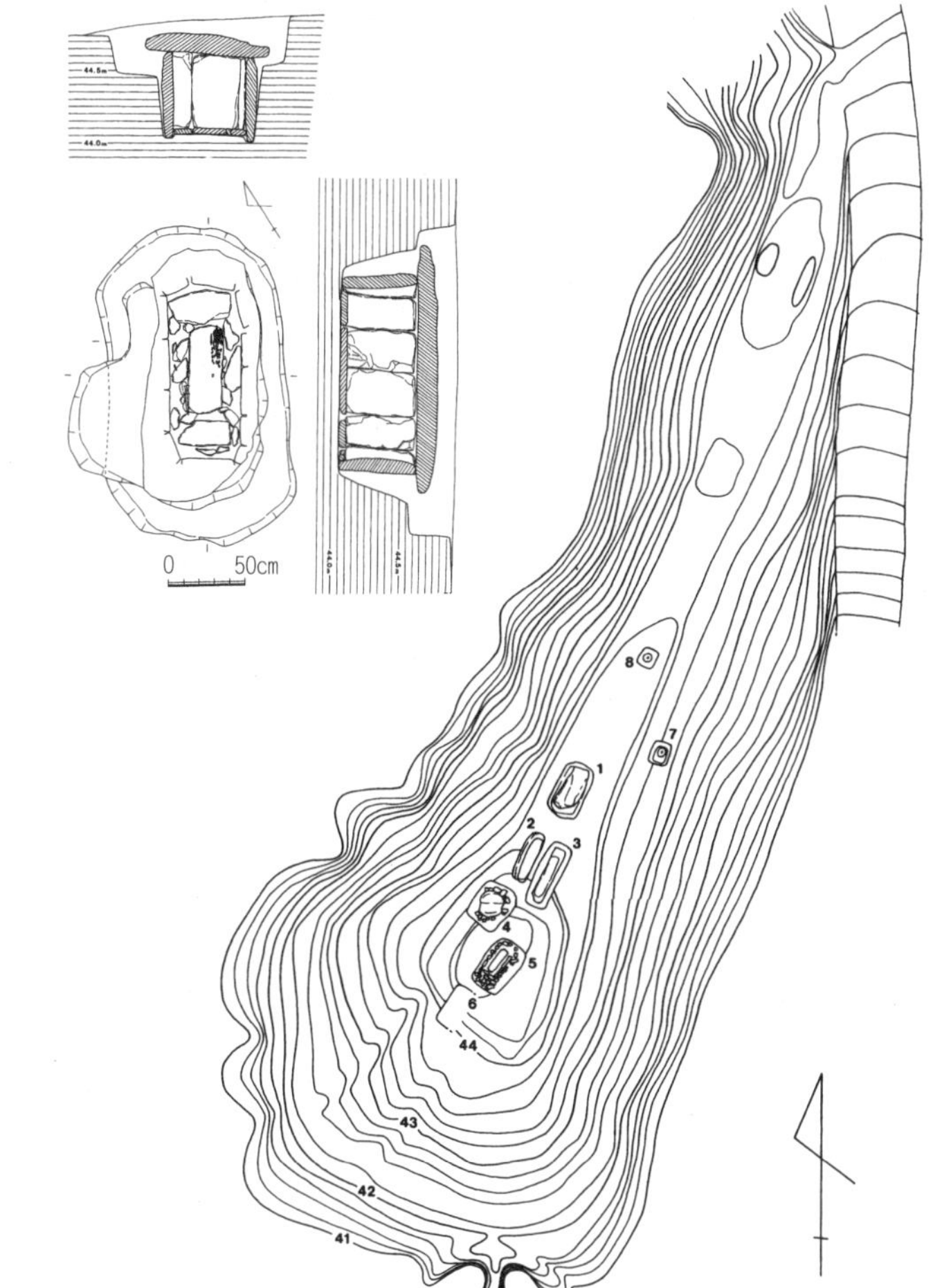

図10●松菊里遺跡 52 地区（左上：1 号墓、右下：墳墓配置図）

集落が立地する丘陵から南側に伸びる丘陵南端にあたる五二地区では、一九七四年に、墓壙内に数枚の板石を立てて箱形の空間をつくり、その上部を一枚の大きな石で蓋をした石棺墓が発見された。石棺内からは、遼寧式銅剣一、遼寧式銅剣の茎部を再加工してつくられた銅鑿一、有柄式磨製石剣一、磨製石鏃一一、管玉一七、半玦状の飾玉二が出土した。一九九三年には、石棺墓の周囲が再発掘され、さらに石棺墓三基、石蓋土壙墓二基、甕棺墓二基が発見された。石棺墓・石蓋土壙墓は、大きく掘った土壙の中央部をさらに掘りくぼめて、その中に石棺を築造する二段墓壙の構造をもつ。また、これらの埋葬施設が築造された場所は周囲よりやや高くなっており、方形墳丘状の墓域が設定されていた可能性が指摘されている。このことから五二地区の墳墓は、松菊里遺跡の支配者階層集団により築造された特定集団墓と評価されてきた。

これに対して、松菊里遺跡から二・五キロメートル離れて位置する南山里《なんざんり ナムサンニ》遺跡では、三地区に分かれて石棺墓二基、土壙墓二二基、甕棺墓三基が発掘された。これらの墳墓からは青銅器が副葬された例がなく、全体的に墓壙規模が小さい。こうしたことから、南山里遺跡は、松菊里遺跡の一般成員の墓域である可能性が提起されている。こうした評価が妥当であるならば、扶餘周辺における中心的集落であったと推定される松菊里遺跡において、一般成員と支配者層の間で、埋葬施設の構造や副葬品の組み合わせおよび量に加えて、墓域においても格差が生じていたことが考えられよう。

徳川里一号支石墓

最後に、構造や付属施設において、他の支石墓とは異なる規模や構造をもつ支石墓の例として、慶尚南道昌原《しょうげん・チャンウォン》・徳川里遺跡の例を検討しよう（注19）。一九九二年から一九九三年にかけておこなわれた発掘調査において、支石墓三基、石棺墓一二基、石蓋土壙墓五基などが発見された。その中で多くの研究者の注目を浴びたのが、一号支石墓である。この支石墓の特徴の一つは、複雑な構造をもつ埋葬施設である。上面の規模が八×六メートルの墓壙を三段に掘り、地上から四・五メートル下に、長さ二・八メートル、幅〇・八メートル、深さ一・二メートルの石室がつくられた。石室内には木棺が置かれていたようであり、管玉と磨製石鏃などが副葬されていた。石室を五枚の天井石で閉じた後に、約八〇〇個の石で墓壙を埋め、その上に一二枚の板石を二重にかぶせてから、残りの墓壙を土で埋めている。墓壙の上には高さ〇・五メートルほど土を盛り、その上に上石をのせた（41頁、図9下）。

このように、階段状に掘りくぼめた墓壙内に石室をつくり、墓壙を塊石や板石を充填して密封するような埋葬施設は、二号支石墓でも確認された。戦前に小泉顕夫が調査した昌原・外洞《がいどう・ウェドン》支石墓も、調査記録から同様の構造であった可能性が高い。また石室の構造など細部は違うものの、全羅南道宝城・東村里《とうそんり・トンチョンニ》遺跡の一・二号支石墓の埋葬施設でも、類似した構造が確認されている。

徳川里一号支石墓のもう一つの特徴は、墓域を区画する大規模な付属施設の存在である。この付属施設は、一号支石墓を囲むようにして北側と西側に溝を掘り、支石墓側に板石を積んで石築をつくったものである。調査当時には、東西方向に一七・五メートル、南北方向に五六・二メートルの石築が残っていた。石築の最下段の板石は前方に少し突き出しており、その前面には板石が敷かれている。こうした構造は、一見、寺院の石積基壇と見間違えるほどのもので、そのために、この石築が一号支石墓と組み合わさることについては、疑問を呈する研究者もいた。しかし、同様の石築は、戦前に調査された金海・会峴里貝塚上面の石棺墓調査区内で見つかった石築や、大邱・辰《しん》泉《せん》洞《どう》《チンチョンドン》立石を囲む石築でも確認されている。また、石築の周囲から多量の無文土器が出土したこともあり、やはり一号支石墓に伴う施設と判断してよいだろう。

以上、特定の集団や個人のために築造された支石墓が、規模・構造や副葬品の組み合わせ、および量において他の墳墓と格差を示す例を紹介した。武末純一は、北部九州の弥生時代墳墓において、有力集団墓の中から特定有力集団墓が出現し、さらに特定個人墓が出現するとする仮説を援用して、積良洞支石墓群や松菊里五二地区の墳墓群を特定有力集団墓、徳川里一号支石墓を特定個人墓とみなせる可能性があると考えた。こうした状況は、青銅器時代において階層社会が成立し、首長層が次第に成長していく過程にあったことを示しているとみてよいであろう。

ただし、これらの実例をそのまま単純に比較したり、発展段階を想定して分類・編年できるかどうかは検討の余地がある。松菊里遺跡五二地区石棺墓群、積良里支石墓群、徳川里一号支石墓の埋葬施設の構造は大きく異なる。この違いは、時間差というよりは、地域差をより反映していると推測される。また、副葬品をみると、松菊里遺跡五二地区一号箱式石棺墓や積良洞支石墓群では、副葬品の多少が、埋葬施設の構造や規模とある程度対応しているようにみえる。それに対して、徳川里遺跡の場合、最も規模が大きい一号支石墓から出土した副葬品をみると、石鏃の量がやや多いものの、量・内容とも他の支石墓と大きな違いがあるわけではない。徳川里遺跡で唯一遼寧式銅剣が出土した一六号墓は、小型石槨墓であった。おそらく徳川里遺跡においては、他の地域とは異なる墓制・葬制の原理が存在し、遼寧式銅剣の扱いも異なっていたのではないだろうか。

青銅器時代の遺跡は、最近の韓国で最も盛んに調査研究が進められている。支石墓をはじめとするこの時期の墳墓の時空的な整理が、さらに進められることにより、特定集団墓、特定個人墓の出現過程と地域性の変遷について、より具体的な検討が進むことを期待したい。

3 初期鉄器時代の墳墓

朝鮮半島において本格的に鉄器が出土するのは、朝鮮半島の鴨緑江流域から清川江流域にかけての地域である。慈江道渭原《じこうどういげん》《チャガンドウィウォン》・龍淵洞《りゅうえんどう》《ヨンヨンドン》遺跡では、鉄斧・鉄鎌・鉄庖丁・鉄製鍬先などの多様な鋳造鉄器とともに、大量の明刀銭が出土したことからわかるように、これらの文化要素は戦国時代の燕からの影響を受けたものであると考えられる。金元龍が初期鉄器時代のはじまりの指標としたのは、こうした燕系鉄器文化の出現であった。

しかし、燕系の鉄器文化がそのまま朝鮮半島全域に広がるわけではない。大同江流域以南においては、細形銅剣を中心とする新たな青銅器類の出現をもって初期鉄器時代のはじまりとするのが一般的である。初期鉄器時代の青銅器類については、多鈕粗文鏡や防牌形・剣把形・ラッパ形などの異形青銅器と小銅鐸が組み合わさる段階と、銅矛・銅戈などの新たな武器類が登場し、多鈕細文鏡や鈴がついた異形銅器類や小銅鐸などが組み合わさる段階の二段階に大きく分けられる。そして後者の段階の途中から、細形銅剣や多鈕細文鏡に、鉄鉇・鉄斧・鉄鑿などの鋳造鉄器やガラス製の管玉が加わるようになると考えられている。

朝鮮半島南部における初期鉄器時代を代表する土器は、平底・長卵形の胴部の上端に、粘土帯をはりつけた粘土帯土器である。粘土帯には断面円形のものと、断面三角形のものがあり、前者から後者に変化する。また、青銅器時代にみられた丹塗磨研土器が姿を消す一方で、黒色磨研長頸壺が副葬品としてよく用いられるようになる。さらにこの時代に入って、石器類が次第に姿を消す。

青銅器時代から初期鉄器時代への移行とともに墳墓におきた最も大きな変化は、支石墓の衰退である。出土遺物の特徴などから初期鉄器時代にも支石墓が築造された可能性が指摘されているが、朝鮮半島西南部などに限られるようである。支石墓に代わってつくられはじめた初期鉄器時代の墳墓は、青銅器・鉄器などが偶然に見つかったことによりその存在が確認されたものが多く、具体的な構造が明らかな例がほとんどないのが実情であった。こうした事情のため、初期鉄器時代における墳墓の動向は、一括して見つかったとされる青銅器を中心とする出土遺物の分析を通して間接的に推測せざるをえない部分が少なくない。

細形銅剣をはじめとする青銅器の出土状況について昔から指摘されてきたことの一つは、分布の中心が大同江流域と錦江流域および栄山江流域の二ヶ所にあることである。特に異形青銅器や大型の多鈕細文鏡などは、二つの分布の中心に集中する傾向が指摘されている。これらの地域からは、各種の青銅器の鋳型が見つかっており、両地域が、朝鮮半島各地で用いられた青銅器の主たる生産拠点でもあったと考えられる。

さらに、青銅器が集中する地域の中でも、一括資料の組み合わせに一定の傾向が読み取れる。崔鍾圭は、青銅器を副葬する墳墓の中でも、特定の墳墓に青銅器が集中して副葬される例があることに注目した。そして、日本の北部九州における弥生時代の甕棺墓に対する分析を参照して、この墳墓を「特定個人墓」と評価できると考えた（注20）。金鐘一《キムジョンイル》は、錦江流域で出土した青銅器を武器・鏡・異形青銅器に分類して、その組み合わせと量を検討した。その結果、異形青銅器と武器および鏡が組み合わさる遺跡――武器と鏡が共伴する遺跡――武器だけが出土する遺跡、という階層差の存在を想定した。さらに、遺跡の分布の空間分析を通して、異形青銅器をはじめとする大量の青銅器が副葬された墳墓の所在する遺跡を中心とした、祭儀圏の存在を想定した（注21）。

錦江流域においては、忠清南道論山《ろんざん》《ノンサン》・院北里《いんぼくり》《ウォンブンニ》遺跡、全羅北道完州《かんしゅう》《ワンジュ》・葛洞《かつどう》《カルドン》遺跡、長水《ちょうすい》《チャンス》・南陽里《なんようり》《ナムヤンニ》遺跡（図11下）などで、複数の墳墓が群集する例が知られはじめている。埋葬施設間の間隔は五メートルから一〇メートル前後をはかり、等高線に直交するようにつくられているものが多い。墓壙の規模・形状や、埋葬施設の構造は多様であるが、それが時期差を示すのか、階層差を示すのかは現状では判断が難しい。また副葬品をみると、多鈕細文鏡が出土する例、武器類が出土する例、鉄器類が出土する例、金属製品が副葬されない例など多様であるが、いずれも副葬品の量は少なく、特定の墳墓に青銅器が集中している例はみられない。こうした特徴からみると、これらの例は、先述の崔鍾圭や金鐘一らの想定する最上級の墳墓よりも低いランクの墳墓群ということになる。これに対して、青銅器の集中する「特定個人墓」の場合は、周囲に墳墓が存在しないと想定されてきた。ただし、これは発見地周辺を広く精査した上での結論ではない。将来、発掘調査を通して「特定個人墓」周辺の墓域の状況が明らかになることを期待したい。

先述した調査例の増加により、埋葬施設の構造がわかる類例が増加しつつある。墳墓の墓壙の平面形は細長方形もしくは楕円形で長さ二～三メートル、幅一メートル前後のものが多い。墓壙の浅いも

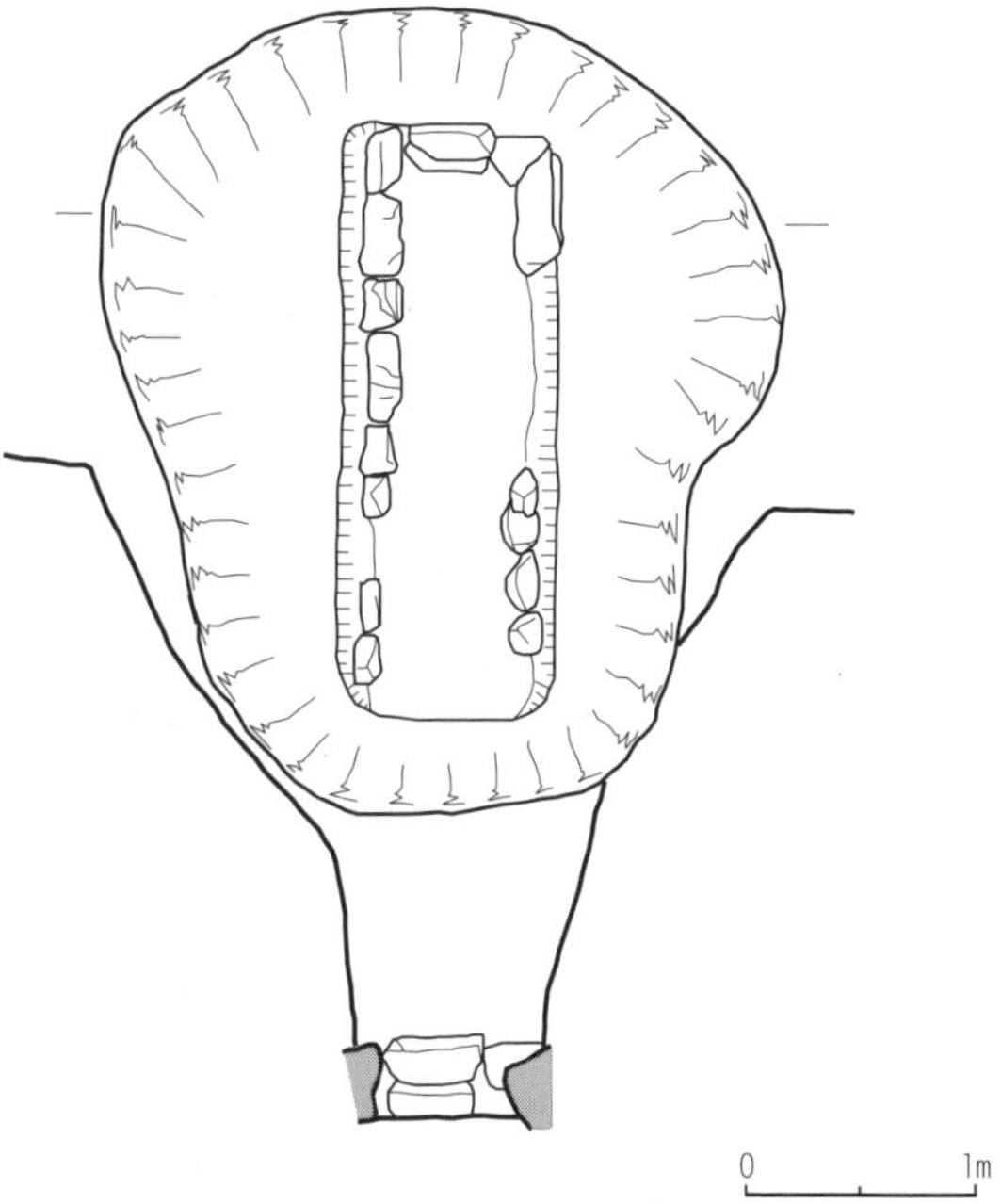

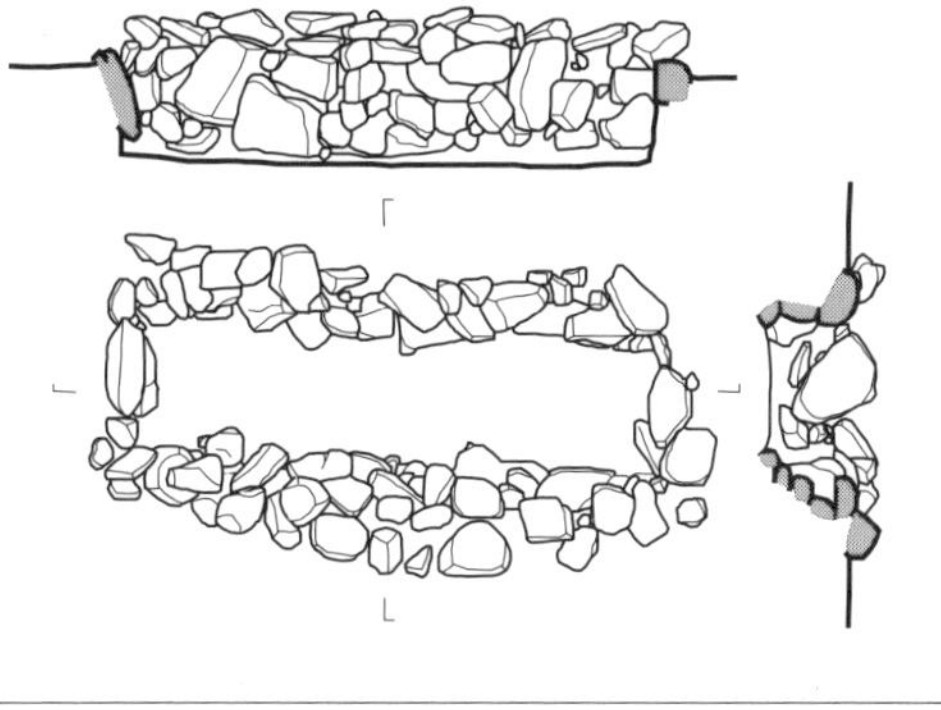

図11●初期鉄器時代の墳墓（上：槐亭洞　下：南陽里３号墓）

のはほぼ垂直に掘られるが、深いものは二段掘りをして、下段部分が被葬者を安置する空間になっている。墓壙底部の側面には、川原石が雑然と積まれた例があるが、これを石槨とみる説と、木棺を支えるために周囲に置かれた石と理解する説に分かれている。また、墓壙内を埋めるように石が出土した例があり、これは木棺もしくは墓壙上になされた積石が落ち込んだものと理解されている。それ以外の例については、出土状況から木棺が安置される場合が一般的であったようである。

初期鉄器時代が設定される背景には、細形銅剣をはじめとする多様な青銅器の生産と副葬や、鋳造鉄器の出現を、燕の領域の拡大や、文献を通した研究によりその存在を認める研究者の多い衛氏朝鮮（紀元前二世紀初〜紀元前一〇八年）の動向と関連づけようとしてきたという経緯がある。また、初期鉄器時代と原三国時代をあわせて三韓時代を提唱する立場からすれば、細形銅剣を中心とする青銅器の生産と、それが特定個人に集中的に埋葬されることが、馬韓・弁韓・辰韓の出現と密接に関連づけられることになる。

以上のような文献記録との対照から、細形銅剣の出現時期については、紀元前四世紀末ないし三世紀とみる説が一般的であった。しかしＡＭＳ測定法による測定値は、それをさらにさかのぼる数値を示しており、従来の理解を大きく修正しなければならない可能性もある。考古学的にみた場合、支石墓に代わる新たな構造の墳墓が出現したことや、特定個人に青銅器類の副葬が集中する現象がみられることから、青銅器時代とは異なる新たな社会的変動がおきたことを推測することが可能である。ただ、当時の社会状況を読み解くには資料があまりにも限られている。今後のさらなる調査研究の進展が望まれる。

第3章 原三国時代の墳墓

1 原三国時代とは

原三国時代は、『三国史記』初期記録と考古資料との関係を考慮しながら、金元龍が紀元前後から紀元後三〇〇年前後の間に設定した時代である。金元龍は、原三国時代の開始を示す考古学的指標として、①青銅器の消滅と鉄生産の盛行、②稲作の発展、③支石墓の消滅、④硬陶の出現などをあげた（注22）。

しかし、一九八〇年代以降の調査研究の進展に伴い、結果的にこれらの定義は再検討せざるを得ないことが明らかになっている。例えば、「稲作の発展」は、青銅器時代から進んだ可能性が高い。「支石墓の消滅」については、地域差を考慮する必要はあるが、青銅器時代から初期鉄器時代へと移行する段階におきたとみてよい。

「硬陶の出現」については、朝鮮半島東南部の墳墓から出土した土器の編年を検討した申敬澈《シンギョンチョル》・崔鍾圭らが、原三国時代に該当する土器は、金元龍のいう「硬陶」ではなく、「瓦質土器」と呼ばれる土器群であると主張して、大きな論争となった（注23）。この論争の結果、少なくとも朝鮮半島東南部では、原三国時代になると、従来の無文土器に加えて還元焼成による軟質土器（瓦質土器）が使われるようになり、還元焼成硬質の土器（陶質土器）の生産は三国時代に本格化することについて、おおむね合意が得られている。ただ、それ以外の地域において、原三国時代の土器がどのようなものであるのかについては、不明な点が多い。

考古学的な研究が進むにつれて、「原三国時代」という時代設定に対する批判もおこなわれてきた。例えば『三国史記』の初期記録を史実と考える立場の研究者は、原三国時代は三国時代の一部であるため、「三国時代前期」とすべきであると考える（注24）。一方、この時代を『三国志』魏志東夷伝にみられる三韓（馬韓・弁韓・辰韓）に代表される時代であることを重視する立場の研究者からは、「三韓時代」とすべきであるとの議論が提起された（注25）。さらに、初期鉄器時代と原三国時代を一つの時代にまとめて、「三韓時代」（注26）あるいは「鉄器時代」（注27）とすべきであると主張する説もある。

このように、原三国時代の定義と時代名をめぐって議論が絶えないのは、この前後の時期が、考古資料によって歴史記述がおこなわれる時代から、文献史料をもちいた歴史記述がおこなわれる時代への移行期にあるためであろう。ただ、文献史料が限られている以上、原三国時代の歴史を復元するためには、考古学的な検討に依存せざるをえない部分が大きいことは否定できない。

こうした中で李熙濬は、最近の調査研究動向を踏まえて、木棺墓群の出現、瓦質土器の出現、本格的な鉄器文化の成立、といった朝鮮半島東南部での考古資料の変化と、高句麗の政治的な発展や、漢四郡の設置などを指標として原三国時代を定義し、その開始時期を、金元龍が設定した紀元前後ではなく紀元前一世紀初めとした（注28）。

こうした指標で定義された考古学的な画期を、時代と時代を分ける画期とすべきかどうかについては、今後も議論が必要である。しかし、墳墓を中心とする考古資料の展開を概観するとき、この画期を境として、墳墓の地域性や、地域間関係が大きく変化することも事実である。そこで本章では、原三国時代とされる紀元前一〇〇年から紀元後三〇〇年前後における朝鮮半島の墳墓の様相を、地域ごとに概観し、その特質を明らかにしたい（図12）。

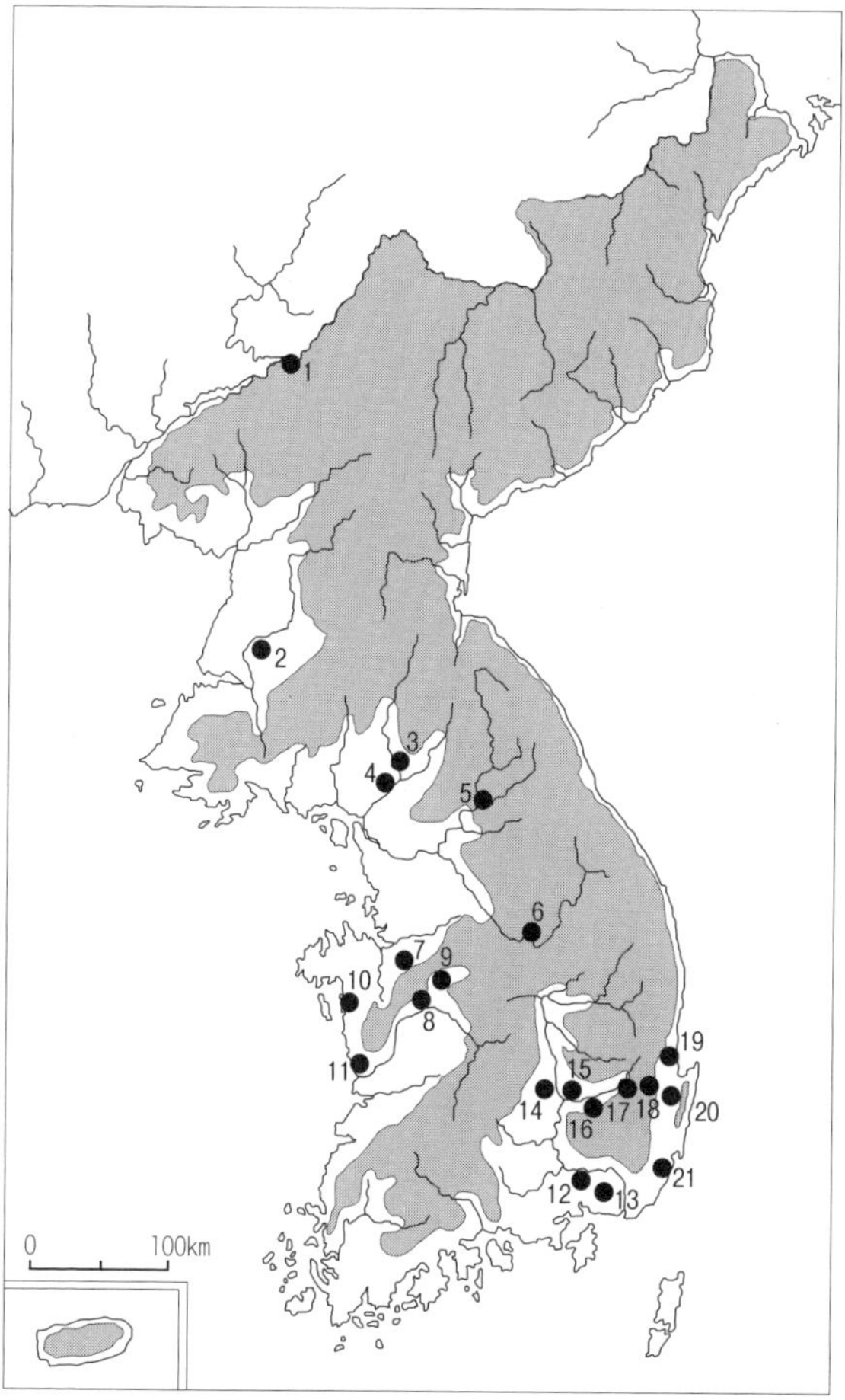

図12●第３章で扱う主な遺跡

1 雲坪里、2 王光墓、3 三串里、4 鶴谷里、5 中島、6 陽坪里・桃花里、7 清堂洞、8 下鳳里、9 松節洞、10 寛倉里、11 堂丁里、12 茶戸里、13 良洞里、14 礼山里、15 八達洞、16 林堂、17 龍田里、18 舎羅里、19 玉城里、20 朝陽洞、21 下垈

2 朝鮮半島西北部における墳墓の様相

楽浪漢墓の出現とその特色

原三国時代における地域間関係において、大きな変化を引き起こした要因の一つは、朝鮮半島の西北部を中心として、漢の郡県が設置されたことであろう。大同江流域を中心として勢力を伸ばしていた衛氏朝鮮を紀元前一〇八年に滅亡させた前漢は、朝鮮半島の各地に楽浪郡、臨屯郡、真番郡、玄菟郡の四郡を設置した。しかし楽浪郡以外の郡は紀元前一世紀前半までに朝鮮半島から撤退し、それらの一部は楽浪郡に併合された。その後、二〇四年に楽浪郡の南部が帯方郡に分けられ、三一三年頃に両郡は高句麗によって滅ぼされた。

楽浪郡の郡治が置かれていたと考えられる楽浪土城は、現在の平壌の中心市街から、大同江をはさんで南側の丘陵上に位置する。そして、その周辺の丘陵には、楽浪郡治と関係すると思われる墳墓群が広がっていた。この地域の墳墓は、植民地時代に日本人研究者によりさかんに発掘され、漆器をはじめとする漢代の文物の様相を明らかにする重要な資料が出土して、世界的に注目を浴びた。その一方、副葬品に対する関心が高まる中で、大規模な盗掘もおこなわれた。また、平壌の市街地が大同江南岸に広がる過程で、北朝鮮の研究者が多くの墳墓を調査した。

楽浪漢墓は、一辺一五〜二〇メートル前後の方形墳丘をもつものが多い。被葬者を安置する埋葬施設は、木槨と塼室に大きく分けられる。塼室については第6章で言及することとし、ここでは、木槨墓の特徴を整理してみよう。木槨は、基本的に地面より下につくられ、墳丘は埋葬施設への埋葬が済んでから、それを覆うようにつくられる。つまり典型的な墳丘後行型墳墓である。初期の木槨は平面が長方形で、被葬者を納めた一基の木棺を安置する空間と、副葬品を安置する空間に分けられていた。その後、平面が正方形に近く、複数の木棺が安置される木槨が多くつくられるようになる。その空間配置をみると、一方の角に寄せられるように二つの木棺が安置される空間があり、その周囲のL字状の空間が、副葬品を安置するために使われている。

楽浪木槨墓の築造および被葬者の埋納過程を、王光墓（貞柏里《ていはくり》《チョンベンニ》一二七号墓）を例に取って復元してみよう（図13、注29）。墳墓が築造される位置が決められると、深さ約二メートルの墓壙が掘られた。墓壙底に床材を敷き詰め、その上に内法が東西三・二二七メートル、南北三・五七五メートルをはかる木槨がつくられた。木槨内は柱と間仕切りで区画され、東南側の木棺を安置する空間には、木棺を囲う内槨がつくられている。最初の被葬者の木棺を安置し、周囲の空間に副葬品を納めてから、板材で木槨は閉じられ、その上に塼を二層に重ねて敷いた。埋葬施設が完全に埋め戻されてから、それを覆うように封土が盛られて、墳墓の造営がひとまず終了する。

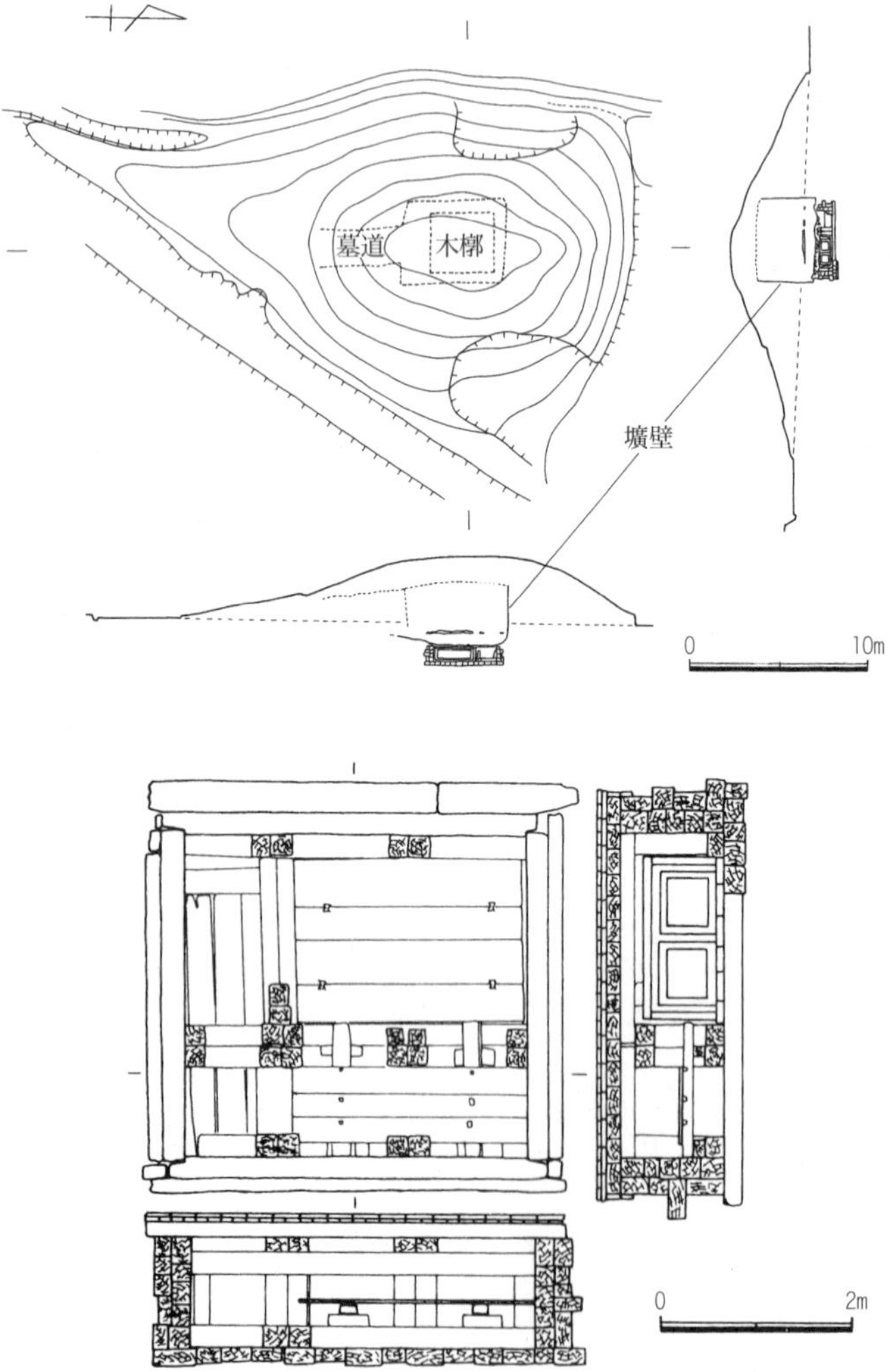

図13●王光墓（上：墳丘平面・断面図　下：木槨復元図）

その後、二人目の被葬者を安置する際には、墳丘の上から平面方形の竪坑が掘り込まれて、木槨全体を露出させた。また、南側から木槨の上面に向かって墓道が掘られて、木槨の部材や木棺の出し入れが可能なようにした。そのため穴の平面形は、横穴式石室と同様の形状をしている。このような大規模な土木作業をおこなった上で、追葬者を納めた木棺が安置され、竪坑が埋め戻された。

楽浪漢墓では、二人の埋葬だけで終わらず、さらに三人目、四人目が追葬された例も知られている。三人目以降の追葬にあたっては、副葬品が安置されていた空間が用いられる場合が多く、副葬品を新たに安置するための空間が、本来の木槨の外側につくられた場合もある。これらの状況からみても、王光墓のように、追葬するごとに墳丘上部を大きく掘り抜く作業がおこなわれることは、決して珍しいわけではなかったことがうかがわれる。楽浪漢墓において木槨への追葬が盛んにおこなわれる時期には、中国の中原地域では塼を用いた横穴系墓室が成立し、羨道を通って玄室内に追葬がおこなわれることが一般化していた(注30)。また紀元後二世紀頃からは、楽浪でも横穴式塼室墓の築造がはじまっている。そうした中で楽浪では木槨に追葬する風習は三世紀まで続いており、漢墓文化の中でも強い地域性をみせている。

木槨内から出土した副葬品の多くは、漢代の文化を知ることができる貴重な資料である。植民地時代の調査で特に注目されたのは、木槨内が水漬けになっていたために残されていた、多様な漆器類である。その中には銘文が残されたものがあり、それによって、漆器の多くが中国の長江流域で製作されたものであることが明らかになった。また、馬車を構成するさまざまな金具類（車馬具）、被葬者の名前や身分を明らかにする印章、長剣や矢を飛ばす道具（弩機）といった武器類、帯金具などは、朝鮮半島にはなかった新たな文化であった。こうした文物の一部は、朝鮮半島南西部や南東部にもたらされて、墳墓に副葬されている。

高久健二の分析によると、これらの副葬品のうち、漢文化との関係が深い遺物の共伴の有無を手がかりとして、各時期の墳墓は三階層程度に分けることができるという（注31）。そして、時期が下がるにつれて、漢系の文物が下の階層にまで受容されていく。副葬品の中には、非漢式と考えられるものもあり、被葬者の中には在地集団が多く含まれていたと考えられている。しかし、そうした被葬者の出自に関係なく、原三国時代の大同江流域には、漢の影響を受けた階層化社会が展開していったことがうかがわれるのである。

後述するように、楽浪郡の設置と対応するように、中国系文物は朝鮮半島南部に広く分布するようになる。文献記録をみても、楽浪郡・帯方郡と三韓諸勢力の間には、さまざまな交渉がなされていたことがわかる。しかし、楽浪土城周辺に広がる漢墓と同様の墳墓が広がる地域は、基本的に大同江流域に限られている。それでは、それ以外の地域ではどのような墳墓が展開していたのだろうか。まず、大同江流域より北側に位置する、鴨緑江流域の様相から検討していくことにしよう。

鴨緑江流域における墳墓の様相

大同江流域より北方にあたる鴨緑江流域は、高句麗が興起してから平壌に遷都するまで、高句麗の中心地域であった。紀元前一世紀頃から紀元後五世紀頃までこの地域で盛んにつくられたのが、積石塚である。積石塚を中心とする墳墓群は、集安をはじめとして、鴨緑江の上流から下流にいたるまでの本流および支流の両岸で確認されている。最初の王都が置かれたと推定されている桓仁をはじめとする渾江流域にも墳墓群が確認され、さらに松花江の上流にあたる頭道江や輝発河にも少数の積石塚が確認されている。

これらの積石塚は、墳丘の外部構造と、埋葬施設の構造により分類が試みられてきた。すなわち、外部構造には、特別な施設をもたない円形ないし方形の墳丘をもつもの、方形の基壇をもつもの、方形の基壇が階段状に重なったものがある。これらは、外形がより装飾的になるように変化したと推定できるが、各類型は時期的に併存することが多く、同時期における墳丘構造の違いは、被葬者の階層差を反映していた可能性が高い。埋葬施設の構造は、竪穴系の石槨から、横穴系の石室へ変化すると考えられている。

正確な築造時期を明らかにできる積石塚は限られているが、ここでは、構造と副葬品から、原三国時代に築造されたと考えられる例として、慈江道楚山《そさん》《チョサン》郡に位置する、雲坪里《うんひょうり》《ウンピョンニ》墳墓群4地区第8号墓の例をみてみよう（図14、注32）。積石による墳丘は、長さ約一五メートル、幅七メートル、高さ一・五メートルをはかる。墳丘内には、長さ二・〇五メートル、幅一メートルの主槨と、長さ一・三メートル、幅〇・八メートルの副槨が、東西方向を主軸としてつくられている。報告された図面・写真だけでは、墳丘と埋葬施設の構築過程、および石槨内部における棺の有無などを知ることはできない。ただ、墳丘内部に埋葬施設が位置することからみて、墳丘先行型の墳墓であると判断できる。副葬品としては、主槨から素環頭大刀・鉄矛・刃先が広がる鉄斧・刀子・青銅製透彫装飾品が、副槨からは土器片が出土した。

この他の報告例をみても、鴨緑江流域の積石塚は、埋葬施設が墳丘内に存在しており、墳丘先行型墳墓であることがわかる。墳丘の規模は、一辺が一〇メートル以下のものから、二〇メートルを越えるものまで多様である。また、墳丘の形は、方形の他に、円形の墳丘に方形の基壇が組み合わさるものや、方形の基壇が連接してつくられるものが知られる。こうした墳丘の規模および形状の多様性が何を意味するのかについては、今後さらなる検討が必要である。ただ、鴨緑江流域の積石塚において、そうした墳丘の形状・構造の違いが、階層差や出自といった被葬者の生前の状況を反映していた可能性を考えてよいであろう。

一方、原三国時代の積石塚における埋葬施設は、川原石を粗雑に積み上げた竪穴式石槨で、規模も被葬者を納めることのできる規模を大きく越えるものではない。また、副槨をもつものがあるものの、

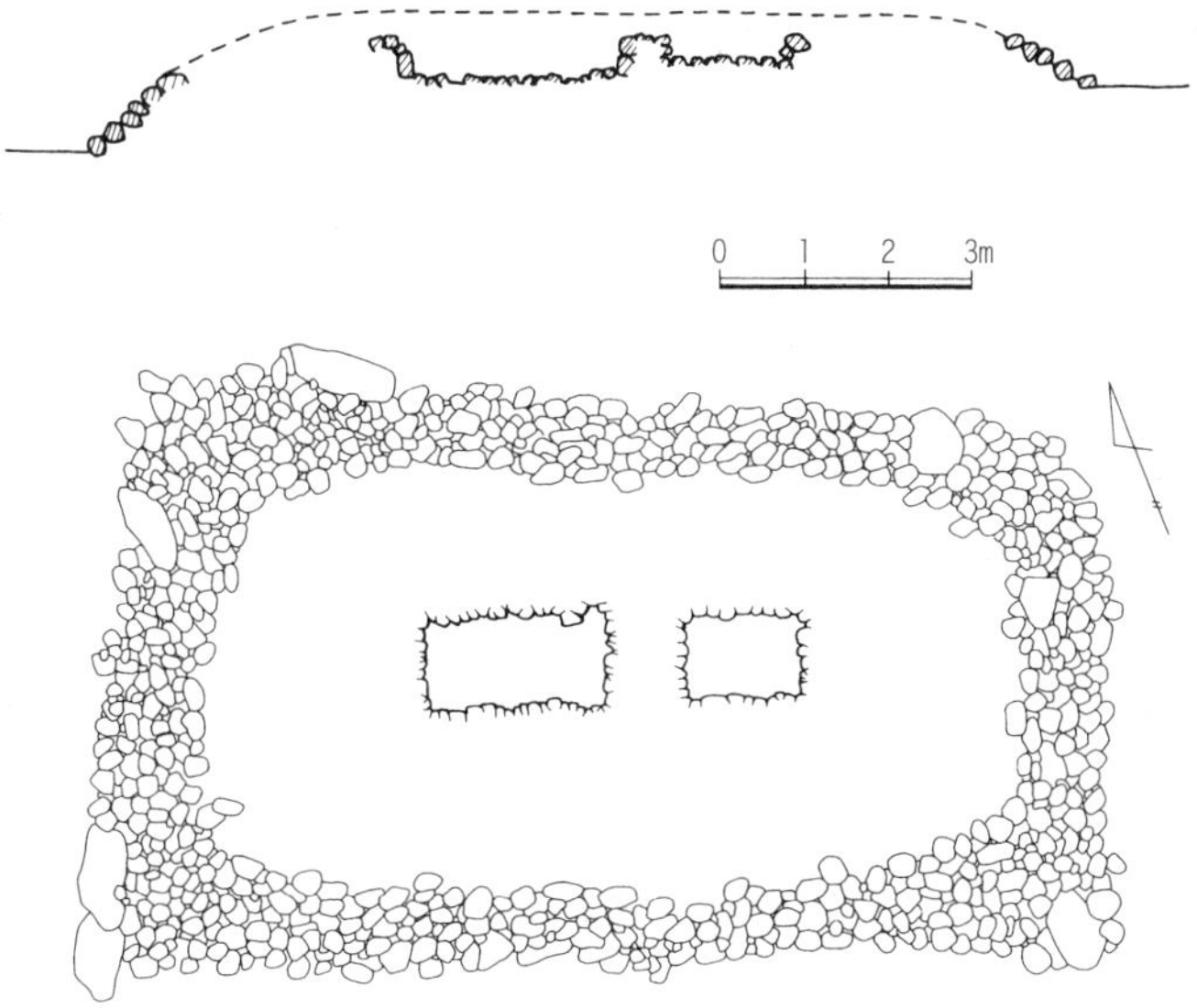

図14●雲坪里墳墓群４地区８号墓

これまで知られる限り、副葬品の量や種類は限られている。

3　朝鮮半島西南部における墳墓の様相

漢江流域・臨津江流域における墳墓の様相

漢江の上流域および臨津江流域においては、初期鉄器時代から原三国時代への移行期における墳墓の様相がほとんどわかっていない。紀元後二・三世紀頃の墳墓と考えられるのは、積石塚とされる墳丘墓である。漢江の上流である北漢江流域の江原道春川・中島《ちゅうどう》《チュンド》遺跡、南漢江流域である忠清北道堤《てい》《チェ》原《げん》《ウォン》の陽坪里《ようひょうり》《ヤンピョンニ》遺跡や桃花里《とうかり》《トファリ》遺跡の調査によって、その存在が学界に知られるようになった。その後、臨津江流域での調査が進む中で、京畿道漣川・三串里《さんかんり》《サムコッリ》遺跡や鶴谷里《かくこくり》《ハッコンニ》遺跡で発掘調査がおこなわれた。

これらの積石塚は、川に沿った自然堤防などの高まりを利用して、一基ないし二基程度が単独で築造されている場合が一般的である。墳形は、円形・方形の他、楕円形をなすものが知られている。墳丘規模は、主軸の長さが一〇メートル強の小さなものから、三〇～四〇メートル前後をはかるものまで多様である。埋葬施設は、竪穴系の石槨が複数つくられている例が多い。

具体的な例として、二〇〇二年に発掘調査された鶴谷里積石塚の場合をみてみよう（図15、注33）。この積石塚は、臨津江北岸の自然堤防上に立地している。北西―南東方向に伸びる自然堤防の高まりを利用して楕円形の墳丘を形成し、埋葬施設がつくられる中央部分は川原石が積まれている。一方、その周辺部分は自然堤防の斜面に石を葺いている。積石部を東西に分ける石列が南北方向にあり、それを境界として東側に三基、西側に一基の竪穴式石槨がつくられた。竪穴式石槨の床面は自然堤防の上面であり、詳細な築造過程は不明であるものの、墳丘の形成と並行して埋葬施設が築造されたとみられ、最終的に墳丘内に埋葬施設が位置する点から、墳丘先行型の墳墓であることがわかる。

埋葬施設の内部および周辺からは、メノウ製管玉や金層ガラス連珠玉をはじめとする玉類、青銅製鈴、土器類などが出土した。土器類では、タタキを外面に残す壺類が中心であるが、楽浪土器が含まれる点が注目される。忠清北道堤原・桃花里遺跡や陽坪里遺跡からは、鉄鎌・鉄斧・鉄矛・素環頭刀子・無茎鉄鏃などの鍛造鉄器や、楽浪漢墓でしばしば出土する銅釧が出土している。

漢江・臨津江流域の積石塚の系譜については、積石塚としての共通性から、高句麗との関係を想定する説がある。この場合、被葬者は高句麗からの流移民と推定されることが多い。そして、高句麗を建国したとされる東明王の息子らが南下して百済を建国した、とする『三国史記』の記事をもとに、百済王族に関連する集団の墓とみる説もある。一方、積石がされているのは埋葬施設の周囲に限られ、残りの墳丘は地山の高まりを利用して、その表面に石が葺かれているにすぎない点に注目して、高句

図15●鶴谷里積石塚

麗の積石塚とは無関係の墓制、もしくは高句麗と在地の墓制が折衷したものと考える説も強い。こうした説をとる場合、その被葬者は文献記録にあらわれる濊《わい》族に比定されることが多い。

これまで発見されている墳墓の多くは、二・三世紀に築造されたと思われ、それ以前の墓制および四世紀以降の墓制との関係がはっきりしないのが実情である。今後、この地域における調査が進展し、墓制の変遷過程が明らかにできれば、その系統や被葬者問題に新たな資料を提供することができるだろう。

錦江流域・栄山江流域における墳墓の様相

第2章で述べたように、錦江流域と栄山江流域は、初期鉄器時代において、青銅器や鋳造鉄器を副葬する墳墓が多く発見されている地域である。ところが、これらの地域においては、原三国時代の墳墓、特に初期鉄器時代から原三国時代への移行期における墳墓はほとんど知られていない。一九九〇年代に入って、ようやく二・三世紀頃に築造されたと思われる類例が増加し、研究が進んできた。調査された墳墓は周溝をめぐらす方形の低墳丘をもつ点で共通している。しかし、類例が増加するにつれて、これらの墳墓は、錦江中流域および牙山湾沿岸を中心として分布する周溝土壙墓と、栄山江流域および忠清南道・全羅北道の西海岸に広がる方形周溝墓に分けられることが明らかになってきた。両墳墓は、その立地や墳丘の規模および構造において、大きな違いがみられる。

周溝土壙墓（図16）は、低丘陵の斜面に立地する。本来は四周に溝がめぐらされていた可能性があるが、基本的に斜面の上側を中心として「コ」字形に周溝がみつかることが一般的である。埋葬施設は、等高線に並行して地山を掘削した土壙内に設置された木棺・木槨である。埋葬施設は一つである例が多いが、忠清南道公州《こうしゅう》《コンジュ》・下鳳里《かほうり》《ハボンニ》遺跡のように、二基の埋葬施設が間隔をおいて並行してつくられた例や、忠清北道清州《せいしゅう》《チョンジュ》・松節洞《しょうせつどう》《ソンチョルドン》遺跡のように、二基の埋葬施設が並行しながら墓壙の一部が重なっている例もある。

墳丘が明確に確認された例はほとんどない。ただ、埋葬施設が地山を掘り込んでつくられていることから、墳丘の構築は、埋葬施設の構築と並行するか後行し、墳丘の大部分は、埋葬が終了した後に、その上を覆うように盛られた可能性が高いと考えられる。こうした構築過程および墳丘と埋葬施設との位置関係からみて、周溝土壙墓は墳丘後行型墳墓であるとみなされる。周溝から復元される墳丘規模は、一辺五〜一〇メートル前後に収まるものが多く、群集する墳墓間に顕著な規模の違いが見いだされない。

副葬品のうち、一定の量を占めるのが土器類である。木棺の一部を仕切ったり、木槨の一部を用いてつくられた空間に、灰色軟質の短頸壺と赤褐色軟質の平底深鉢を中心とする土器が、数点ずつ埋納される例が一般的である。棺内には、素環頭大刀・鉄矛・鉄鏃などの武器類、鉄斧・刀子などの工具類、帯鉤類、玉類などが副葬されていた。

図16●清堂洞遺跡周溝土壙墓（ラ地区）

咸舜變《ハムスンソプ》は、清州清堂洞《せいどうどう》《チョンダンドン》遺跡の周溝土壙墓の分析を進めるなかで、副葬品に含まれる外来系遺物の存在に注目した（注34）。素環頭大刀・刀子や棒状帯鉤、金層ガラス玉などは、楽浪との関係が考えられるものである。また、丸玉などに用いられたメノウや、青銅器の材料も中国系であることが推定されている。一方、馬形帯鉤は北方系とされる遺物である。しかし、清堂洞五号墓では、一一点の馬形帯鉤を一列に並べて革帯に止められたような状態で出土しており、帯鉤とは異なる意味が付与されていたことがうかがわれる。咸舜變は、これらの副葬品の数量と組み合わせにより、清堂洞遺跡の墳墓間にいくつかの階層を設定できると考えた。こうした分析が妥当だとすれば、周溝土壙墓の場合、墳丘の規模や形状ではなく、副葬品の数量と組み合わせに、被葬者の階層差がより強く反映されていた、ということになろう。

一方、方形周溝墓（図17）は、低丘陵の尾根線上に立地する。四周に溝がめぐらされ、一辺の中央や隅に陸橋がつくられている。これまでの調査において、周溝がよく残されている場合でも、埋葬施設が見つかった例はほとんどない。今後の良好な調査例を期待したいが、おそらく日本の弥生時代にみられる方形周溝墓の場合と同様、低墳丘内に埋葬施設がつくられた可能性が高いと考える。こうした推定が妥当であれば、この地域の方形周溝墓は、墳丘先行型墳墓であったと考えられよう。

忠清南道保寧《ほねい》《ポリョン》・寛倉里《かんそうり》《クワンチャンニ》遺跡（注35）や舒川《じょせん》《ソチョン》・堂丁里《どうていり》《タンヂョンニ》遺跡（注36）の場合、周溝をもとに方形周溝墓の墳丘規模を復元すると、一辺が一〇メートル以下のものが多い一方、一〇メートル代のものが

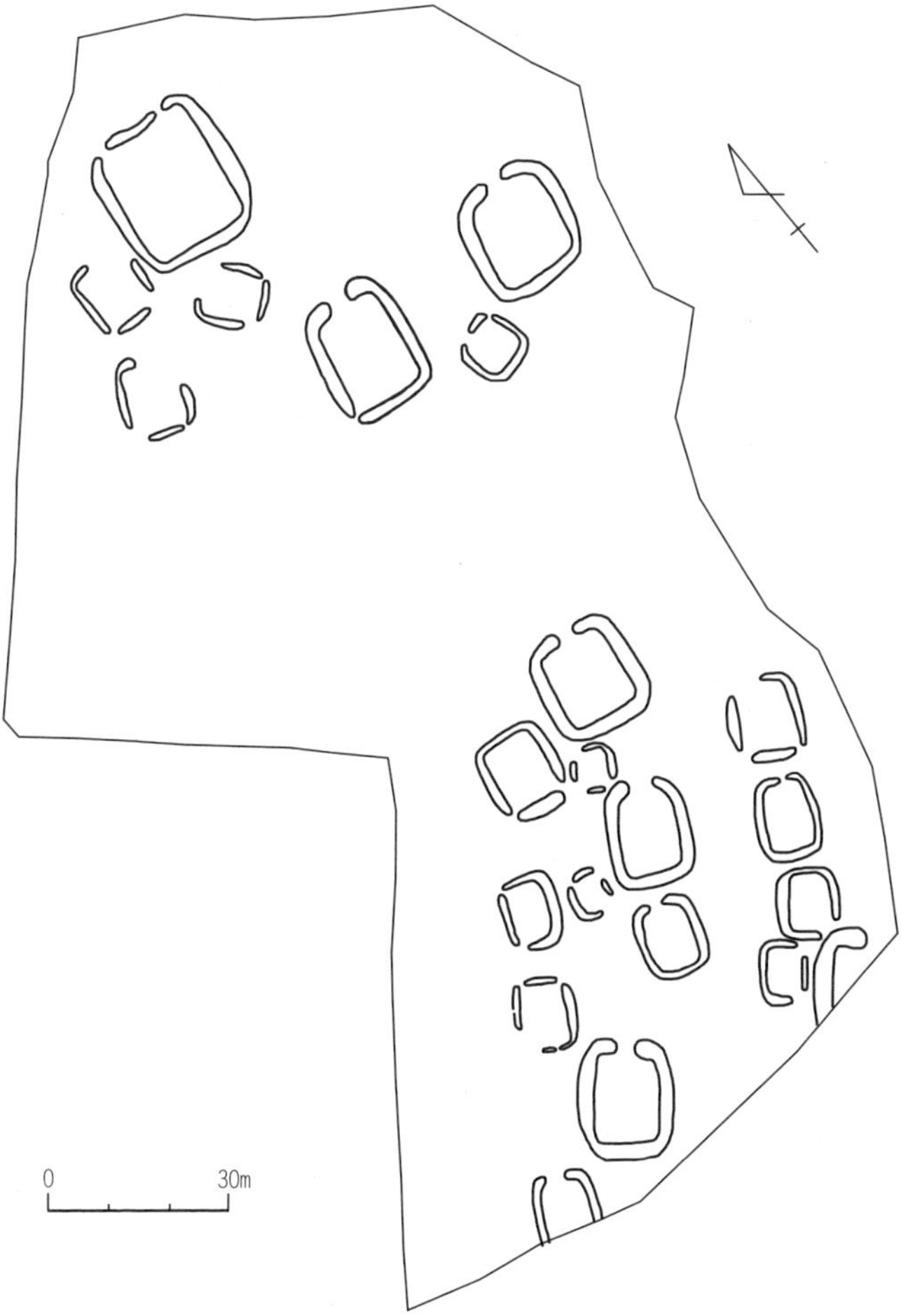

図17●堂丁里遺跡方形周溝墓

少なくないことがわかる。さらに、二〇メートルを越える例も少数存在している。埋葬施設の構造や、副葬品の量や組み合わせによる検証ができないのが実情だが、こうした墳丘規模が、被葬者の階層差を反映しているのではないかと考えられる。

以上のように、朝鮮半島西南部に分布する方形の低墳丘をもつ墳墓には、墳丘先行型のものと墳丘後行型のものに分けられる。いずれの場合も、同じ墳墓群の中で階層差が見いだされる。ただ、周溝土壙墓の場合は、副葬品の量と組み合わせに階層差が強く反映されていると考えられたのに対して、方形周溝墓の場合は、墳丘の大きさに階層差が強く反映されていると考えられた。後述するように、これらの墓制の変遷過程を理解するためには、方形の周溝をもつという共通点とともに、墓制を構成する諸属性、特に埋葬施設の構築と墳丘の構築過程における本質的な違いに留意する必要がある。

4 朝鮮半島東南部における墳墓の様相

洛東江流域を中心とする朝鮮半島東南部では、他地域にくらべて原三国時代における墳墓の変遷を詳細に追える。先述したように、原三国時代の土器であることが明らかにされたこの地域の瓦質土器は、特徴的な器種の組み合わせにより、前期と後期に分けられている。墳墓の場合も、前期と後期で墓制が大きく変化するので、それぞれの様相を検討することにしたい。

原三国時代前期の墳墓

朝鮮半島東南部における原三国時代前期（紀元前一世紀〜紀元後一世紀）の代表的な墳墓は、土壙木棺墓である。その具体的な構造と葬送儀礼、および副葬品の様相が明らかになる契機となったのが、一九八八年に発掘された、慶尚南道昌原・茶戸里《ちゃどり／タホリ》一号墓（図18）の調査成果であった（注37）。ここでは、まず茶戸里一号墓を通して、土壙木棺墓の特徴をみていくことにしよう。

茶戸里一号墓は、西から東に向かって流れる洛東江南岸の微高地上に位置する。一号墓の調査を契機として周辺地域の調査が進められた結果、この微高地上に、原三国時代前期の土壙木棺墓や甕棺墓が数多く築造されたことが明らかになった。長さ二・七八メートル、幅一・三六メートル、深さ二・〇五メートルの墓壙内は滞水した状態であったために、クリの丸太を半裁し、その内側をくりぬいてつくられた長さ二・四〇メートル、幅〇・八五メートル、高さ〇・六五メートルの割竹形木棺がほぼそのまま残されていた。木棺の両端には、蓋と身を貫通する長方形の穴があり、そこに角材を墓壙の底まで差し込むことで、棺を密封したと思われる。

木棺の内部は、盗掘のためにほとんど遺物が残っていなかった。ところが、木棺を引き上げたところ、墓壙底部分に大量の遺物が発見された。墓壙内が滞水していたために、棺を墓壙内に降ろすとき

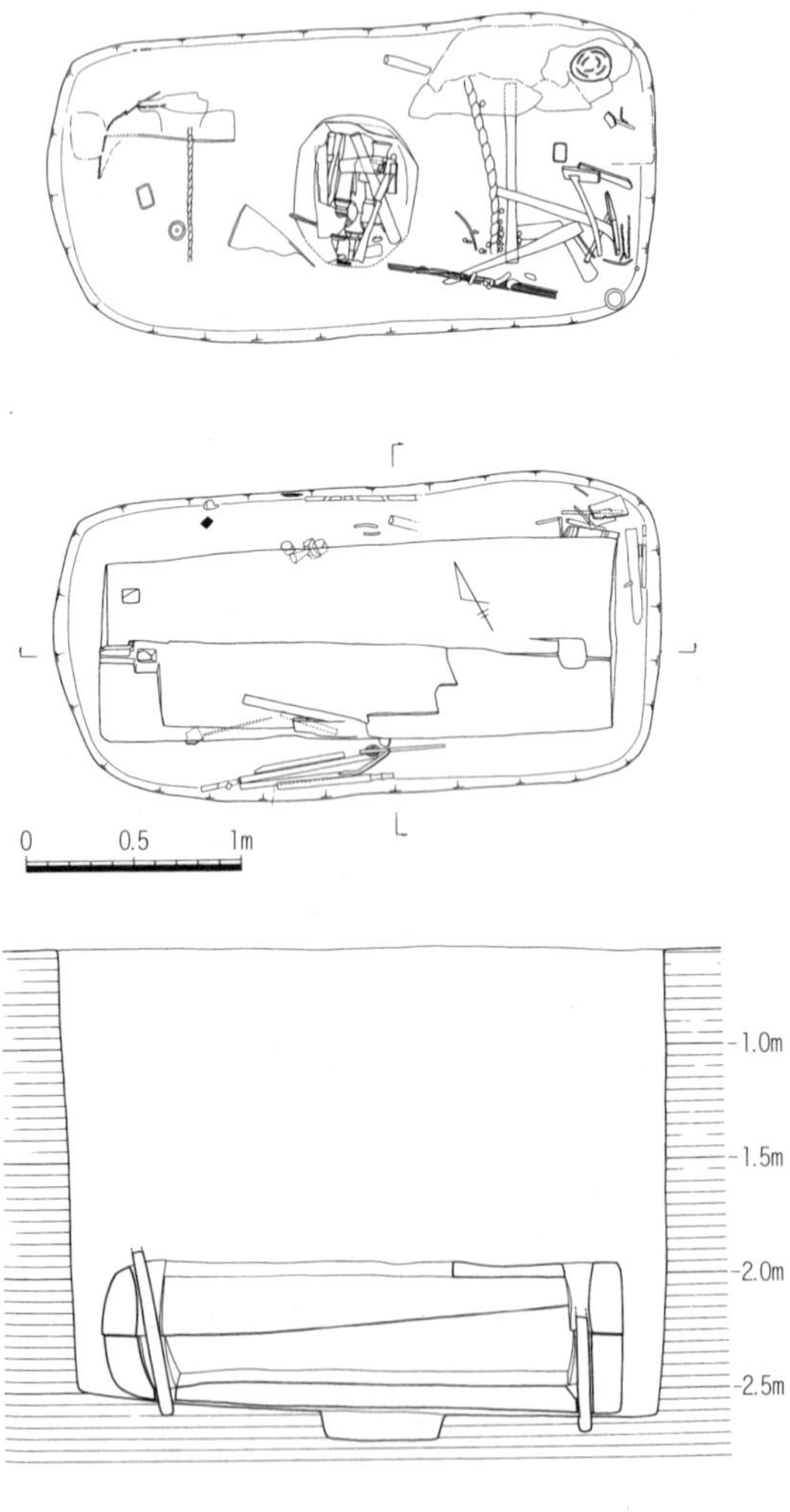

図18●茶戸里1号墓

に用いられたと思われる縄、各種の斧をはじめとする工具類の柄、多様な漆器類など、普通は腐食して消失してしまう、遺物の有機質の部分がよく残っていた。また、墓壙中央部を掘って、その中に鞘や柄の有機質部分がよく残った銅剣・鉄剣・銅矛・鉄矛・鉄戈などの武器類や、鋳造鉄斧・板状鉄斧などの工具類、星雲鏡、青銅帯鉤、五銖銭、筆などが納められていた。

これらの副葬品のうち、銅剣・鉄剣とその鞘・柄の構造は、初期鉄器時代の細形銅剣の系統を引いていることがわかる。なかでも、鉄剣の鞘・柄の構造が銅剣のものと共通することは、銅剣から鉄剣への移行過程を知る上で興味深い。一方、初期鉄器時代の墳墓ではみられなかった多様な鍛造鉄器が埋葬されている点も、この時期の墳墓の特徴をよく現している。特に、二個一組にまとめられた鋳造鉄斧や、柄が付かず刃が研ぎ出されていない板状鉄斧は、鉄素材として扱われていた可能性が指摘されている。

副葬品の特徴として指摘すべきもう一つの点が、楽浪との関係を推定させる中国系遺物の存在である。星雲鏡・五銖銭・小銅鐸・青銅帯鉤などは、楽浪などからもたらされたと思われる遺物である。また、多様な容器類をはじめとする漆器類も、楽浪漢墓などで見つかる漆器との関係が想定される。さらに注目されるのが、筆である。筆の用途としては、漆を塗ったり絵を描いたりする用途も想定されるが、李健茂《イゴンム》は、一緒に出土した環頭刀子を、木簡に書き損じた文字を消すための道具と考えて、楽浪郡との交易のために筆を用いて文字が書かれていた可能性を指摘した（注38）。これは、『三国志』魏志東夷伝にみられる弁韓・辰韓と周辺地域との交渉の実態を考える上で、興味深い解釈であるといえよう。

茶戸里一号墓の発見以後、同様の土壙木棺墓の存在は、慶尚北道の慶州・朝陽洞《ちょうようどう》《チョヤンドン》遺跡、永川《えいせん》《ヨンチョン》・龍田里《りゅうでんり》《ヨンヂョンニ》遺跡、慶山《けいざん》《キョンサン》・林堂洞《りんどうどう》《イムダンドン》遺跡、大邱・八達洞《はったつどう》《パルタルドン》遺跡、星州・礼山里《れいざんり》《エサンニ》遺跡、慶尚南道の密陽《みつよう》《ミリャン》・校洞遺跡など、洛東江流域の各地で確認されるようになった。なかでも八達洞遺跡では、丹念な調査により、土壙木棺墓の構築過程を推定しうる成果があげられた（注39）。それをもとに、木棺墓の構築過程を復元すると以下のようになる。まず、墓壙が掘られてから、墓壙床面の一部をさらに掘り込んで腰坑をつくり、その中に武器類を中心とする遺物を埋納する。また、墓壙床面には、土器類をはじめとする各種遺物が置かれる。その後、墓壙底には、割竹形木棺を据え付けることができるように、断面U字状に土が入れられた。その上に割竹形木棺が据え付けられ、棺の内外に副葬品が納められ、棺の蓋が閉じられた。それぞれの遺物の配置がどのような意味をもつのか、また厳密な意味での墳墓構築過程との先後関係についてはわからないところも多いが、被葬者を埋葬するにあたって、さまざまな儀礼が執り行われたことは確かである。また、棺の上部には、石と土が墓壙内に落ち込んだ状況が観察されるので、本来は墓壙上部を木蓋などで閉じてから、その上に石と土が混じった小墳丘が存在したことが推定される。以上のような墳墓構築過程から、土壙木棺墓は、墳丘後行型墳墓であったと考えられる。

土壙木棺墓の木棺は、時期が下がるにつれて丸太を刳り抜いてつくった割竹形木棺から、組合式の箱形木棺へと変化するようである。数基の墳墓が群集する場合、墓壙の規模的には大きな違いが見いだされない。ただし、それらのうち、腰坑をもつ墳墓の場合は、副葬品の数量・内容において他の墳墓と格差が見いだされる。さらに、前期末になると、長さ三・三二メートル、幅二・三〇メートル、深さ一・〇〇メートルの墓壙の中に、長さ二・〇五メートル、幅〇・八〇メートルの木棺が置かれた慶州・舎羅里《しゃらり》《サラリ》一三〇号墓（注40）のように、他の墳墓よりも大型化した例が知られている。遺物も、棺の底部に七列六一枚の板状鉄斧が敷き詰められ、木棺内、木棺外の裏込土内、木棺と墓壙の間の空間、封土内に銅剣・鉄剣・鉄鍑・馬具などをはじめとする多様な遺物が副葬されていた。こうした例は、次の土壙木槨墓への移行段階を示す例として評価することが可能であろう。

原三国時代後期の墳墓

朝鮮半島東南部における原三国時代後期（紀元後二～三世紀）を代表する墓制が、土壙木槨墓である。土壙木槨墓の存在は、慶州・朝陽洞遺跡の調査によりその存在が明確に認識されるようになった。その後、慶尚南道の蔚山・下岱《かだい》《ハデ》遺跡や金海・良洞里《りょうどうり》《ヤンドンニ》遺跡の調査により、墓制の特徴が明らかになった。さらに、慶尚北道の慶州・隍城洞《こうじょうどう》《ファンソンドン》遺跡、浦項・玉城里《ぎょくじょうり》《オクソンニ》遺跡、慶山・林堂洞遺跡などでも、同時代の土壙木槨墓が確認されている。

土壙木槨墓は、土壙木棺墓にくらべて墓壙が浅い反面、墓壙の幅は広い。丘陵上に数基が群集することが多いが、その中で、他のものより大型の墓壙をもつ墳墓が出現することが注目される。例えば、良洞里一六二号墓（注41）の場合、墓壙は長さ四・九四メートル、幅三・四四メートル、深さ一・二三メートルをはかる。墓壙内には、長さ三・八八メートル、幅二・四〇メートルの木槨が存在したと考えられている。下垈カ―四三号墓（図19下、注42）は、長さ六・六〇メートル、幅三・八四メートル、深さ〇・五六メートルの墓壙内に、長さ五・一二メートル、幅二・六〇メートルの木槨が存在したと考えられる。玉城里ナ―七八号墓（図19上、注43）の場合、木槨の内側に木製の構造物が存在した痕跡が残っていた。他の例の場合でも、被葬者が安置されている空間と、土器類をはじめとする副葬品が置かれた空間は明確に区別されていることが多い。

副葬品をみると、大型木棺墓より副葬される遺物量が増加し、その種類も多様化する。鉄器類の場合、板状鉄斧や鉄矛は、しばしば数本ずつまとまって埋葬される。鉄矛・鉄剣・轡などには、大型化しつつ渦巻き状の装飾がつけられたものや、柄の部分まで鉄でつくられた、儀器的な性格が強いと思われるものがみられるようになる。素環頭大刀・鉄長剣・U字形鍬先・又鍬刃先などもこの時期に本格的な副葬がはじまる。内行花文鏡・四乳禽獣文鏡（良洞里一六二号墓）、銅鼎（良洞里三二二号墓・下垈カ―二三号墓）、鉄鍑（良洞里三一八号墓）など、楽浪郡との交渉を示す遺物や、倣製鏡（良洞里一六二号墓など）や広形銅矛（良洞里二〇〇号墓など）のように、北部九州地域との交渉を示す遺物もしば

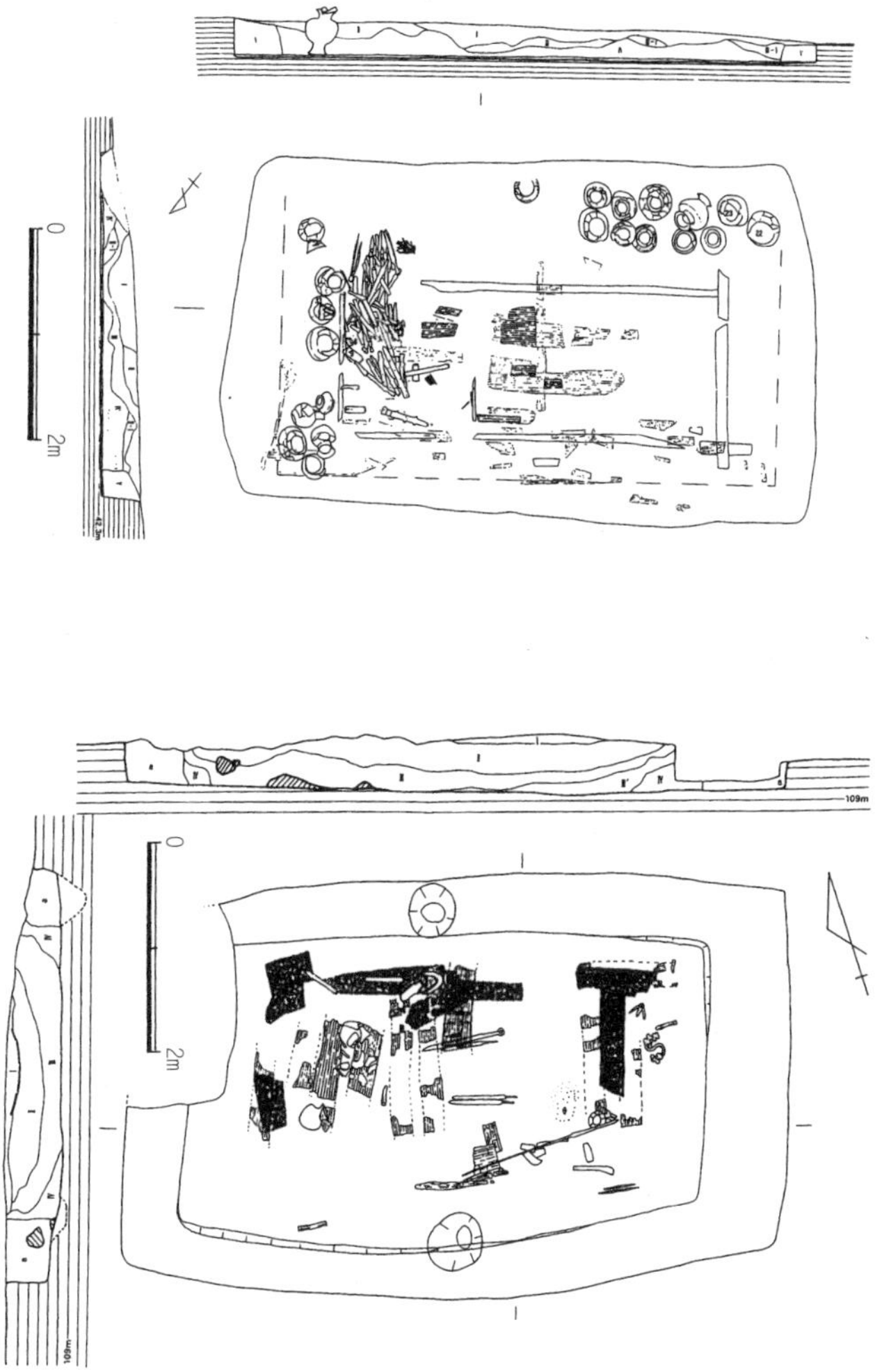

図19●原三国時代後期の木槨墓（上：玉城里ナ—78 号墓　下：下垈カ—43 号墓）

しば副葬されている。

土壙木槨墓は地下に木槨をつくり、その中に被葬者と副葬品が納められる。被葬者の埋葬が終了し、木槨が密閉されてからその上に低い墳丘がつくられたことは、木槨内部に落ち込んだ土層の分析から推定されている。このことから、土壙木槨墓も、墳丘後行型の墳墓であることがわかる。出土状況から、副葬品は、木槨内に置かれたもの以外に、木槨上に置かれたり、墳丘内もしくは墳丘上に置かれたと推定される遺物の存在が指摘されている。また、下垈カ―四三号墓、良洞里二三五号墓、玉城里ナ―七八号墓などでは、木槨が炭化するほどに燃えた痕跡が残っており、当時の特徴的な葬送儀礼であったと考えられる。

以上のように、この段階の大型土壙木槨墓は、その規模が大きくなるとともに、副葬品の量や種類が増加しており、他の被葬者との間の階層差が明確になりつつあることが推定できる。ただし、この段階の大型土壙木槨墓は、他の木槨墓と混在して築造されている点が、三国時代の墳墓との大きな違いといえるだろう。

5　原三国時代における墳墓の地域性と共通性

以上、本章では、原三国時代における朝鮮半島の墳墓の様相を、地域ごとに概観してきた。楽浪漢墓が築造された大同江流域と、発掘調査が進んでいる洛東江流域を除くと、墳墓の年代は二～三世紀を中心とするものがほとんどで、原三国時代内での時間的な変遷は必ずしも明らかになってはいない。ただ、そうした限界があるとはいえ、墳墓を構成するさまざまな要素の検討を通して、原三国時代の墳墓の間における階層差が明確になりつつあったことが指摘できる。ただし、階層差をよく表す要素は、地域ごとに違う。そして、そうした地域性が生じる大きな原因として、墳墓が墳丘先行型か墳丘後行型であるかの違いが指摘できる。

鴨緑江流域・漢江流域の積石塚や、栄山江流域の方形周溝墓は、墳丘先行型の墳墓である。これらは地域的には離れており、また墳丘や埋葬施設の構造には違いがみられる。ただ、どちらの墳墓も、特定の墳墓の墳丘が大型化し、墳丘の大きさや形状が被葬者の階層差をよく反映していると考えられる。それに対して、墳丘後行型の墳墓である錦江流域の周溝土壙墓や、洛東江流域の土壙木棺墓・土壙木槨墓の場合、埋葬施設の大型化と構造の複雑化、および副葬品の量と組み合わせの多様化が、被葬者の階層差をよく反映しているとみることができよう。大同江流域の楽浪漢墓の場合、一辺一〇メートル以上の墳丘をもつ場合が多いが、高久健二が分析したように、副葬品の量と組み合わせが、階層差をよく反映すると理解できる。

このように、墓制によって具体的な展開の様相は違うものの、原三国時代の各地域においては、被葬者間の階層差が生じつつあったことがわかる。ただし立地に注目した場合、この段階においては、三国時代でみられるように、特定の墳墓が他の墳墓と墓域を別にして築造された例は知られていないことに注意しておきたい。

こうした墳墓にみられる様相の社会的背景を考える手がかりとなるのが、朝鮮半島南部に位置する馬韓・弁韓・辰韓の中に、数多くの「国」が存在したとする、『三国志』魏志東夷伝の記事であろう。本書で分析の単位としている河川の流域ごとには、単純計算をしても一〇以上の「国」が存在したことになる。「国」ごとのまとまりの中で、墳墓群内、もしくは墳墓群間の関係がどのように変化していくのかは興味深い点である。例えば、周溝土壙墓でみられるような、埋葬施設の数と構造にみられる小地域性が、「国」のまとまりを考古学的に類推する手がかりになるのではないかと考える。

また、馬韓・弁韓・辰韓や、三韓を支配していたという月支国を、考古学的にどのように認定できるのかも重要な課題である。墳丘先行型の墳墓と墳丘後行型の墳墓の広がりを示した図20をみるとわかるように、それぞれの分布域はお互いに排他的でモザイク状に分布している。そして、馬韓諸国が位置した朝鮮半島西南部では流域ごとに異なる系統の墳墓が存在しているのに対して、弁韓・辰韓諸

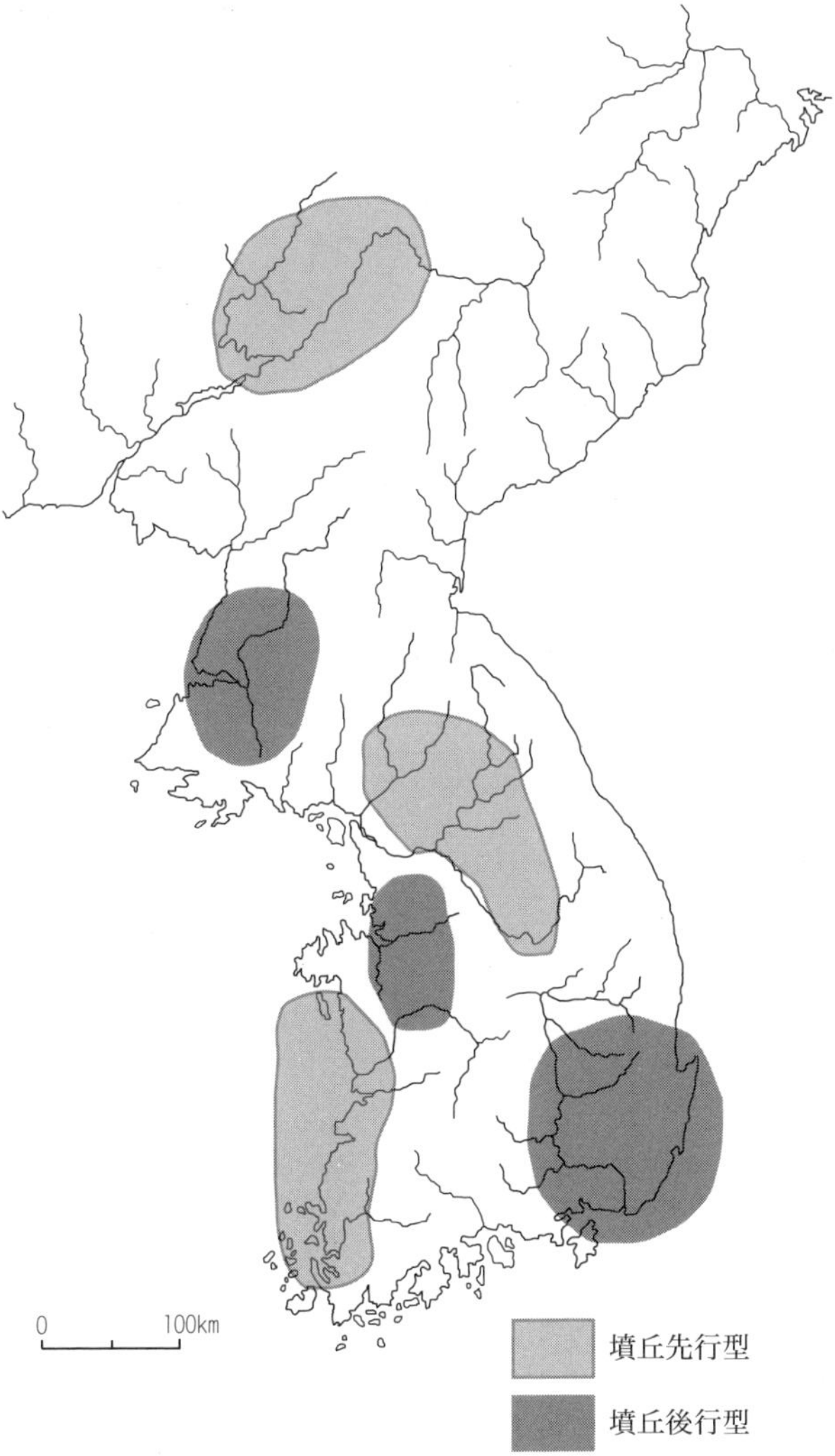

図20●原三国時代における墳丘先行型・墳丘後行型墳墓の地域性

国が位置した朝鮮半島東南部では、同じ類型の墳墓が広がっていることがわかる。つまり、文献史料から復元できる「集団」の広がりと、特徴的な墳墓の広がりは必ずしも一致しないのである。

この時期の地域間関係を考える上で重要な手がかりとしては、各墳墓から発見される多様な中国系遺物があげられる。これらの多くは、楽浪郡から各集団が直接的、もしくは間接的に入手したものであると考えられる。また、そうした遺物は特定の墳墓に集中的に副葬される傾向がみられる。このことから、こうした中国系遺物は、各地域集団の首長がそれぞれ入手し、その集団内ではそれらを独占的に所有した状況がうかがえる。同時期（弥生時代中期後半〜後期前半）の北部九州の首長も、やはり楽浪郡と関係をもって、中国系の文物を独占的に入手していた。ただ、北部九州の首長が鏡を好んで入手したのに対して、洛東江流域の首長はむしろ銅鼎など多様な文物を入手していた。こうした中国系文物の具体的な組み合わせの違いからみても、各集団は、それぞれ楽浪郡と交渉して、必要な文物を入手したことがわかる。また洛東江流域の墳墓では、北部九州地域との関係がうかがわれる、倣製鏡や広形銅矛などの遺物も確認された。以上のことからみて、周辺地域とのさまざまな交渉を統率することが、各地域の首長にとって大きな役割であり、それが各地域における首長の権力を維持発展させる原動力の一つであったことがうかがわれる。

第4章　王墓の登場

1　考古学からみた三国時代

朝鮮半島における三国時代は、高句麗・百済・新羅の三国と加耶諸国が登場し、覇を争った時代である。三国のうち高句麗については、すでに紀元後一世紀頃から中国史書に登場している。それに対して、百済や新羅が、中国史書や日本の『古事記』・『日本書紀』に登場するのは四世紀に入ってからのことである。それ以前から百済・新羅の中核をなす集団は存在したであろうが、それらが周辺地域の集団をまとめ、隣接する王権との交渉をはじめた段階を画期と認識して、四世紀を三国時代の上限と考えるのが日本での一般的な理解である。その下限は、新羅が百済と高句麗を滅ぼし、唐の勢力を駆逐した六七六年とされる。

二二〇年に後漢が滅亡して以後の中国は、魏・呉・蜀の三国時代に入る。二八〇年に晋が最終的に三国の統一を果たしたものの、北方諸民族の進出によって、三一七年に晋はその根拠地を長江流域に移さざるをえなくなった。こうした状況の中、大同江流域を中心として存在した楽浪郡・帯方郡は、三一三年頃に高句麗によって滅ぼされた。同時期の日本列島では、奈良盆地を中心とする地域に出現した前方後円墳が、他地域でも築造されるようになる古墳時代を迎えている。朝鮮半島の三国時代は、後漢の滅亡を契機として中国の王権が混乱する一方で、周辺地域の諸勢力が新たに台頭し成長していった、東アジア規模の変動期の中にあったといえる。

このように、「三国時代」という時代は文献史料をもとに設定されている。そのためこの時代の考古学的研究は、三国および加耶諸国における歴史上の画期と、考古資料の変化を対応させることによって進められてきたといえる。例えば、遷都を繰り返した百済の場合、各時期の王都であった漢城(ソウル)・熊津(忠清南道公州)、泗沘(忠清南道扶餘)周辺の三国時代の遺跡を、各時代の代表的な百済遺跡と推定することが一般的であった。また加耶諸国の場合、各地域における加耶系考古資料の下限年代は、文献史料にみられる加耶の滅亡年と関連づけて推定されてきた。

しかし、考古資料の系統と編年が整理されていくなかで、こうした比定方法の問題点も明らかになりつつある。例えば、先述のような前提により百済遺跡とされてきた、ソウル周辺の三国時代の遺跡の中には、高句麗や新羅と関連するものが少なくないことが明らかになってきている。まだまだ資料不足の感は否めないものの、考古資料を通してこの時代の画期を明らかにし、それらが、文献史料にみられる変化とどのように関係するのかどうかを、批判的に検討する作業を進める必要があると筆者は考える。

これまで、三国時代を考古学的に研究するためには、王都周辺の大型墳墓と、王をはじめとする支配勢力の居住地である土城、および防御施設である山城の存在が注目されてきた。三国の中では、百済の各時期における土城や山城の様相が、発掘調査によってかなり明らかになっており、百済の国家形成過程を考える上で重要な資料を提供している。その詳細については、第5章で触れることにしたい。それ以外の地域についても、王城や山城に対する調査が一部でおこなわれている。しかしそれらの多くは、統一新羅時代以降にも利用されているために、三国時代における様相が不明確である場合が多いのが実情である。

一方、墳墓の場合は、各国の王都周辺に、その立地・規模や副葬品の量や質において、同一墳墓群内の他の墳墓や、他の墳墓群とは大きく異なる大型墳墓が確認されてきた。すなわち、高句麗では鴨緑江流域の大型積石塚、百済では漢江流域の葺石封土墳や大型積石塚、新羅では慶州盆地の積石木槨墳、加耶諸国では、副槨をもつ大型木槨墓や円形封土墳がそれにあたる。これらの墳墓の中には、高句麗の広開土王碑や、百済の武寧王陵の誌石などの文字史料を通して、墳墓の被葬者の中に当時の王が含まれていることが確定できる場合もある。そこで、こうした墳墓を「王墓」と呼ぶことにしよう。

各地域における墳墓の埋葬施設の構造や墳丘の築造過程、副葬品のあり方は、少なからず違いがみられる。そこで本章では、地域ごとの王墓と呼びうる墳墓の特徴を概観する。その上で、各地の墳墓の様相を比較検討して、王墓間の共通点と差異点を明らかにしていきたい。なお第6章で述べるように、六世紀になると各地域の墳墓の様相が大きく変化するので、本章では主に四・五世紀の墳墓を取り上げることにする。

2 高句麗の王墓

三世紀のはじめから四二七年に平壌に遷都するまで、高句麗の王都は現在の中国吉林省集安市におかれた。集安市の平野部中央には、北壁長七三〇メートル、西壁長七〇二メートルをはかる、ほぼ方形の城壁をめぐらした通溝《つうこう／トンコウ》城が位置する。また、通溝城の西北側には、全周が約七キロメートルに達する包谷式山城である、山城子山城がある。これらの城の内部からは高句麗の遺構や遺物が見つかっており、これら二つの城が王城を形成していたと考えられる。

集安には、通溝城の北東側（禹山下墓区）、北西側（山城下・下宝汀墓区）、南西側（七星山・麻線溝墓区）に、数多くの墳墓が築造されている。墳墓は積石塚と封土墳に大別され、積石塚は原三国時代以来、五世紀頃まで築造されたと考えられる。封土墳は、横穴式石室を主たる埋葬施設とするもので、その中には舞踊塚・角抵塚などのように、石室に壁画が描かれたものも含まれている。

こうした墳墓群の中で、王墓、もしくはそれに準ずる墳墓と考えられるのが、一辺が三〇〜七〇メートルをはかる大型の積石塚である。一九九〇年代から中国で進められた調査成果が二〇〇四年に報告されて（注44）、墳丘や埋葬施設の構造のみならず、周辺の付属施設についての貴重な情報が提供された。

これらの墳墓は、方形壇を数段重ねた「方壇階梯」と呼ばれる外部構造をもつ。墳丘の方形壇外表面は、割石や切石を積んで仕上げられており、数枚の大きな板石を一定の間隔をおいて基壇部に立てかける例が多い。こうした積石の技術が頂点に達したと思われるのが将軍塚（図21）である。将軍塚は一辺三二・六×三一・七メートルと、他の積石塚にくらべて小規模であるが、花崗岩をきれいに加工した長方体の石材を垂直近く積み上げて、七段の方形段を重ねた形状をなし、高さは約一三メートルをはかる。石材として用いられた花崗岩を採取・運搬・加工して積み上げるためには、他の大型積石塚と同様、あるいはそれ以上の労力と時間がかけられたと推定できる。

積石塚の埋葬施設は、竪穴式石槨から横穴式石室へと変化する。太王陵の場合、横穴式石室の玄室

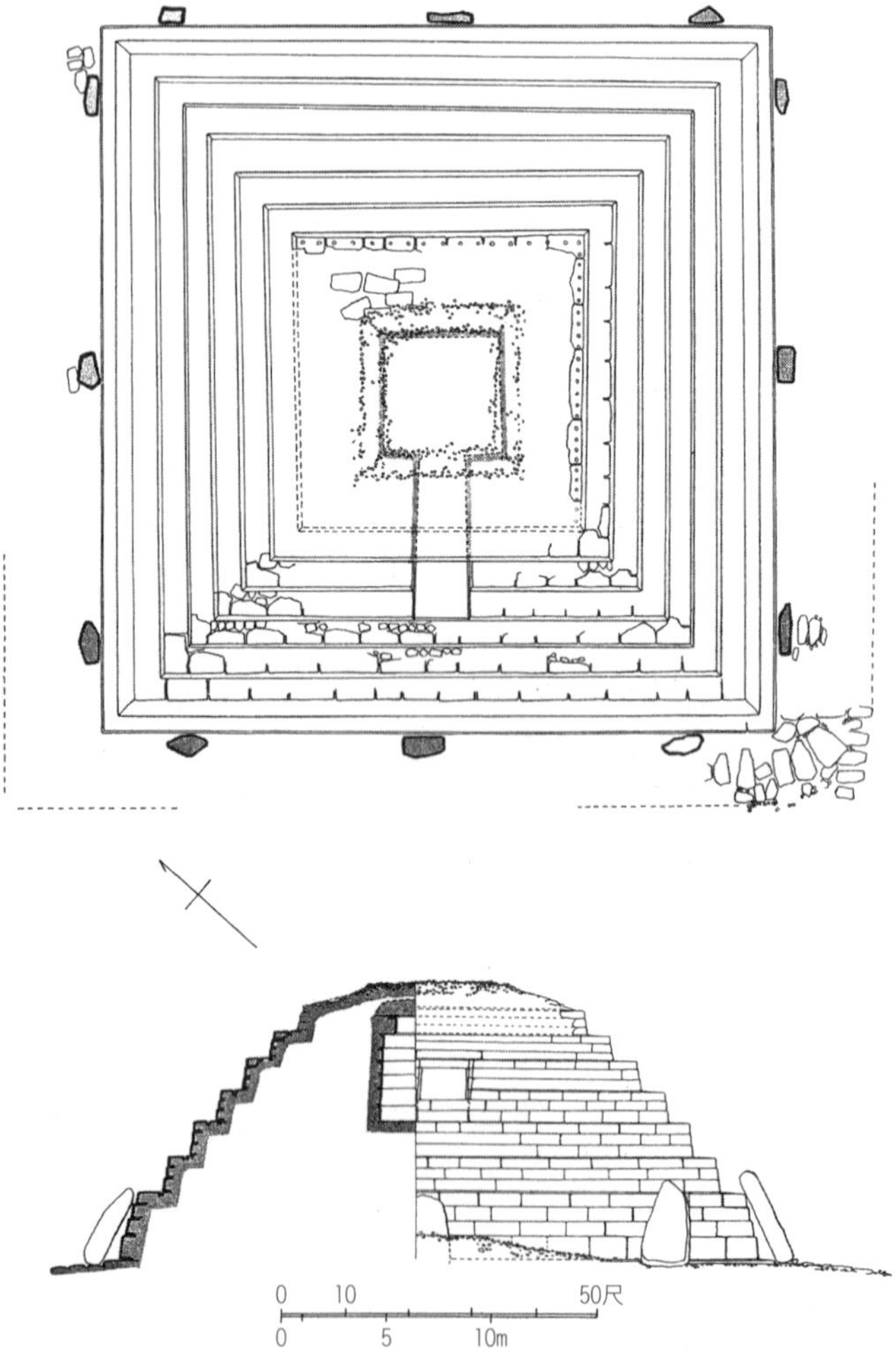

図21●将軍塚

内に家屋状の石槨がつくられ、その中に二つの棺台が置かれていた。将軍塚の横穴式石室も、玄室内に二つの棺台がつくられている。いずれの埋葬施設も、墳丘の上部に位置しており、原三国時代の積石塚と同様、三国時代の大型積石塚も墳丘先行型墳墓であることがわかる。

積石塚の外部装飾との関係で注目されるのが、墳丘上から出土する瓦塼類である。丸瓦・平瓦のみが出土する例もあるが、それに軒丸瓦が組み合わさる墳墓がいくつか知られている。そのうち、瓦当を四区画して、その中に一対の蕨手文を配置する巻雲文軒丸瓦には、「己丑（三二九年?）」（西大墓）、「戊戌（三三八年?）」（禹山九九二号墓）、「丁巳（三五七年?）」（禹山三三一九号墓）などの干支が刻まれたものがあり、瓦当製作年代の中心が四世紀であることがわかる。一方、千秋塚・太王陵・将軍塚からは、瓦当を六区画ないし八区画して、蓮の蕾を表現したとされる立体的な装飾を配置した軒丸瓦が出土する。この軒丸瓦のモチーフは、平壌周辺の高句麗軒丸瓦にも受け継がれている。また、千秋塚からは「千秋萬歳永固」・「保固乾坤相畢」銘塼が、将軍塚からは「願太王陵安如山固如岳」銘塼が出土している。こうした瓦塼の用途については、墳丘上に瓦葺建物が建てれらたという説や、積石塚外側の方壇部分を装飾するために用いられたという説が提起されている。また、周辺に立てられた建物にも、同様の瓦が用いられたようである。

こうした大型積石塚の周囲には、さまざまな付設施設が見つかっている。戦前の調査において、すでに将軍塚や太王陵の周囲には石が敷き詰められていることや、将軍塚の北側に、陪塚と思われる小型の積石塚があることが注意されてきた。最近の中国での調査により、墓域を区画するためにめぐらされたとおもわれる石垣や、「祭台」と報告されている平面細長方形の石積が、大型積石塚の周囲で確認されている。また、積石塚と関連すると考えられる建物址の存在も指摘されている。さらにいえば、有名な広開土王碑も広開土王陵に附属する施設の一つである。この石碑には、広開土王陵を維持・管理するための墓守の人数などが記録されていることから、墳墓の周辺には、彼らが生活するための施設も存在していたはずである。これらの施設の広がりからみて、大型積石塚の周辺には「陵園」とも呼ぶべき、墓域を区画する空間が形成されていたことがわかる。

大型積石塚の多くは、古くから盗掘されたために、副葬品についての情報はほとんどなかった。しかし、最近の中国側での調査により、金銅製の各種透彫金具・歩揺、金糸、金銅装小札片、金銅装馬具類などが見つかり、副葬品の内容の一端を知ることができるようになった。なかでも、太王陵周辺の埋納遺構から出土した「辛卯年　好太王　□造鈴　九十六」銘銅鈴は、太王陵を広開土王陵に比定する説に大きな根拠をあたえることになった。しかし、将軍塚を広開土王陵に比定する説が成立する余地はまだ残っている。いずれにせよ、こうした遺物を通して、集安の大型積石塚に王墓が存在することが裏付けられたことが重要であろう。

3 百済の王墓

五〇余りの小国からなる馬韓諸国の一つであった伯済国を母体として発展した百済は、漢江流域の漢城（ソウル）に最初の王都をおいた。漢江南岸に位置する風納土城《ふうのうどじょう／プンナプトソン》や、その南方の低丘陵上に位置する夢村土城《むそんどじょう／モンチョントソン》が、王城もしくはそれに関連する土城であると考えられている。夢村土城のさらに南西方向に位置する、石村洞《せきそんどう／ソクチョンドン》・可楽洞《からくどう／カラクドン》・芳荑洞《ほういどう／パンイドン》一帯の低地および低丘陵上には、積石塚と葺石封土墳からなる数多くの墳墓が分布していた。しかし、ソウル市の市街地拡大に伴って、十分な調査がなされないまま多くの墳墓が破壊されてしまった。現在検討できるのは、残された墳墓を遺跡公園化する際に調査されたときの資料に限られている。

墳丘を有する墳墓のうち、百済王や王族との関係が深いと考えられてきたのが、方壇階梯積石塚である。百済の方壇階梯積石塚は、高句麗のものと同様に、方形壇を数段積み上げたものである。ただ、百済の場合、石村洞三号墓（口絵1上）のように墳丘全体を石で積んだものがある一方、石村洞四号墓（図22）のように、中心部分は土を盛り外側だけを積石した例が知られる。積石塚の規模は一辺二〇メートル未満のものが多いが、石村洞四号墓（一辺約三〇メートル）や、石村洞三号墓（東西五〇・八メートル、南北四八・四メートル）のような、規模の大きなものがある。特に石村洞三号墓は、太王

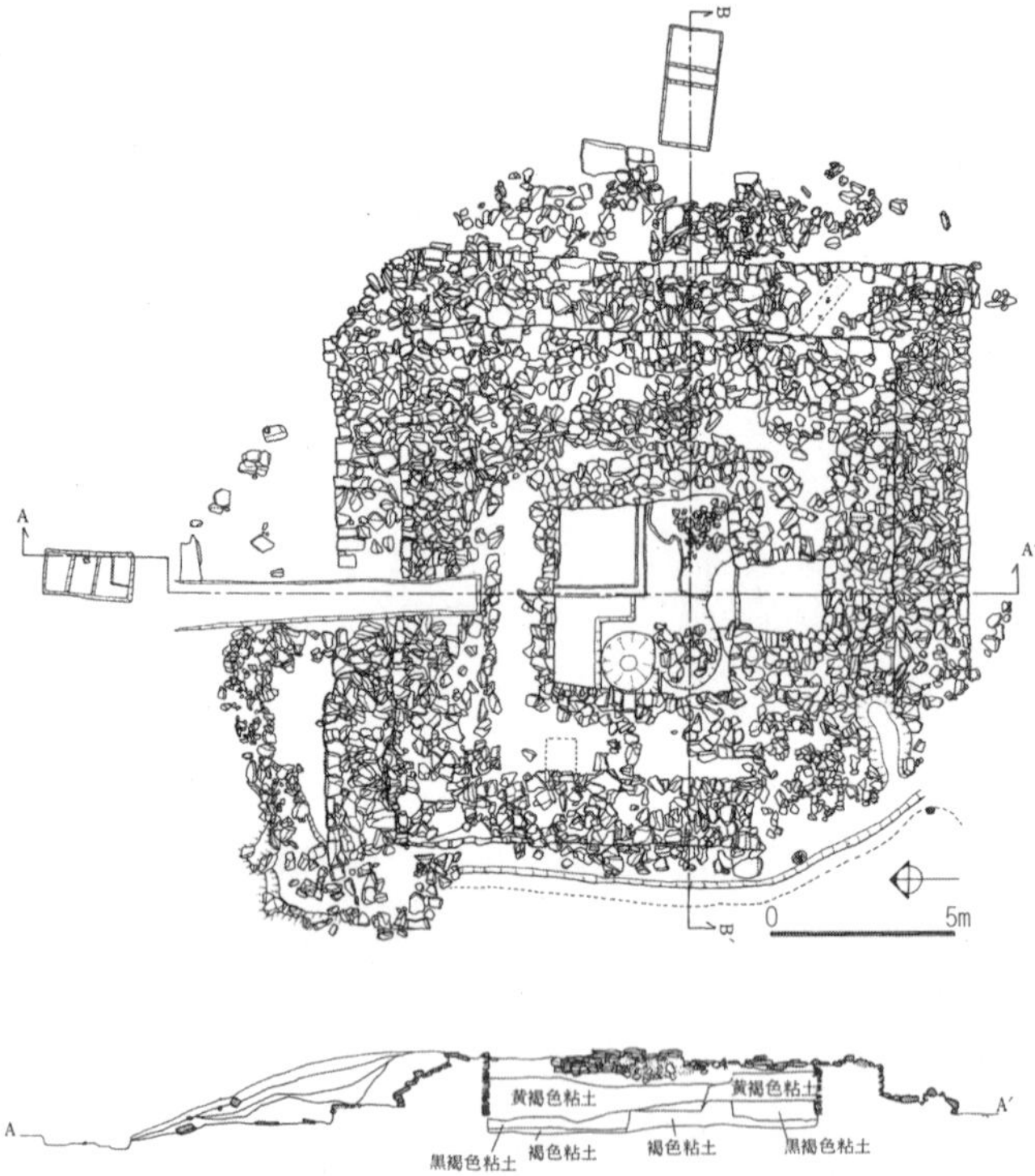

図22●石村洞４号墓

陵などには及ばないものの、高句麗の王墓に匹敵する平面規模をもつ。

百済の積石塚の場合、埋葬施設の具体的な構造はよくわかっていない。石村洞三号墓では、三段目の方形壇内に、長さ二メートル、幅一・五メートル、深さ〇・八メートルの石槨が見つかっているが、中心槨ではなさそうである。石村洞四号墓では、頂上部中央に、東西四・六メートル、南北四・八メートルの方形に近い墓壙が確認され、その南壁側では、通路状の掘り込みも見いだされた。平面の形状などから、この埋葬施設を横穴式石室と考える研究者が少なくない。しかし、横穴式石室を具体的に復元しようとすると、玄室の高さは、現存する墳丘基部から復元できる墳丘の高さよりも高くなってしまうのが問題である。一方、この墓壙を竪穴系の埋葬施設であると想定する説もある。いずれにせよ、百済の積石塚の埋葬施設は墳丘の上部に位置していたとみてよく、墳丘先行型の墳墓に分類できる。埋葬施設が確認できないという事情から、副葬品についても詳細は不明である。しかし、石村洞三号墓では、中国製青磁盤口壺片や金製歩揺などが出土しており、後述する風納土城・夢村土城出土遺物との対比が可能である。

現存する積石塚のうち、石村洞三号墓は、百済の積石塚の中で最大規模をはかることなどから、高句麗と争い中国南朝や大和政権との間で積極的な外交をおこなった近肖古王（在位三四六～三七五年）の墓に比定する説がある。先述の中国製青磁盤口壺片の年代も、おおむね四世紀後半と考えられる。ただ、これは積石塚築造期間の一点を示すにすぎず、その明確な上限・下限は不明である。

積石塚と共存していたとされる葺石封土墳については、さらに情報が限られている。石村洞五号墳（図23）や石村洞三号墓東側地区で確認された葺石封土墳では、墳丘の表面に石が葺かれていることが報告されている。これは、戦前の簡単な調査で確認された封土墳の構造にも通じる。埋葬施設については、可楽洞一・二号墓の調査によって、墳丘内に、小墳丘を伴う土壙墓や甕棺墓が複数確認されたことが報告されている。しかし、それらの埋葬施設や墳丘全体が完成するまでの過程を詳細に復元するためのデータは提示されていない。ただ、埋葬施設と墳丘との位置関係などからみて、葺石封土墳も墳丘先行型墳墓と考えてよいであろう。

葺石封土墳から出土した遺物は、土器類に限られる。それらは、風納土城や夢村土城で出土した土器との対比により、漢城に王都が置かれていた時期でも古い段階のものと考えられている。そのため、現状としては、葺石封土墳の築造年代は積石塚よりさかのぼる。こうした情報を踏まえて、朴淳發は、積石塚ではなく葺石封土墳の出現を、連盟王国としての百済の出現段階の指標の一つとする（注45）。ただ、葺石封土墳は積石塚の影響をうけて出現した墳墓であるとみなす説（注46）もあり、意見が一致していない。

石村洞墳墓群を遺跡公園化するための事前調査では、葺石封土墳や積石塚の周辺に、大型の墳丘をもたない木棺墓や甕棺墓が広がることが確認されている。埋葬施設の内外からは漆器や中国製青磁が出土した例があるものの、数点の土器のみが副葬されている場合が一般的であり、大型の墳丘をもつ

図23●石村洞５号墓

墳墓との違いは明確である。このことから、大型の墳丘をもつ墳墓を囲むようにして、墳丘をもたない小型墓が築造されることで、この地域の墓域が構成されていたことがわかる。

4 新羅の王墓

墳丘後行型墳墓である木槨墓が築造されていた朝鮮半島東南部には、現在の慶尚北道・慶尚南道を貫通して流れる洛東江の東側に辰韓、西側に弁韓と呼ばれる諸国が存在したことが『三国志』東夷伝に記録されている。辰韓諸国のうち、慶州に根拠をおく斯盧国が新羅へと発展したと考えられている。

新羅の王都がおかれた慶州では、五世紀を中心として、木槨の周囲および上部を石で覆う積石木槨墳と呼ばれる独特な構造をもった墳墓が多くつくられた（口絵1下）。なかでも、北川・南川・兄山川に囲まれた盆地中心部の平地内の、路西洞《ろせいどう》《ノソドン》・路東洞《ろとうどう》《ノトンドン》・皇吾洞《こうごどう》《ファンオドン》・皇南洞《こうなんどう》《ファンナムドン》一帯に、大型墳丘をもつ墳墓が分布している。一九二一年に偶然発見された金冠塚の調査を契機として、植民地時代には飾履《しょくり》《シンリ》塚《づか》《チョン》・金鈴塚《きんれいづか》《クムヨンチョン》・瑞鳳塚《ずいほうつか》《ソボンチョン》が、一九七〇年代には天馬塚《てんまづか》《チョンマチョン》（図24、注47）と皇南大塚《こうなんおおつか》《ファンナムテチョン》が発掘調査された。墳丘の規模や、埋葬施設の構造、そして、金冠に代表される多種多様な遺物が副葬されたことなどからみて、これら大型墳墓の中に、当時の新羅王や王族の墳墓があると考えられている。これらの大型

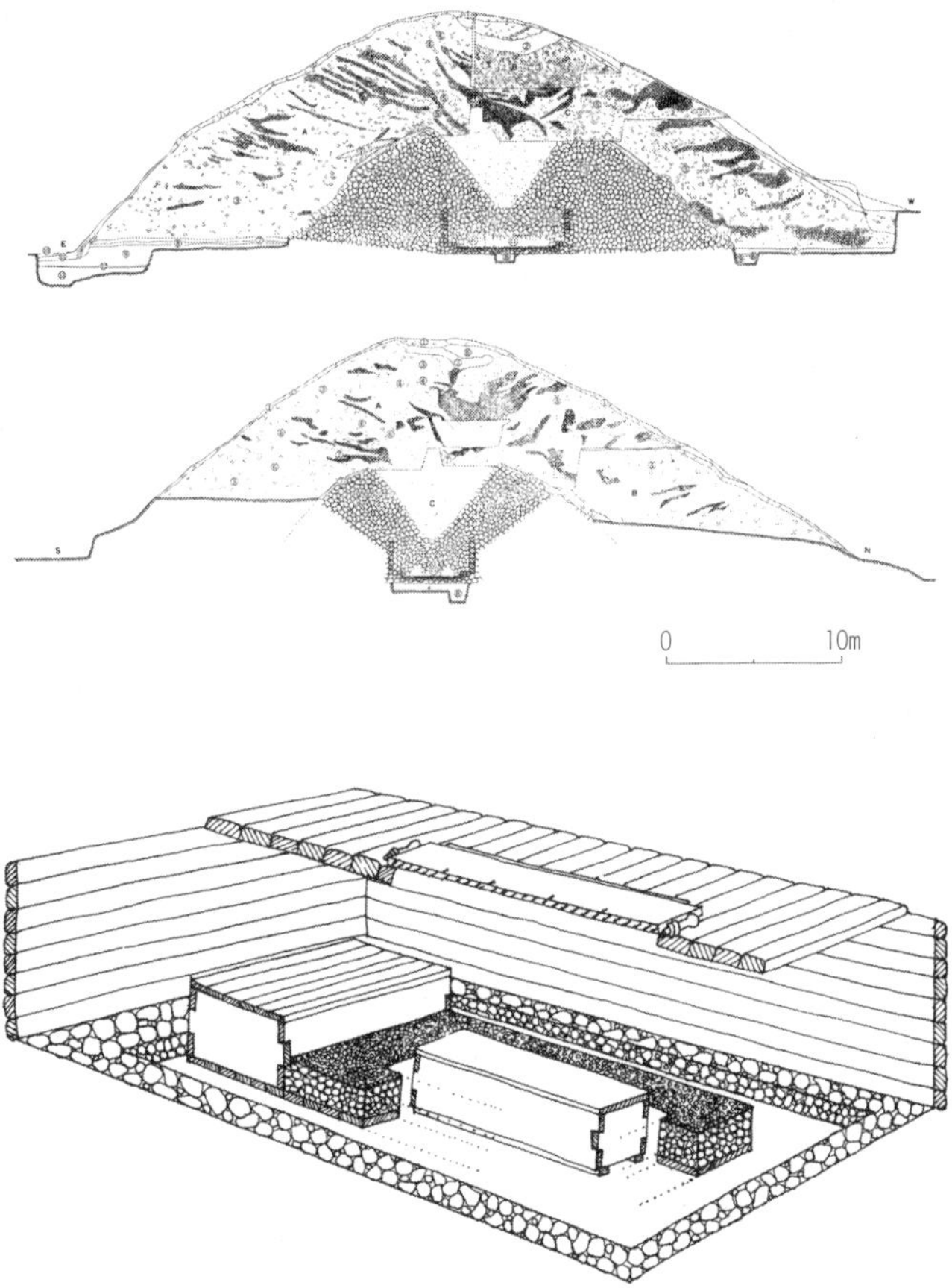

図24●天馬塚（上：墳丘断面図　下：木槨復元図）

積石木槨墳の周辺には、中・小型の積石木槨墳が広がっている。それらの中には、複数の墳丘を連接させて築造した例や、一つの墳丘内に複数の木槨が配置された例が知られている。こうした墳墓からの出土遺物は、量・質ともに大型積石木槨墳とは格差があり、その被葬者は、王や王族よりは低い階層の人物であったと考えられる。

大型積石木槨墳の墳丘は、円形、もしくは二つの円墳が結合した双円形をなす。円墳である天馬塚は、東西六〇メートル、南北五一・五メートル、高さ一二・七メートル、双円墳である皇南大塚は、南北の全長が一一四メートル、北墳の高さ二二・六メートル、南墳の高さ二一・九メートルをはかる。埋葬施設は大型の木槨であり、地表下を数一〇センチメートル掘り下げて、基底部に河原石を敷いている。しかし、木槨本体やその中に安置された木棺・副葬品収納櫃などは、被葬者が埋葬される段階では地上に位置し、その周囲が積石されていたと考えられる。木槨内への埋葬・副葬が終了すると、その上面を積石で覆う。積石部をさらに覆うように封土が盛られて、墳丘が完成することになる。

大型積石木槨墳は、木槨がほぼ地上部にあり、その周囲にも積石がなされたと考えられる。この部分を墳丘の一部とみなすこともできるが、この積石は木槨の「裏込め」的な機能をもつものであり、埋葬施設への被葬者安置後に、それを覆うように盛られる積石や封土とは性格が異なる。

また、最終的につくられた墳丘は、日本の円墳とは形状や機能に違いが認められる。すなわち、大型積石木槨墳の円形封土は、日本の同規模の円墳にくらべて傾斜がきつく、段築をもたない。また、墳丘上面に広い平坦面も形成されない。こうした構造の違いは、日本の古墳のように、被葬者の安置をはじめとするさまざまな葬送儀礼を、墳丘上に人々が登っておこなう必要がなかったことに起因すると考えられる。大型積石木槨墳の墳丘は、むしろ埋葬施設を保護し、一種の「墓標」としての視覚的効果を生むことを念頭においているように思われる。こうした意味で、大型積石木槨墳は、墳丘後行型墳墓の伝統の中で形成されたと判断することができよう。

構造上、盗掘することが非常に難しいため、積石木槨墳を発掘すると、大量の副葬品がほぼ埋葬当時の状態で出土する。なかでも目を引くのは、細い帯に、樹木や鹿角を象徴したと思われる立飾がつく冠をはじめとする、金・銀・金銅を用いた装身具類や馬具類、環頭大刀、容器類などである。また、「乙卯年国岡上広開土地好太王壺杅十」銘をもつ壺杅塚《こうづか》《ホウチョン》出土の盒や、金冠塚出土の青銅製四耳壺など高句麗からもたらされたと思われる遺物や、皇南大塚出土の黒褐釉壺や金冠塚出土の鐎斗のように、中国からもたらされたと思われる遺物がある。さらに各種のガラス容器のように、西アジアに起源を追える遺物も副葬されている。このように、大型で複雑な構造の埋葬施設をつくり、遠距離交易によって獲得したものを含む多量の副葬品を埋葬することが、新羅の王墓の特徴であるといえよう。

これまで調査された大型積石木槨墳のうち、築造時期が一番さかのぼるのは皇南大塚南墳であることは、多くの研究者の中でほぼ一致している。ただ、その被葬者を奈勿王《なもつ》《ネムル》（在位三五六～四〇二年）とみるのか、訥祇王《とつぎ》《ヌルギ》（在位四一七～四五八年）とみるかによって、具体的な築造年代について五〇年近い見解の違いが生じているのが実情である。しかしいずれの立場であれ、大型積石木槨墳の築造開始が、三国時代がはじまる四世紀はじめまでさかのぼるとは考えにくい。

積石木槨墳の起源については、積石部の存在に注目して、高句麗積石塚との関係を想定する説や、木槨構造から、楽浪漢墓との関係を想定する説、両者の折衷説、中央アジアのクルガンの影響を推定する説などが提示されてきた。それに対して、李盛周は、原三国時代の木槨墓と積石木槨墳の間に「新羅式木槨墓」を設定することによって、慶州周辺の墓制の変化の中から、積石木槨墳が登場する可能性を提示した(注48)。

「新羅式木槨墓」とされる墳墓は、平面形が長方形である原三国時代の木槨墓とは異なり、慶尚北道慶州・九政洞《きゅうせいどう クジョンドン》二号墓(図25、注49)のように、平面形が細長方形を呈する。木槨内は二分されており、片方は被葬者を安置する空間として、もう片方は副葬品を埋納する空間として用いられている。被葬者が安置されたと推定される部分に鉄矛を敷き並べる例が多いのも、特徴の一つとすることができよう。李盛周らが調査した蔚山・中山里《ちゅうざんり チュンサンニ》遺跡では、新羅式木槨墓の墓壙と木槨の間の裏込め部分に石を混ぜた例があり、時期が下がるにつれて石の量が増加することが確認された。そうした変遷過程を経て、典型的な積石木槨墳が出現したと想定したのである。

ただ、新羅式木槨墓は、後述する金海・釜山地域にみられる副槨をもつ大型木槨墓にくらべて墓壙の規模が小さく、副葬品の量も少ない。埋葬施設の構造や規模、墳丘の有無などにおける、新羅式木

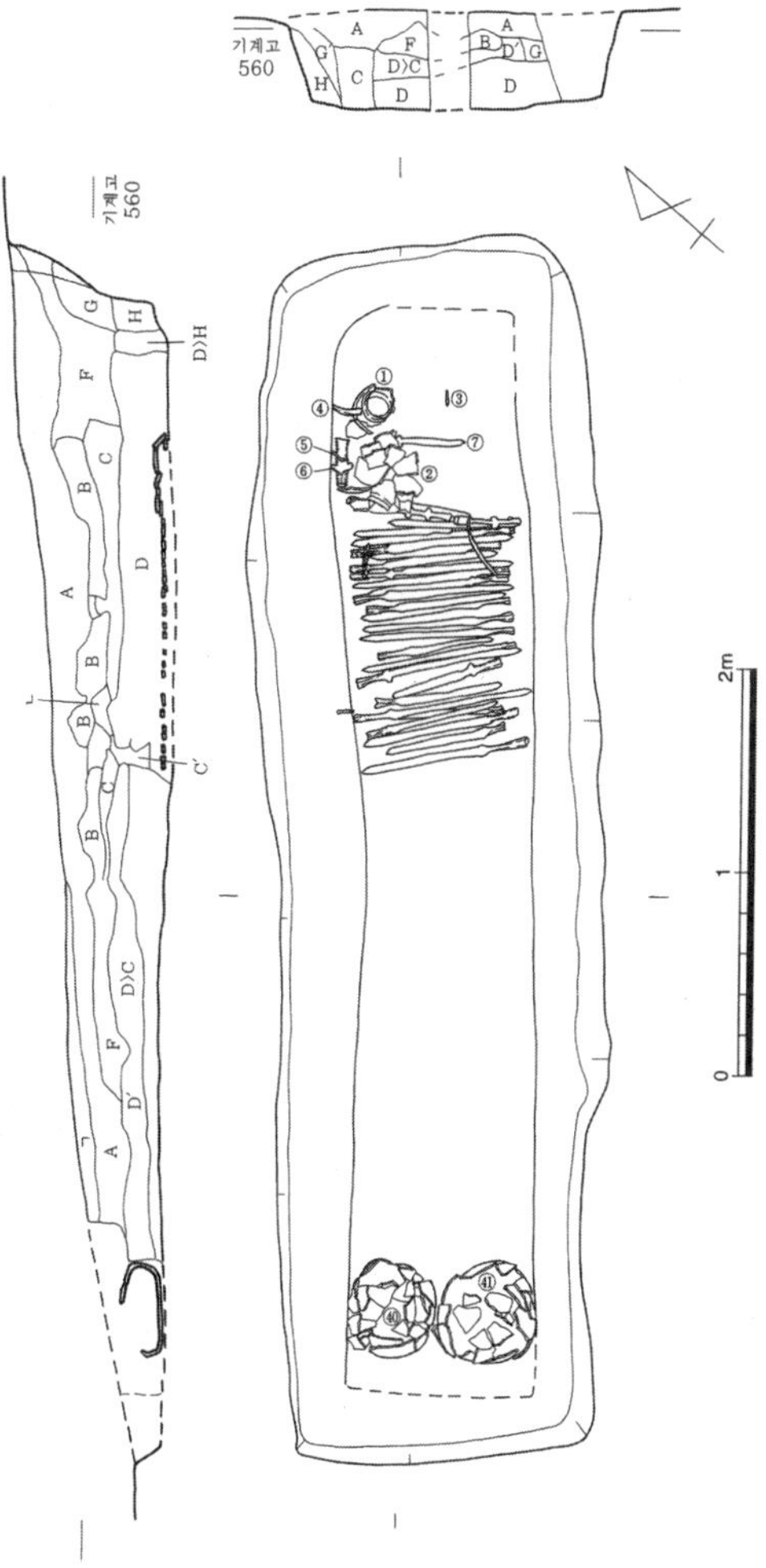

図25●九政洞 2 号墓

槨墓と大型積石木槨墳との間の格差も大きい。こうした状況から、四世紀の段階において、新羅式木槨墓よりも大型で大量の副葬品をもつ木槨墓が出現したことを想定する見方がある。慶州・九於里《きゅうおり/クオリ》一号墓のような、主槨と副槨の墓壙が別々につくられた木槨墓の存在が、そうした想定の根拠となりうる。大型積石木槨墳が築造された地域の下層において、そうした墳墓が確認されるかどうか、今後の発掘調査の進展を待ちたい。ここでは、三国時代の新羅における墳墓の変化が、埋葬施設の規模・構造や、副葬品の変化にまず現れ、大型墳丘の出現は、それよりもやや遅れることを確認しておこう。

5 加耶の王墓

三国時代にはいると、洛東江以西地域に存在していた弁韓諸国の中から、金官加耶《きんかんかや/クムグァンガヤ》（慶尚南道金海）・大加耶《だいかや/テガヤ》（慶尚北道高霊）・阿羅加耶《あらかや/アラガヤ》（慶尚南道咸安）などが、有力な勢力として登場する。しかし、それらの勢力は単一の勢力となりきれないまま、最終的に六世紀半ばまでに新羅に併合された。加耶諸国のうち、四世紀において最も有力な勢力であった金官加耶の中心地である金海では、原三国時代の木槨墓とはその構造や副葬品の内容が大きく異なる、大型木槨墓が築造された。一方、五世紀から六世紀前半にかけて最も有力な勢力であった大加耶の中心地である高霊では、大型の円形墳丘をもち、竪穴式石槨を埋葬施設とする大型墳墓が築造された。ここでは、これら二地域の大型墳墓をもって、加耶の王墓を代表させることにしよう。

金官加耶の王墓

金海は、洛東江河口の西側に位置し、北・東・西側を山に囲まれている。南側は、現在では広い水田が広がっているが、三国時代においては海であったことがわかっており、桟橋の跡も見つかっている。こうした立地条件からみて、金海は海上交通の拠点としての役割を果たしていたと考えられている。

金海平野の中央には、南北方向に伸びる低丘陵がある。その南側の高まりは鳳凰台と呼ばれ、それを囲むように環濠や土塁が確認されている。この丘陵のあちこちの斜面には貝塚が形成されており、有名な金海会峴里貝塚は、鳳凰台から東側に伸びる低丘陵に立地している。また、鳳凰台東側の金官加耶の王宮が存在したという伝承が残る地区では、部分的な調査により、鉄生産に関連する遺物や木簡などが見つかっている。

鳳凰台からみて北側にのびる低丘陵の先端部に、金官加耶の王墓と目される墳墓が築造された大成洞墳墓群（注50）が位置する。この丘陵の周辺には、原三国時代から墳墓が築造されていたが、三国時代になると、丘陵の尾根上に大型木槨墓（図26）が築造されるようになる。中・小型墳墓は丘陵斜

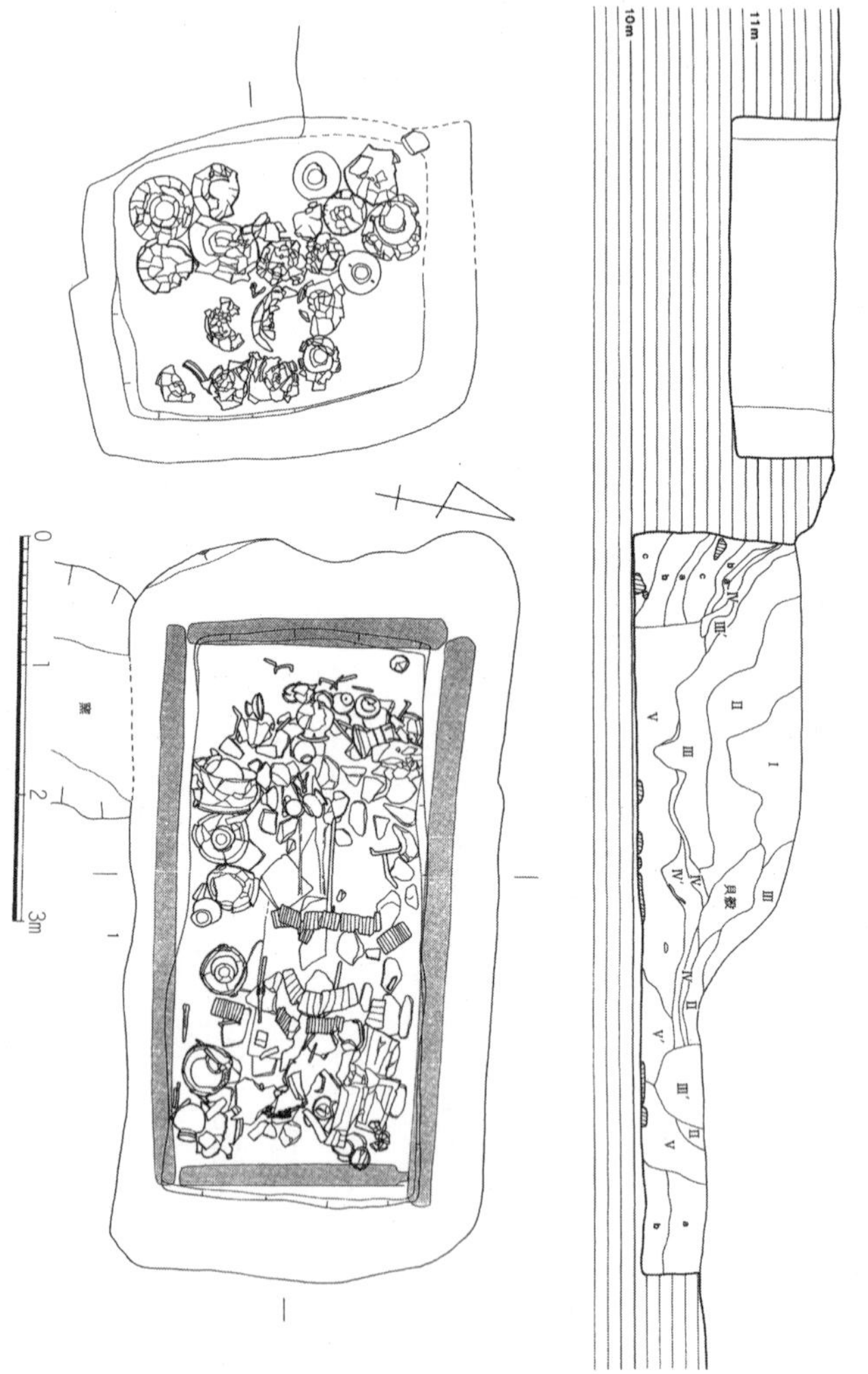

図26●大成洞 39 号墓

面や、丘陵周囲の平地に築造されており、大型墳墓との間に明確な立地の違いが認められる。

埋葬施設は、原三国時代後期の墳墓と同じ木槨である。ただ、その平面規模は長さ八・五〇メートル、幅四・八〇メートルの二号木槨墓をはじめとして大きく、深さも、三・六〇メートルをはかる七号木槨墓のように深いものがめだつ。原三国時代の例と同じように、木槨内部には、被葬者を安置する「内槨」ないし「棺」と呼ぶべき施設が存在したようである。副葬品の多くは、木槨と「内槨」の間に副葬された。さらに、この時期の木槨墓には、副葬品を納めるための副槨が現れ、副葬品の量も増加する。墓壙内には、版築状に交互に積まれた土層が陥没した状況が確認されており、木槨上部につくられた墳丘の一部であると判断されている。ただ、その高さは一～二メートル前後であり、墓壙の範囲を覆う程度の規模であったと考えられる。以上の特徴からみて、これらの墳墓は墳丘後行型の墳墓であることがわかる。

主槨と副槨には、原三国時代の木槨墓よりもさらに大量で多様な副葬品が埋葬された。土器類は、瓦質土器から、短頸壺・無蓋高杯・炉形器台などを中心とする陶質土器に変化する。鉄器類では、板状鉄斧や鉄鋌がまとめて副葬され、縦細長板革綴（蒙古鉢形）冑・挂甲・縦矧板鋲留短甲などの武具類や、轡・杏葉・輪鐙などの馬具類の副葬がはじまった。また、主槨や副槨から複数の人骨や馬骨が見つかる場合があり、殉葬がおこなわれた可能性が指摘されている。

副葬品の中で注目されるのが、外来系遺物の存在である。例えば、銅鍑・虎形銙帯や馬具類は、いわゆる北方系文物として注目を浴びてきた。一方、筒形銅器・巴形銅器・鏃形石製品・紡錘車形石製品など、日本列島における古墳時代前期の特徴的な遺物であると考えられてきた文物が出土したことは、四世紀代の日韓交渉を考える新たな資料を提供した。

なかでも問題になったのは筒形銅器である。槍の石突、あるいは玉杖の装飾と推定されている筒形銅器は、日本の古墳時代前期における代表的な副葬品であると考えられてきた。しかし、大成洞墳墓群および釜山・福泉洞墳墓群での出土例が増加した結果、その総数は、日本列島での出土数に匹敵するほどになっている。また、日本列島では一つの古墳での出土数が一～二個前後である場合が多いのに対して、朝鮮半島の場合、一つの墳墓に二個あるいはそれ以上を集中的に副葬する例が少なくない。こうした状況証拠から、筒形銅器のすべてあるいは一部が金海・釜山地域で製作され、日本にもたらされた可能性が提起されている。製作地の問題については、今後さらに検討する必要がある。しかし、こうした遺物を通して、大成洞墳墓群の被葬者達が、倭の諸勢力、なかでも近畿地方の勢力と密接な関係を有していたと考えられる点が重要である。

大成洞墳墓群の調査を指揮した申敬澈は、主槨と副槨からなる大型木槨墓、陶質土器、甲冑類・馬具類、北方系習俗（殉葬など）といった要素が出現したことに注目した。そして、このような変化を、慕容鮮卑の襲撃を受けて、扶餘の王族が沃沮に逃げたという『通典』や『晋書』「扶餘伝」太康六（二八五）年条記事と結びつけて、扶餘族の一部が南下して金海周辺の新たな支配者集団となったことを反映していると考えた（注51）。たしかに、こうした一連の考古資料の変化の起源の多くが、朝鮮半島北部ないしさらに北方の文化にあることは認められよう。ただ、それらの全てを扶餘に求められるのかについては、さらなる議論が必要である。また、これまでの調査成果でみる限り、申敬澈が取り上げた要素の出現時期は少しずつずれているように思われる。このことは、扶餘族の移動による支配勢力の交代（一種の騎馬民族征服説）を主張する際には、不利な材料であろう。

いずれにせよ、大成洞墳墓群の大型木槨墓の出現は、他の墳墓と立地が違うことや、木槨の規模および副葬品の増加を通して、特定個人に対する権力の集中がおきたことを反映していると推測することは許されよう。そして、北方系および倭系の遺物の出土状況からみて、これらの被葬者は、周辺諸勢力との交渉を主導しうる立場にあったと考えられる。

ただ、大成洞墳墓群の大型墳墓は、五世紀の前葉を境に築造を停止する。そして、他地域では五世紀に築造される円形墳丘をもつ大型墳墓は、大成洞墳墓群をはじめとする金海平野の周辺では築造されなかった。こうした変化の歴史的背景としては、広開土王碑に記録された高句麗軍の南下を契機として、金官加耶が衰退したことが関係すると考える説がある。

大加耶の王墓

大成洞墳墓群において大型木槨墓の築造が停止する頃から、洛東江以西地域の各地で、「高塚」と呼ばれる円形墳丘をもつ大型墳墓が出現する。その中でも、特徴的な埋葬施設と副葬品を備え、周辺地域に影響を与えたと思われるのが、大加耶の中心地である慶尚北道高霊の池山洞墳墓群である。

高霊は、洛東江の大きな支流の一つである黄江の北側にのびる大伽川流域に位置する小盆地である。高霊邑の西側に位置する主山の山頂付近には主山城があり、そこから南側にのびる尾根上に大小多くの墳墓が築造されている。主山の東麓の台地上には王宮と伝えられる場所があり、一部で発掘調査が試みられたが、王宮の存在を確実に示す遺構は見つかっていない。

主山城から南側に伸びる尾根上には、五基の大型墳墓が並列している（表紙写真）。そこから南東側に下がる尾根上に立地する大型墳墓である四四・四五号墓や、やや規模が小さな三二〜三五号墓の調査により、墳墓の構造が明らかになった。また最近では、丘陵裾近くに立地する三〇号墓・七三号墓・七五号墓などの調査もおこなわれた。これらの調査によると、大型墳墓の築造は、丘陵の下側から上側に向かって進められたようである。また大型墳墓周辺の斜面には、数多くの中・小型墓が築造されている。

大成洞墳墓群で大型墳墓が築造されていた四世紀や、それ以前の原三国時代に、高霊周辺でどのような墳墓が築造されていたのかはよくわかっていない。ただ、瓦質土器は出土しているし、高霊・快賓洞遺跡で木槨墓が見つかっていることから、この地域でも木槨墓が築造された段階があったと思われる。このことは、最近調査された池山洞七三号墓の埋葬施設が、木槨と墓壙の間に石を詰めた構造をもつことからも裏付けられる。

しかし、池山洞墳墓群を代表する埋葬施設は、地下に掘り込んだ墓壙内につくられた平面細長方形の竪穴式石槨である。筆者が池山洞三二号墓（図27、注52）主石室の釘や鎹の出土状況から復元したように、主石槨の中央部には木棺が存在したと考えられ（注53）、その両側に副葬品を安置する空間がつくられている。また、それとは別に、やはり平面細長方形の副槨が伴う場合も多い。さらに、これらの中心埋葬施設の周囲には、数基の小型石槨が配置される。例えば池山洞四四号墓（28頁、図5）では三二基、四五号墓では一一基の石槨が見つかった。これらの石槨への埋葬が終了してから、その上に墳丘が築造されている。そのことから、中心埋葬と周辺の小石槨に対する埋葬にはほとんど時間差はないとみてよく、小石槨の被葬者は、中心埋葬の被葬者に対して殉葬されたと考える説が有力である。また、中心埋葬である竪穴式石槨の副葬品を安置する空間から殉葬者とおもわれる人骨が見つかった例もある。こうした埋葬順序からみて、高霊の大型墳墓は、墳丘後行型の墳墓であるといえる。

特徴的な副葬品としては、高杯形器台・筒形器台・有蓋長頸壺・有蓋高杯などからなる特徴的な陶質土器（高霊系土器）、金銅製冠をはじめとする装身具類、武器類や馬具類を中心とするさまざまな鉄器類が知られている。また、池山洞三二号墓から出土した横矧板鋲留短甲・衝角付冑のような倭系遺物や、池山洞四四号墓から出土したヤコウ貝製匙のように、その原産地を南島にもとめられる遺物が出土している点が注目される。

図27●池山洞 32 号墓石室

6 王墓の地域性と共通性

以上のように、四世紀から五世紀にかけて、朝鮮半島の各地で、王墓と呼びうる墳墓が築造された。これらの王墓は、高句麗・百済・新羅および加耶諸国の王都周辺に立地する大型墳墓であり、文献記録の記述や墳墓から出土した文字資料を通して、その被葬者が王もしくは王族であると推定されてきた。これまでの概観をもとに、原三国時代の墳墓との比較や、王墓間の比較を通して、考古学的にみた王墓の地域性と共通性を整理しておこう。

原三国時代の各地の墳墓と、三国時代の王墓の間における違いとしては、立地と規模・構造をあげることができよう。まず立地についてみると、原三国時代においては大型墓と中・小型墓が同一墳墓群内に混在していたのに対して、三国時代の王墓の場合、他の中・小型墓とは異なる墓域を有するようになることを指摘できる。それが最もはっきり確認できるのは、墳墓の周囲に敷石や陪塚、祭壇、建物や石碑などから構成される「陵園」が形成された高句麗の王墓であろう。百済・新羅・加耶の場合は周辺の付属施設の存在ははっきりしない。しかし、特定の墓域内に大型墓が集中し、その周辺に中・小型墓が広がる、という空間原理はどの地域の王墓を含む墳墓群にも確認できる。また、発掘調査成果によれば、金海大成洞墳墓群であれば丘陵の北から南へ、高霊池山洞墳墓群であれば南側の山麓から北側の尾根上に向かって、墳墓の築造が進んでいたことが明らかになっている。このような特定の地域に王墓を中心とする墳墓が世代を越えて築造されていく行為自体の中に、王を中心とした当時の階層構造が象徴的に表現されていた可能性を考えてみたい。

王墓の規模と構造、および副葬品の数量や内容は、原三国時代の墳墓から大きく変化した部分も多い。また、王墓間の違いもはっきりとしている。ここでは、原三国時代の墳墓にみられる構造や副葬品との連続性、そして墳丘先行型墳墓と墳丘後行型墳墓の伝統の違いに注目して、王墓ごとの特徴を整理してみよう。

まず墳丘先行型墳墓である高句麗と百済の王墓の場合は、墳丘の構造と規模において、他の墳墓と明らかな違いが認められる点を特徴としてあげられる。高句麗の場合、紀年銘をもつ巻雲文軒丸瓦の存在をもって、四世紀代までは王墓がさかのぼることは先にも述べた。文献記録によれば、三世紀代にも高句麗には王が存在し、周辺諸国と激しく勢力争いをしていたことがわかる。中国で大型墳墓に対する総合調査がおこなわれたことをきっかけとして、三世紀以前の王墓を比定する研究が進みつつあるが、墳墓の規模や構造面でどこまで王墓がさかのぼりうるのか、あるいはそれらの中における画期の存在を見いだしうるかが、今後も追求されねばならない。

百済の場合は、王墓を含む墳墓群であると推定される石村洞墳墓群がほとんど破壊されてしまったために、墳墓群内での変化や、原三国時代の墳墓との関係について、具体的な検討が不可能であるのが実情である。ただ、葺石封土墳であれ方壇階梯積石塚であれ、原三国時代の無基壇式の積石塚と同様、墳丘先行型の墳墓であることと、墳丘の大型化と墳丘構造の定型化が王墓と認定するための重要な条件である点を確認しておきたい。また、風納土城・夢村土城が百済の王城であり、石村洞墳墓群が王墓を含む墳墓群であるという関係が認められるならば、両土城の上限年代をもとに、墳墓群築造の上限も三世紀後半もしくは四世紀初と仮定することができよう。

一方、墳丘後行型の墳墓である新羅と加耶の王墓の場合は、高句麗や百済とは異なる展開過程を考える必要がある。大型墳丘をもった墳墓の出現を王墓の指標とするならば、新羅や加耶における王墓の出現は五世紀に下がることになる。それに対して申敬澈は、大型墳丘の出現を、加耶における首長墓としての「古墳」の出現の指標とせず、①立地の優越性、②埋葬施設の大型化、③武器の個人集中化、④殉葬の出現に求めた。筆者もこうした見方に基本的に合意する。特定の集団もしくは個人の墳墓に対して、埋葬施設が大型化し、副葬品が集中する傾向は、原三国時代における洛東江流域の土壙木棺墓・木槨墓にすでに見いだされる。新羅の王都であった慶州の墳墓の場合も、大型墳丘を伴う積石木槨墳が成立する以前の段階において、埋葬施設のさらなる大型化と副葬品の集中がみられる段階が存在したのではないかと予想する。

以上のように、四・五世紀の王墓の出現・展開過程は、墳丘先行型墳墓と墳丘後行型墳墓の間で互いに異なっていたとみるべきであろう。すなわち、墳丘上が葬送儀礼の場として機能した墳丘先行型墳墓の場合は、墳丘の大型化と立地の特化によって葬送儀礼の場を確保したとみられる。それに対して、地下につくられた埋葬施設およびその周辺の地上を葬送儀礼の場とする墳丘後行型の場合は、埋葬施設の大型化と、埋葬施設周辺から他の墳墓を排除することによって、独自の葬送儀礼の場を確保したのであろう。このことから、高句麗・百済・新羅および加耶諸国における王墓の墓制およびその背後にある葬制や葬送観念には、少なからずの違いがあったことも考えられよう。ただ、墳墓築造とそれに伴う葬送儀礼の展開に注目したときに、埋葬施設に屍身を安置するときに執り行われるさまざまな儀礼の「場」が、特定の被葬者のために確保されたことを、王墓出現の共通した画期として認めうる可能性を指摘したい。

また、各地の王墓の成立においては、外来の新たな要素が付け加えられることが重要な意味をもっていたと考えられる。高句麗の場合、積石塚という在地の墓制に、横穴式石室や、陪塚や建物からなる「陵園」などの、中国的な要素が取り入れられている。百済の場合は、積石塚という形態自体が高句麗から導入された可能性が高い。また、青磁の出土にみられるような、中国南朝との関係も無視できない。新羅や加耶の場合、副葬品の中に、中国・高句麗・倭、あるいはさらに遠方からもたらされたものが見いだされる。このように、在地の墓制を発展させながら、その多少は別として、周辺地域の墓制の諸要素を取り入れて新たな墓制を創出することが、各地域の王にとって、自身の地位と権力を象徴的に表現するために必要なことであったのだろう。

漢の滅亡以降、漢民族の勢力が弱体化するとともに、周辺諸民族の活動が盛んになり、それらの多くは、国家形成へ向けてその社会的・政治的構造が大きく変化していった。四〜五世紀の朝鮮半島と日本列島において、王墓の出現と展開という過程がほぼ同時期に確認できるのは、こうした東アジア全体の動向と密接な関わりをもつと思われる。また王墓の出現にあたり、他地域の墓制の要素が積極的にとりいれられることからみて、各地域の王たちが、周辺地域の動向を知るだけではなく、直接・間接的に墓制に関する情報を入手できるような関係をもっていたことが考えられよう。

第5章 墳墓からみた四・五世紀の地域間関係

第4章では、三国時代にあたる四・五世紀代に、高句麗・百済・新羅と加耶諸国で登場した王墓の様相を概観した。しかし、こうした大型墳墓を築造したのは、朝鮮半島の限られた地域の限られた集団や個人に過ぎない。各地域の王権、あるいは古代国家の形成過程を考えるためには、王墓の登場にともなって、王墓を築造した集団（以下、こうした集団を「中央勢力」と呼ぶことにしたい）と、それ以外の集団・地域との関係がどのように変化したのかを検討する必要がある。墳墓の規模・構造・副葬品の数量と内容や、墳墓群の構造などの検討を通して、四・五世紀代において、王墓を築造した中央勢力とそれ以外の地域の集団との関係が、どのように変化したのかを明らかにするのが、本章の課題である。

ただし、王墓の調査研究を除けば、王都周辺以外の地域における考古学的調査研究は、決して進んでいるわけではない。また、王都に関する考古資料についても、王墓と推定される大型墳墓を除けば、不明な点が意外に多いのが実情である。そうした中で韓国においては、一九九〇年代以降、発掘件数および発掘面積が急激に増加したことにともない、地域ごとの墳墓の様相の検討が、少しずつであるが可能になってきた。そうした最近の調査研究は、百済・新羅・加耶諸国の中央勢力と関係深い考古資料が、周辺地域の墳墓に副葬されたり、墓制に影響を与えたことを明らかにしつつある。その一方で、各地域においては墓制や葬送儀礼の伝統が維持されている場合が少なくない。これらの様相をどのように理解し、各地域が国家形成のどのような過程にあると判断するのかについては、現在もさまざまな議論が進行中である。本章では、筆者が本来専攻してきた百済の故地である朝鮮半島西南部の状況をまず検討したい。その後に、新羅・加耶諸国が発展した朝鮮半島東南部の状況を概観することで、四・五世紀における中央と地方の関係を考古学的に探ってみたい。

1　百済中央勢力に関わる考古資料とその広がり

『三国志』魏志東夷伝において、馬韓諸国が位置したとされる朝鮮半島西南部には、漢江・錦江・栄山江という三つの大きな河川が流れ、その周囲に平野が広がっていた。そのうち、青銅器時代から初期鉄器時代において、多数の副葬品が埋葬された墳墓が集中した地域は、錦江流域と栄山江流域である。しかし、原三国時代を経て三国時代に入り百済王権が出現したのは、漢江下流域であった。四・五世紀にかけて百済が成長する中で、百済中央勢力を除く漢江流域の地域集団や錦江流域および栄山江流域の地域集団が築造した墳墓に、どのような変化がおきたのかをまず検討したい。

ただ、第4章でも述べたように、百済の王墓が築造されたと考えられる石村洞墳墓群は、本格的な調査がなされないまま、その多くが破壊されてしまった。このことが、百済考古学にとってどれほど大きな損失であるかは、百舌鳥古墳群や古市古墳群がほとんど破壊・消滅した状況で、日本の古墳時代をどれだけ研究できるかを想像すれば、多少は理解していただけるだろう。その一方、百済の場合、漢城に王都がおかれていた時期の王城、もしくはそれに準ずる城と考えられる風納土城と夢村土城という二つの土城の調査が進んでいる。そこで、両城の調査成果を通して、四・五世紀の百済中央勢力に関わる考古資料の様相を整理することからはじめたい。

夢村土城・風納土城の調査成果

二つの王城のうち、本格的な調査・研究が最初に進んだのは、夢村土城である(図28)。この土城は漢江南岸にある低丘陵の自然地形を利用した平面不整形の土城で、南北長七三〇メートル、東西長さ五四〇メートルをはかる。以前より、漢城が王都であった時期の中心的な土城と目されていたが、

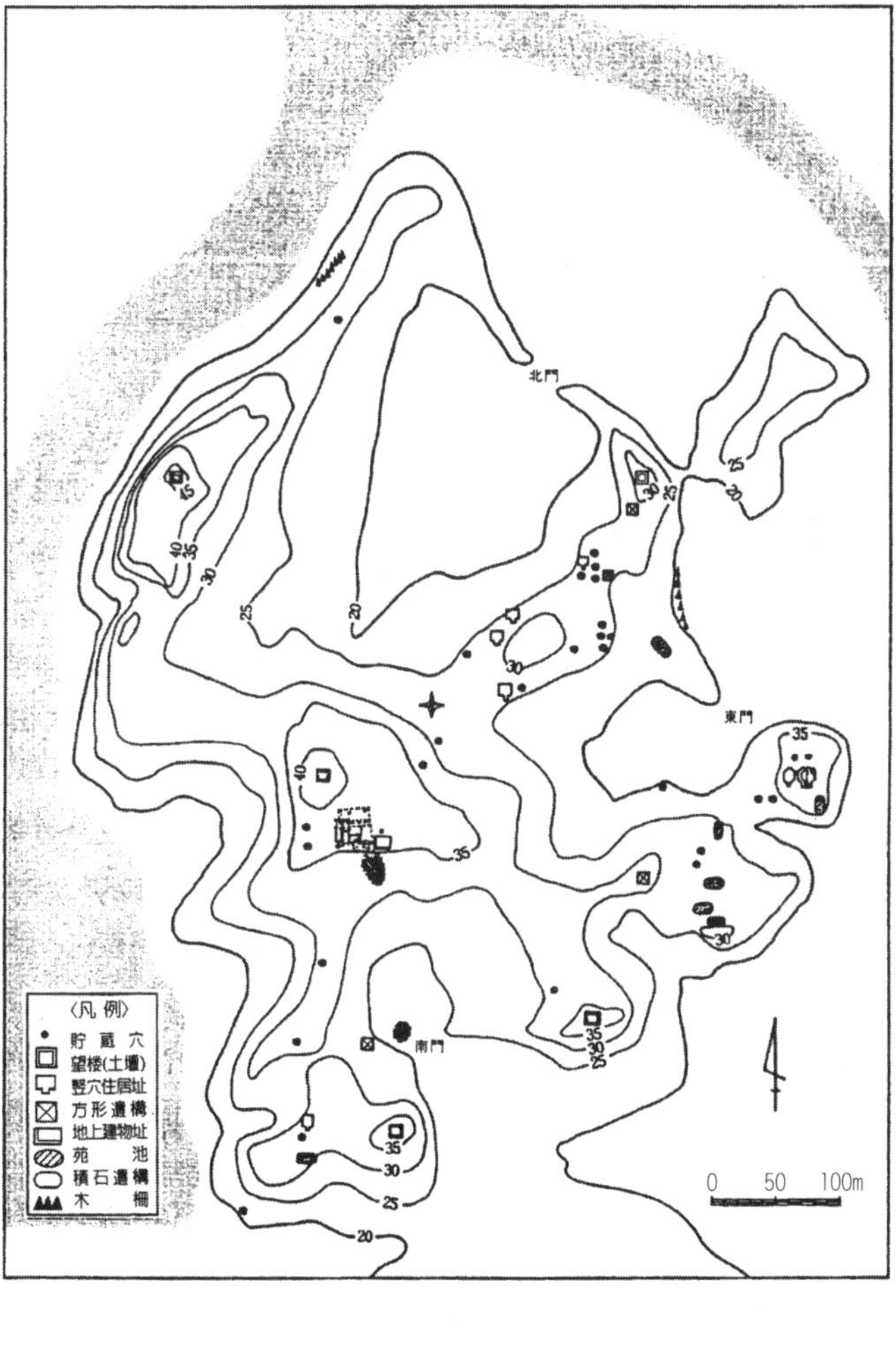

図28●夢村土城遺構配置図

一九八八年のソウルオリンピック関連施設の建設を契機として、主に丘陵上の遺構について発掘調査が進められた。

城壁は丘陵を利用しており、地形の低い部分は版築で城壁を構築している。また城壁の外側には木柵がめぐらされた部分があったことが確認されている。城内の主な遺構には、住居址と貯蔵穴がある。住居址は竪穴式住居が多いが、瓦が出土していることから、瓦葺建物もあったと思われる。貯蔵穴は断面フラスコ形をしており、いくつもの大型甕が据え付けられた状態で見つかった例がある。

夢村土城から出土した土器類は、調査を担当した朴淳發により、夢村類型と九宜洞類型に分けられ(注55)、その後の研究により、九宜洞類型は高句麗土器であり、夢村類型が、漢城に王都がおかれていた時期の百済土器であることが明らかになった。夢村類型土器の特徴的な器形は、杯や盤に三本の棒状の足がつけられた三足土器と、肩部に斜格子文帯や波状文帯をもつ直口短頸壺である。直口短頸壺のうち、表面を研磨した上に炭素を付着させて黒く焼き上げたもの(黒色磨研土器)の肩部には、ヘラ状工具で施文された斜格子文帯の上下に列点文を配置する文様帯がめぐらされる。こうした肩部の文様構成や全体の形状は、当時の中国で生産された青磁四耳付直口短頸壺と類似している。また灰白色軟質・青灰色硬質で焼き上げられた直口短頸壺の中にも、上半部を磨研した例があり、他の土器とは異なる特別な用途があったことを想定させる。この他、高杯、筒形器台、胴部が長卵形の広口長頸壺なども、夢村類型土器の代表的な器種である。石村洞墳墓群でも、夢村類型の百済土器群が出土しており、土城の使用時期と墳墓の築造時期が同じであることがわかる。

出土遺物の中には、壺や硯などの中国製陶磁器片がある。なかでも注目されるのは、城壁の調査で出土した、銭文を刻んだタタキが外面に残る灰釉陶器片である。中国で見つかった同様の土器の中には、築造年代が明らかな墳墓から出土した例があり、遺物の存続期間の一点が三世紀末までさかのぼる。このことから、夢村土城築造時期が三世紀までさかのぼる可能性が提起されている。

もう一つの土城である風納土城は、夢村土城の北側にあり、漢江の南岸に接している。城壁の平面形は北東―南西方向を主軸とする細長い長方形に近いが、中央部分は東西方向に広がっており、城壁の全長は約三・五キロメートルをはかる。一九二五年に漢江が洪水を起こしたときに、城壁の一部が崩壊して青銅製鐎斗などが見つかって注目され、城壁部分は史跡に指定されていた。その一方、城内は住宅地化が進んでいたが、一九九〇年代後半に高層アパートの建築工事によって、地下深くに百済関係の遺構が残っていることが確認されたことをきっかけとして、本格的な発掘調査がはじまった。

漢江の度重なる氾濫の結果、百済に関連する遺構は、現地表から二メートル以上の深さで発見されている。土城築造に先行すると思われる遺構としては、呂字形の竪穴式住居址群と環濠の一部と思われる三本の濠が見つかっており、この場所が原三国時代においても拠点集落であったことがうかがわれる（注56）。城壁の一部を断割調査したところ、地下に埋もれていた基礎部分が見つかり、本来の城壁は、幅約四三メートル、高さ約一一メートルをはかることが明らかになった（注57）。また、城壁の構築にあたっては、盛土をする途中に木葉や枝を敷きつめて城壁の強度を高める敷葉工法とよばれる技術が使われていたことが確認された。

城内の調査で、特殊な遺構が集中していたのが、ハンシン大学校博物館が担当した慶堂地区の調査である(注58)。この地区内からは、周囲に溝をめぐらしてその中に石が敷かれた大型建物址(四四号遺構)、大量の土器、一〇頭分以上の馬頭骨、道教思想との関係が指摘されている雲母片などが廃棄された土壙(九号遺構)、灰釉陶器大甕(図29)が多数据え付けられていたと考えられる土壙(一九六号遺構)などが発見された。遺構間には時期差があり、この調査区における空間利用の変遷については、今後の詳細な検討を待ちたいが、この地区が大規模な祭祀をおこなう特殊な空間であった可能性は高い。

風納土城から出土した土器の大部分は、夢村類型の百済土器である。それ以外に、少数ではあるが、漢江流域の他地域からもたらされたと考えられる土器や、錦江流域や栄山江流域、さらには洛東江支流の南江流域からもたらされたと考えられる土器が見つかっている(注59)。また、夢村土城の場合と同じく、中国製陶磁器も出土した。なかでも注目されるのは、一九六号遺構からみつかった灰釉陶器大甕である。この中には、夢村土城出土例と同じ銭文タタキが施文された大甕が含まれる。このことにより、風納土城が築造された年代の一点が三世紀までさかのぼる可能性が指摘されている。また、容器自体にはさほど価値があるとは思われない中国製陶器大甕が大量に見つかったことは、当時の中

図29●風納土城出土灰釉陶器大甕

国と百済の関係の深さを示している。

風納土城では、瓦も大量に出土している。軒丸瓦のうち、瓦当面を直線で四分割し、その間に銭文を配置したものは、楽浪郡の例をはじめとする中国漢代の瓦の系統を引くと考えられている。また、ダイヤ形の蓮弁を配置したものは、高句麗の軒丸瓦との関係が指摘されている。平瓦・丸瓦にも、多様な製作技術が確認されるという。

以上のような夢村土城と風納土城での調査を通して、四・五世紀代の百済王城は、周囲に大規模な城壁をめぐらし、その内部に瓦葺建物や大型建物が建てられ、大規模な祭祀をおこなうための空間が存在していたことがわかる。また、中国陶磁器や各地の土器が持ち込まれていたことや、瓦が生産・使用されていたことから、二ヶ所の土城は、周辺諸地域からさまざまな文物や技術が集積される場所であったと評価することができる。

百済における国家形成過程を検討した朴淳發は、連盟王国、もしくは初期国家としての百済の成立を示す指標として、石村洞墳墓群における大型封土をもつ墳墓の出現とともに、夢村類型百済土器の形成と、夢村土城・風納土城のような城郭の出現をあげた（注60）。筆者も、このように「百済」的なものとして認識できる独特の文物が出現し、大規模な土城や墳墓がつくられたことを、考古学的な意味での百済の成立を考える上での大きな画期として評価できると考える。

百済中央勢力に関わる考古資料の広がり

夢村土城・風納土城・石村洞墳墓群での調査成果を通して、遅くとも四世紀以降の漢城周辺には、百済中央勢力を象徴するさまざまな考古資料が出現したことを確認できた。次に、そうした考古資料の広がりの検討を通して、この時期における百済中央勢力と各地域の集団との関係を推測していくことにしよう。

百済中央勢力と周辺地域の諸集団との関係を示す資料として古くから注目されてきたのが、中国製陶磁器類である。三国時代の高句麗においては褐釉陶器が生産されていたが、中国製陶磁器の出土例は決して多くない。また四・五世紀代の新羅では、慶州・皇南大塚から出土した黒褐釉壺が唯一の類例である。それに対して、漢江および錦江流域の墳墓をはじめとする遺跡からは、少なからずの数の中国製陶磁器が出土している（図30）。一九六〇年代以降、江原道原州《げんしゅう》《ウォンジュ》・法泉里《ほうせんり》《ポッチョンニ》遺跡で見つかった羊形青磁や、忠清南道天安《てんあん》《チョナン》・花城里《かじょうり》《ファソンニ》遺跡で見つかった青磁盤口壺は、中国での陶磁器編年を参照することによって百済遺物の実年代を推定できる、数少ない資料として注目された（注61）。一九八〇年代に進められた石村洞墳墓群周辺の調査により、石村洞三号墓やその周辺につくられた土壙墓からも青磁が見つかり、さらに先述のように、居住空間である夢村土城と風納土城からも多くの陶磁器類が出土することが知られるようになった。

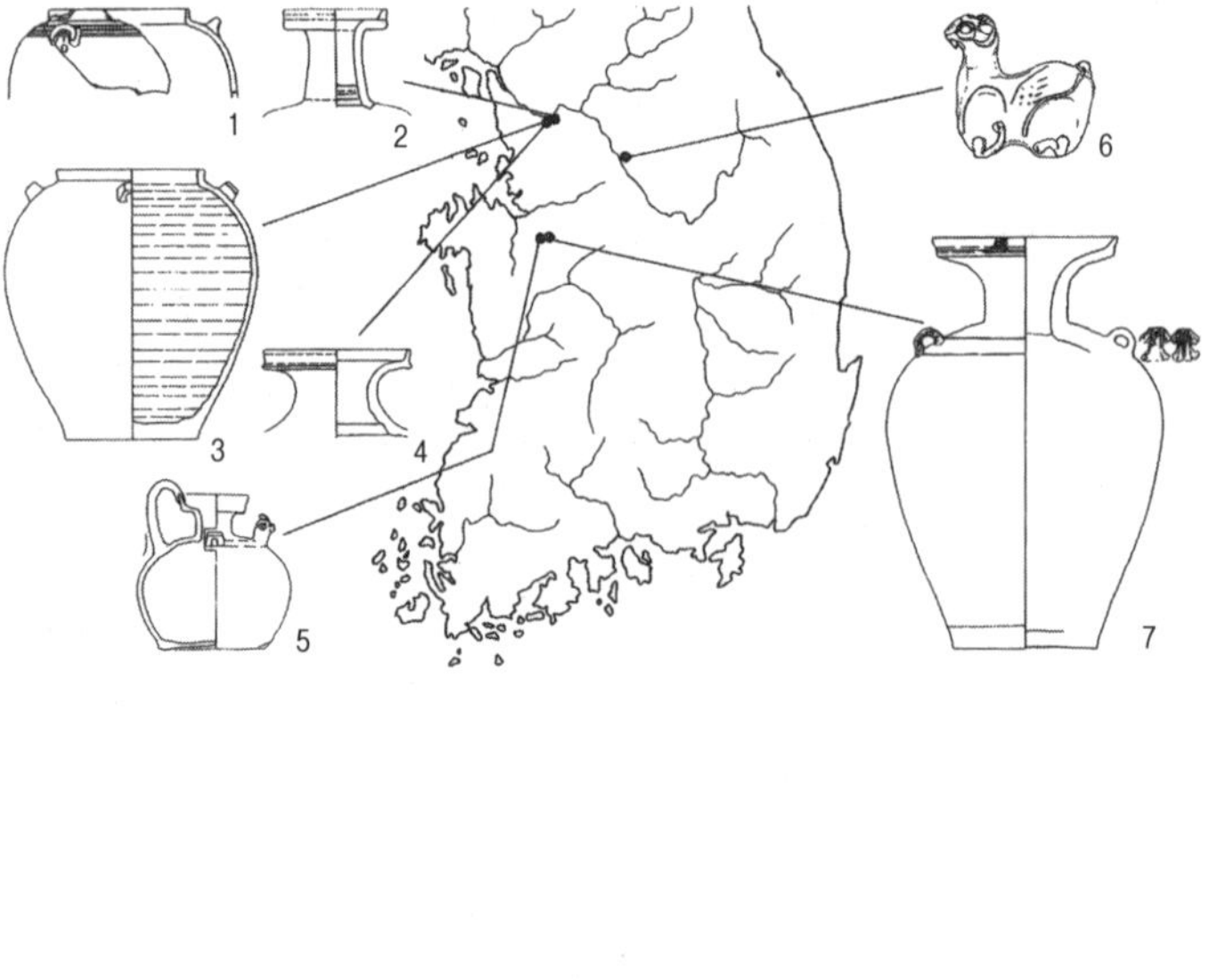

図30●四・五世紀における中国陶磁器の分布

1・2 夢村土城、3 石村洞3号墓東側墳墓群8号土壙墓、4 石村洞3号墓、5 龍院里9号石槨墓、6 法泉里2号墓、7 花城里

王都周辺以外では、京畿道烏山《おさん》《オサン》・水清洞《すいせいどう》《スチョンドン》遺跡（周溝土壙墓）、忠清北道天安・龍院里《りゅういんり》《ヨンウォンニ》遺跡のA地区（竪穴式石槨）・C地区（横穴式石室）、忠清南道公州・水村里《すいそんり》《スチョンニ》遺跡（土壙墓・横穴式石室墓）、同瑞《ずい》《ソ》山《ざん》《サン》・富長里《ふちょうり》《プジャンニ》遺跡（周溝墳丘墓）、全羅北道益山《えきざん》《イクサン》・笠店里《りゅうてんり》《イプチョムニ》一号墓（横穴式石室墓）などからも、四～五世紀代の青磁・黒褐色釉陶磁器が出土している。墳墓以外の遺跡としては、西海岸に面した忠清南道洪城《こうじょう》《ホンソン》・神衿城《しんきんじょう》《シングムソン》や、祭祀遺跡として有名な全羅北道扶安《ふあん》《プアン》・竹幕洞《ちくまくどう》《チュクマクドン》遺跡でも、灰釉陶器や青磁が出土している。

これらの陶磁器については、原三国時代における中国系文物の場合と同様に、各地の有力首長がそれぞれ独自に中国から入手した可能性が完全に排除できるわけではない。しかし、王都関連遺跡での出土例が、量的にも種類的にも他地域よりも明らかに多いことからみて、百済の中央勢力が中国から陶磁器を入手し、各地の首長に配布したと考えるのが妥当であろう（注62）。

夢村土城・風納土城などから出土する夢村類型の百済土器も、周辺地域の遺跡から出土する。なかでも注目されるのは、直口短頸壺の広がりである。先述のように、夢村類型の直口短頸壺には、黒色磨研土器と灰白色軟質・青灰色硬質焼成土器があるが、いずれも磨研の方向および位置や肩部文様帯の施文方法に一定の規則性がみられる。こうした特徴をもつ直口短頸壺は、王都周辺以外の漢江流域や、京畿道南部の墳墓からの出土例が増加している。また、中国製陶磁器が副葬された墳墓や遺跡で、しばしば共伴している。一定の規則性をもって製作された直口短頸壺が周辺地域の遺跡から出土する背景としては、百済中央勢力が生産したものを中国製陶磁器のように地方勢力に配布した場合と、直口短頸壺の製作技術が伝わって、各地で生産された可能性が想定できよう。これらの土器分布圏より南側の地域でも直口短頸壺は出土するが、それらのほとんどは、夢村類型と同じ形態の土器を、在地の技術で形態を模倣したと思われるものが多い。

中国製陶磁器や夢村類型土器と同様の分布を示す四・五世紀代の遺物としては、冠帽・飾履・耳飾などの装身具類、種々の環頭大刀、青銅製容器類などがあげられる。なかでも最近、出土例が増加しているのが装身具類である。

朝鮮半島西南部においては、六世紀前半の忠清南道公州・武寧王陵《ぶねいおうりょう ムリョンワンヌン》から出土した多様な装身具を除けば、錦江河口部に位置する笠店里一号墓や、栄山江流域の全羅南道羅州《らしゅう ナジュ》・新村里《しんそんり シンチョンニ》九号墓乙棺、同・伏岩里《ふくがんり ポガンニ》三号墓一九八六年調査石室出土例のような、五世紀後葉〜六世紀前半のものと思われる冠・飾履などが知られている程度であった。ところが最近になって、公州・水村里遺跡や瑞山・富長里遺跡、全羅南道高興・雁洞《がんどう アムドン》古墳などの墳墓から、全形をよく留めた冠帽や飾履が相次いで出土した。また、天安・龍院里九号石槨墓では冠帽片が、原州・法泉里一・四号墓からは飾履の破片が確認されている。中国製陶磁器をはじめとする共伴遺物からみて、錦江以北地域の墳墓では主に四・五世紀に副葬されたのに対して、錦江以南地域の墳墓の副葬は、五世紀後葉〜六世紀前半のものが多く、時間差が認められる。

石村洞墳墓群からは装身具がほとんど出土していないので、漢城に王都があった頃における百済の装身具の実体はながらく不明であった。しかし、周辺地域の墳墓から出土した装身具類の検討を通して、百済の装身具に特有の特徴をいくつか見いだすことができる。例えば、烏帽子形の冠帽には、蛇行状に屈曲した棒状金具の先端に半球状の金具が組み合わさる装飾をはじめとして、種々の形状の飾板がつけられる。金属製の飾履については、二枚の側板を甲とかかとで接合したものが百済系であると考えられている。垂飾付耳飾については、針金状の金具で耳環と垂下飾を連結し、端部を針金自身に巻き付けて固定するものが、朝鮮半島西南部で特徴的な耳飾の構造であることが指摘されてきた。以上のような製作技術上の共通性からみて、こうした装身具が、百済中央勢力の手で製作されて地方の有力首長に配布された蓋然性は高いといえよう。

以上のように、中国製陶磁器、夢村類型の百済土器、装身具などの分布は、漢江流域の百済中央勢力から、周辺の有力首長に配布され、それらが墳墓に副葬されたことを思わせる。そして、こうした遺物の分布が、四・五世紀における百済の領域を示すと考える説が唱えられてきた。確かにこうした遺物の広がりは、これまではなかったものであり、そこに百済の成立と発展を見いだすことについては異見はない。ただ、こうした副葬品の広がりに対して、各地域の墳墓の様相は必ずしも同一ではない。そこで次節では、朝鮮半島西南部の各地における四・五世紀の墳墓の様相を検討してみることにしよう。

2　四・五世紀の朝鮮半島西南部における墳墓の地域性

前節でみた副葬品の広がりとは対照的に、四・五世紀の段階において、石村洞墳墓群で築造された王墓と目される墳墓、なかでも方壇階梯積石塚は他地域では発見例がない。そして、同時期の朝鮮半島西南部の各地では、実にさまざまな墳墓が築造されていた。ここで墳墓の構築過程に注目すると、漢城に近い漢江上流域・京畿道南部・牙山湾沿岸・錦江流域では墳丘後行型墳墓が分布するのに対して、錦江以南の忠清南道・全羅北道西海岸および栄山江流域では、墳丘先行型墳墓が分布している(図31・32)。本節では、先行する原三国時代の墳墓と比較しながら、各地域における墳墓の様相を概観し、その特徴を検討してみよう。

墳丘後行型墳墓の動向

京畿道南部にあたる牙山湾沿岸から錦江流域にかけては、原三国時代においては周溝土壙墓が築造されていた。三国時代に入っても、これらの地域の一部では周溝土壙墓の築造が続いているようだが、次第に周溝をもたない木棺墓・木槨墓へと変化する。さらにやや遅れて、竪穴式石槨、横口式石室、横穴式石室がつくられるようになる。また、漢江上流域においても、横口式石室や横穴式石室が出現

図31●四・五世紀における朝鮮半島西南部の主な墳墓遺跡
1 法泉里、2 馬霞里、3 花城里・龍院里、4 新鳳洞、5 水村里、6 富長里・機池里、7 表井里・新興里・茅村里、8 笠店里、9 上雲里、10 雲鶴里・知士里、11 伏岩里、12 潘南面、13 雁洞

する。ただ、これら埋葬施設の出現順序・墳墓群内での配置・具体的な構造は、地域ごとに違いがみられる。ここでは各地域の代表的な墳墓群をとりあげ、その状況を検討してみよう。

漢江上流域　まず、漢江上流域では、江原道原州・法泉里遺跡をとりあげよう。南漢江の東岸に位置する法泉里遺跡の周辺は、京畿道・江原道・忠清北道の道界が接しており、南漢江沿いのルート以外に、周辺各地につながる陸路が集まる交通上の要所となっている。一九七三年に、この遺跡から青磁羊形容器、青銅製鐎斗や、木芯鉄板張鐙や轡などの馬具が偶然に見つかり、遺跡の存在が知られるようになった。一九九九年に遺物出土地周辺を発掘したところ、一〇メートル四方程度の調査区内から、平面正方形の横口式石室（図32-3）一基と、平面長方形の横穴式石室二基などが発見された（注63）。また、以前に知られていた遺物以外に、金銅製飾履片や、蓮華文を表した青銅製容器蓋なども副葬されていたことが明らかになった。一方、周辺地域の発掘により、横穴式石室が出現する以前の段階に築造された土壙木棺墓も見つかっている（注64）。

京畿道南部　漢城の位置する漢江南岸からさらに南側に位置する京畿道華城《かじょう ファソン》は、原三国時代の製鉄関連遺跡である旗安里《きあんり キアンニ》遺跡や、三国時代の土城である吉城里《きつじょうり キルソンニ》土城など重要な遺跡の発見・発掘が続いており、百済の王都近辺の重要な拠点であったことがうかがわれる地域である。韓国の新幹線であるKTXの建設のために調査された馬霞里《ばかり マハリ》遺跡（図33、注65）では、低丘陵上の北側斜面に約五〇基の墳墓が発見された。各墳墓の埋葬施設は、等高線に直交するように築造されている。埋葬施設

図32●四・五世紀における漢江流域～錦江流域の埋葬施設の多様性
1 馬霞里4号石槨墓、2 馬霞里1号木棺墓、3 法泉里4号墓、4 龍院里1号石槨墓、5 表井里85—16号墓、6 新鳳洞95—109号墓

の間隔は五メートル前後であり、その間は溝状に低くなっているが、明確な周溝がつくられたわけではないようである。

主な埋葬施設は木棺と石槨であり、一基だけ横穴式石室が見つかっている。木棺墓の場合、土器を中心とする副葬品を納めるための空間が、木棺の小口板もしくは長側板の外側につくられている。また、木棺と副葬品を埋納した空間を囲う「木槨」と呼びうる構造物をもつ例（図32-2）もある。石槨墓（図32-1）は、内部に木棺の痕跡が見つかった例がある。そして、副葬品の配置パターンには木棺墓と共通性があり、木棺墓をつくる墓制の伝統の延長上に石槨墓が登場・発展したことがうかがわれる。副葬土器には、長卵形壺や広口平底鉢などを主体とするが、ある段階から、夢村類型百済土器の一つである肩部に斜格子文帯をもつ直口短頸壺の副葬がはじまる。また、木心鉄板張鐙などの馬具類もほぼ同時期に副葬されはじめる。

牙山湾沿岸　華城からさらに南側にある忠清北道天安は、漢江流域から錦江流域の公州や清州へ向かう交通路の分岐点にあたる。ここで紹介する花城里遺跡や龍院里遺跡は、天安から清州へ向かうルート上に位置する。花城里遺跡は、一九六九年に青磁盤口壺が土器・鉄器類とともに偶然発見されたことで、遺跡の存在が知られるようになった。隣接地域を一九九一年に調査した結果、計九基の土壙墓が見つかった（注66）。墳墓間の間隔は五メートル前後で、周溝や墳丘は確認されていない。墓壙内部には、木質が白色粘土に置き換えられた状態で残っており、それによって、木棺の構造を具体

図33●馬霞里遺跡墳墓群

的に知ることができた。副葬品には、夢村類型の直口短頸壺（黒色磨研土器・灰白色軟質土器）や、波状唐草文が銀象嵌された素環頭大刀など、百済中央勢力との関係が推測される遺物が含まれている。

花城里遺跡から西側に約五キロメートル離れている龍院里遺跡では、B地区と呼ばれた低丘陵の稜線上および斜面に、等高線と並行するようにして一三七基の土壙墓と一三基の石槨墓が発見された（注67）。土壙墓は、主軸を合わせて列をなして築造されている。土壙内には木棺が置かれていたようであり、数点の土器と鉄器類（武器・農工具類）だけが副葬された例が大部分である。土壙墓からやや離れた丘陵斜面につくられた石槨墓（図32-4）は、長さ（三・六〜四・六メートル）と幅（〇・八五〜一・一五メートル）にくらべて、深さ（一・〇〜一・九〇メートル）が深いものが多い。また、長側壁の上半が大きく内傾するのも特徴である。石槨内には木棺の組み立てに使われたと思われる鎹が多量に出土した。また、黒褐釉天鶏壺、黒色磨研直口短頸壺、冠帽片、金製垂飾付耳飾、胡籙金具、素環頭大刀、馬具類などが出土した九号石槨墓をはじめとして、多くの遺物が集中して副葬されていた。

錦江流域　最後に、錦江流域に位置する公州・清州・論山の墳墓の様相を検討してみよう。忠清南道公州・水村里遺跡（注68）は、車嶺山脈をはさんで天安の南側にあり、錦江から北に延びる小河川の両側に広がる平野に面する低丘陵上に位置する。のちに百済が遷都する熊津は錦江の南岸にあるが、平野の面積は、水村里が位置する北岸の方が広い。水村里遺跡で調査がおこなわれた二つの尾根のうち、もう一つの尾根では初期鉄器時代の墳墓が見つかったことからみても、この地域に古くから有力者集団が存在したことを示している。

丘陵上の平坦部の東西二〇メートル、南北二四メートルの調査区内に、朝鮮半島西南部では大型に属する平面長方形の土壙木槨墓（一・二号墓）、横口式石室墓（三号墓）、横穴式石室墓（四・五号墓）が見つかった。各墳墓からは、金銅製の冠帽・沓、金製耳飾などの装身具、環頭大刀、青磁四耳壺・椀、黒褐釉両耳付瓶・天鶏壺などの中国製陶磁器類、銀象嵌素環頭大刀、馬具類など、百済中央勢力との関係が深いと考えられる副葬品が大量に出土した。土器類には、夢村類型百済土器と在地製土器が共存するようである。

錦江の支流である美湖川流域の忠清北道清州周辺は、松節洞遺跡などで原三国時代の周溝土壙墓がつくられ、四・五世紀にかけては土壙木棺・木槨墓が築造された地域である。なかでも規模が大きく、数次にわたり発掘調査がおこなわれてきたのが新鳳洞墳墓群である（図34、注69）。墳墓群のうち北東方向に伸びる稜線沿いに広域にわたる調査がおこなわれた結果、主軸を等高線と並行するように築造された土壙木棺・木槨墓が約二〇〇基発見されている。墓壙間は近接しており、先につくられた墳墓の墓壙の一部を破壊して築造された墳墓も少なくない。大まかにみて、丘陵の下側の墳墓が古く、上側の墳墓が新しい傾向が見いだされる。また、墓壙の大きな墳墓（図32-6）は、丘陵の上方に集中する傾向があり、尾根の上端で数基の横穴式石室が確認されている。

出土土器には、広口長頸壺、長卵形壺、平底広口鉢、把手付鉢などが多く、基本的に在地生産され

図34●新鳳洞墳墓群

たものと考えられる。夢村類型百済土器と関係するものとしては、三足杯や直口短頸壺などが出土している。また少数であるが、日本の須恵器蓋杯と思われる土器が出土している。鉄器類では、轡を中心とする馬具類が副葬された例が多いのが特徴的で、環頭大刀・鉄鎌・鉄鏃・鉄斧などの鉄器類も出土している。

錦江の支流である論山川の上流にあたる忠清南道論山市の東部は、六六〇年に扶餘に進軍する新羅軍を百済軍が迎え撃った「黄山之原」に比定され、東方から公州・扶餘方面に進む敵を防ぐための軍事的な要所である。この地域に存在する表《ひょう》井《せい》里《り》《ピョジョンニ》墳墓群、新《しん》興《こう》里《り》《シンフンニ》墳墓群、茅《ぼう》村《そん》里《り》《モチョンニ》墳墓群周辺は、把手付鉢、高杯形器台、広口長頸壺など、百済よりも加耶の土器と類似性をもつ特徴的な土器群が出土することで知られていた（注70）。数次にわたる発掘調査の結果、五世紀代のこの地域では、等高線と主軸が一致するようにつくられた、平面細長方形の竪穴式石槨（図32-5）を埋葬施設とする墳墓がつくられていたことが明らかになっている（注71）。各墳墓の間隔は五メートル前後であり、明確な墳丘や周溝は確認されていない。竪穴式石槨は、床面の中央の被葬者を安置する部分に礫を敷き、両小口側の空間に、土器をはじめとする副葬品を配置するのが特徴的である。土器の中に三足土器など百済中央勢力との関係がうかがえる資料はあるが、少数に過ぎない。

墳丘先行型墳墓の動向

原三国時代において、栄山江流域から全羅北道の西海岸地域にかけて築造された主な墳墓は、墳丘先行型墳墓である方形周溝墓であったことは、第3章で述べた。当時の方形周溝墓の分布は、忠清南道西海岸の舒川・堂丁里遺跡や保寧・寛倉里遺跡まで広がっている。そして、これらの地域においては、三国時代にはいっても、墳丘の周囲に溝をめぐらした墳墓を築造しつづけていることが、次第に明らかになりつつある。その具体的な様相は地域ごとに異なるので、北から南への順に、いくつかの実例を検討する。

忠清南道西海岸　まず、忠清南道瑞山の墳墓からみていこう。瑞山は忠清南道の西北端に位置する泰安半島のつけね部分に位置する。この地域は、百済の最初の王都であった漢城からも、後の王都がおかれた熊津・泗沘からも、陸路ではかなり離れている。その一方、黄海に向かって突き出た泰安半島は、朝鮮半島南海岸と漢江流域や大同江流域を結ぶ海路の中間に位置し、また中国へ船で向かう起点の役割を果たしたと考えられる。

瑞山における考古学的調査が本格的に進められるようになったのは最近のことであるが、なかでも富長里遺跡（注72）で多くの方形墳丘墓が発見されたことは、多くの研究者を驚かせた（図35）。西北―東南方向に伸びる低丘陵の稜線端に二七・〇×二六・二メートル、高さ二・〇メートルをはかる方形墳丘をもつ一号墓があり、そこから西北方向に広がる傾斜面に、辺をほぼそろえて大小一二基の墳丘墓がつくられている。平面規模が最大の二号墓は、四一・〇×三〇・〇メートルをはかる。地形の傾斜を利用して墳墓がつくられているため、下側からみると実際の盛土よりも墳丘は大きくみえる。周囲に溝をめぐらし、地山の上に盛土してつくられた墳丘内には、一基から一〇基の土壙墓がつくられていた。そのなかでも、五号墓丘墓の埋葬施設からは、亀甲繋文による透彫が施された金銅製冠帽、金製垂飾付耳飾、鉄製鐎斗、環頭大刀など、百済中央勢力との関係が想定される遺物が集中して出土した。他の墳墓からも、環頭大刀や中国製陶磁器などが出土している。

富長里遺跡より南側に位置する機池里遺跡（注73）では、二地区で計六〇基もの墳丘墓が発掘された。周囲に溝をめぐらして、その中を盛土した墳丘内には、木棺を用いたと思われる土壙墓が基本的に一基ずつつくられている。墳丘の規模は一辺一〇〜一五メートルのものが多く、富長里遺跡の墳丘より小規模である。副葬品としては、土器類と鉄器類（鉄斧・鉄鎌・素環頭大刀・鉄鋌など）、玉類が主で、その他に小型の青銅鏡が一面出土している。

富長里遺跡や機池里遺跡で確認された方形墳丘墓は、原三国時代の方形周溝墓の伝統を引き継いでいると思われる。そして、墳丘規模や副葬品の量と内容からみて、富長里遺跡の墳丘墓の被葬者集団は、この地域を代表して百済中央勢力と密接な関係を取り結んだ集団であり、機池里遺跡の被葬者集団は、その下位集団である、といった想定が可能であろう。

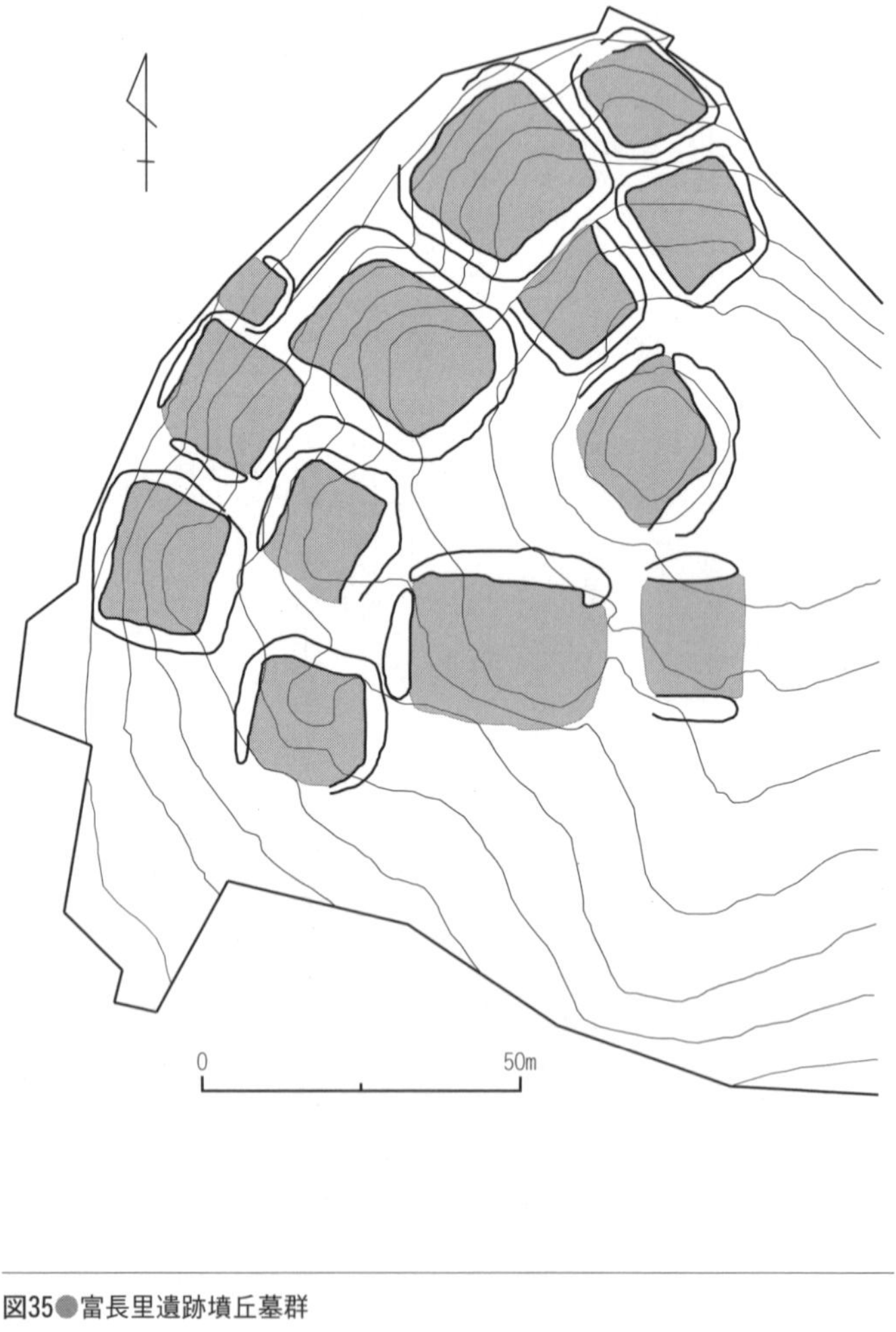

図35●富長里遺跡墳丘墓群

全羅北道西海岸　全羅北道西海岸地域の墳丘墓として古くから知られているのが、井邑《せんゆう》《チョンウプ》の雲鶴《うんかく》《ウンハク》里《り》《リ》墳墓群や知士里《ちしり》《チサリ》墳墓群の径一五〜三〇メートル弱の円形墳丘をもつ墳墓である。これらの墳墓群の周辺には、六世紀代を中心とする横穴式石室を埋葬施設とする墳墓群である隠仙里《いんせんり》《ウンソンリ》墳墓群があり、この周辺に百済の五方制のうち中方城がおかれたと考える説もある。一九七四年の雲鶴里墳墓群の調査では、墳丘の上面に石槨が見つかった。副葬品はほんとど残っていなかったが、龍文透彫帯金具や胡籙金具が出土している（注74）。

この他、西海岸高速道路建設に伴う発掘調査を契機として、四・五世紀代と思われる方形墳丘墓の類例も増加している。なかでも、全羅北道完州《かんしゅう》《ワンジュ》・上雲里《じょううんり》《サンウンニ》（注75）遺跡の発掘調査で見つかった墳丘墓は、周溝は一辺一五メートル前後で、墳丘内に数基ずつの土壙墓や甕棺墓がつくられている。出土遺物としては、環頭大刀、鉄斧、鉄鎌、鉄矛、鉄鏃、鉄鋌などの他、製鉄に関係する工具類の出土が注目される。

栄山江流域　四・五世紀代における栄山江流域の墳墓を最も特徴づけるのは、大型甕棺の使用である。一九一七年と一九一八年におこなわれた羅州・潘南面《ばんなんめん》《バンナムミュン》墳墓群の発掘調査では、新村里九号墓乙棺から、金銅製冠帽・飾履や単鳳・三葉環頭大刀をはじめとする多様な遺物が出土した。当時、周囲に溝をめぐらし、墳丘の上面に埋葬施設が存在する墳墓は朝鮮半島南部では知られていなかった。また、副葬された土器が日本の須恵器と似ていることや、埴輪を連想させる円筒形土製品の破片が出土したことから、調査者である谷井済一は、その被葬者を「倭人」と考えた。しかし、一九八〇年代以降の調査を通して、甕棺を埋葬施設とする墳墓の発達過程が、この地域の中で追えることが明らかになっている（注76）。

五世紀代の墳墓で用いられる甕棺は、砲弾形をしており、大型のものは長さが一・五メートル前後をはかる。その胴部は格子目タタキで成形され、口縁部は表面を丁寧になでて仕上げている。そして胴部と口縁部の境界部分には、タタキ板の角を用いて鋸歯文が施文されている。埋葬するときには、横にして置かれた甕棺に、手足を伸ばした状態の被葬者を頭から埋納し、その足側にやや小さめの甕棺を被せ、継目を粘土で密封するのが一般的である。

こうした埋葬専用の甕棺（以下「専用甕棺」と呼ぶ）の祖形は、楕円形の胴部と、大きく開く口縁部からなる大型甕（図36−1）であったと考えられる。肩部には鋸歯文帯がめぐらされ、底部には突起状の小さな平底がつく。このような形状の大型甕は、栄山江流域だけではなく、錦江流域から漢江流域まで分布している。原三国時代においては、こうした大型甕の口縁を合わせて棺とし、周溝内や墳丘の隅に埋納される例が一般的であった。三国時代にはいると、栄山江流域では次第に甕棺が中心埋葬施設として使われるようになる。その過程で、胴部と口縁部の境の屈曲がしだいに小さくなり、底部も丸底化して、砲弾形に近づいていく。また、組み合わされる二つの甕の大きさが、ほぼ同じものから大小を一組とするように変化した（図36−2・3）。

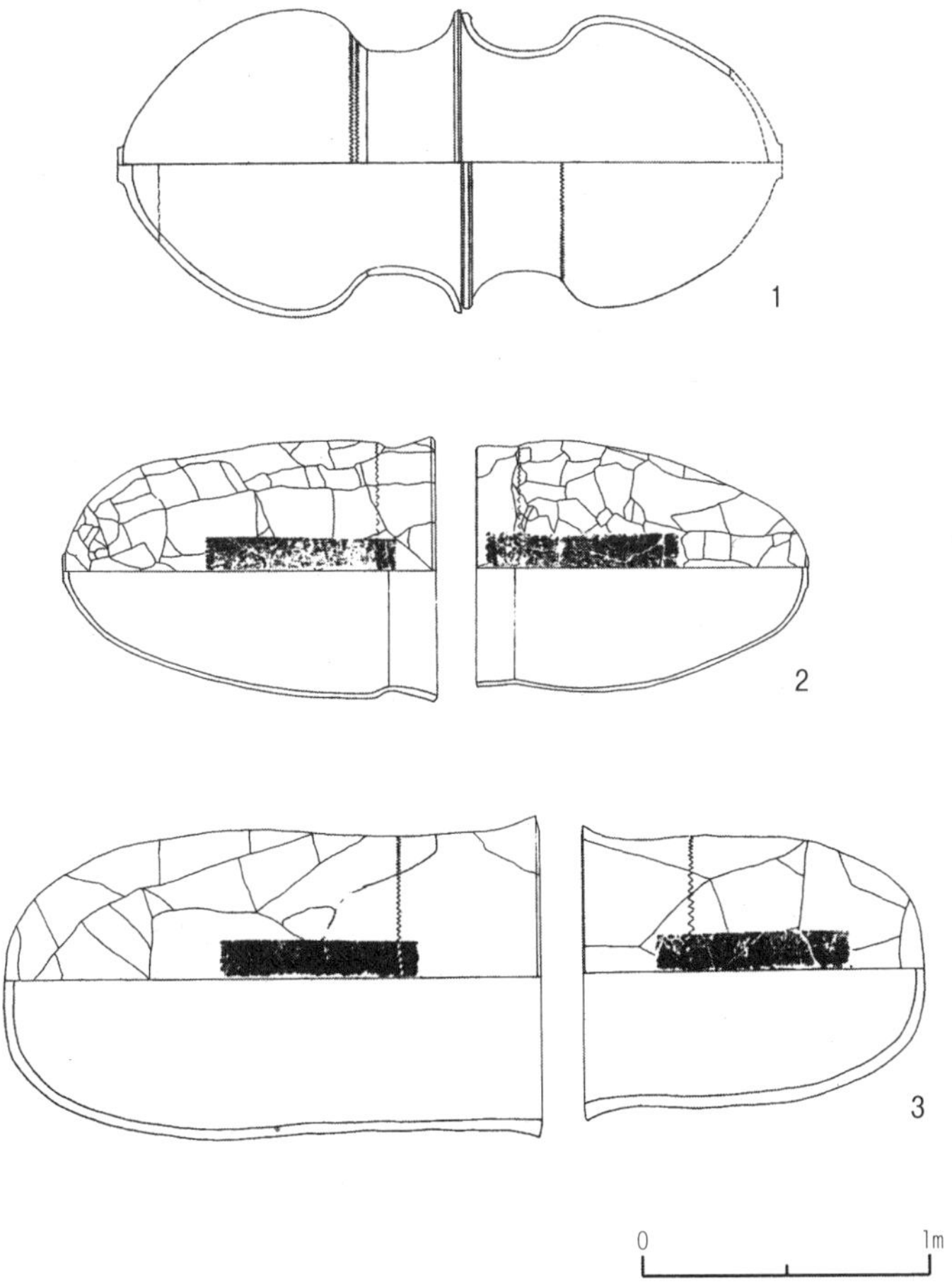

図36●専用甕棺の変遷
1 松龍里、2 泰澗里、3 月松里

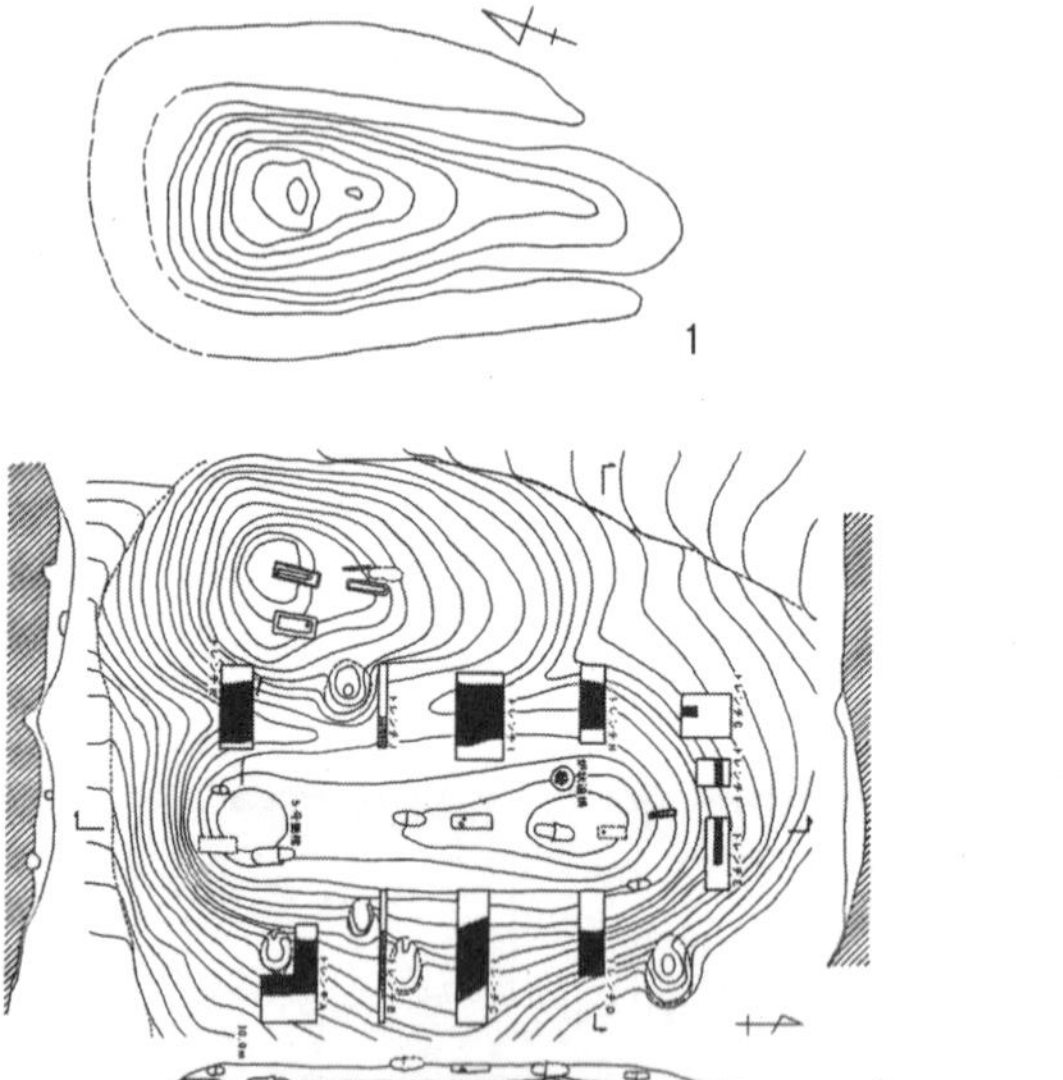

図37●栄山江流域における墳丘墓の変遷

1　万家村３号墓、２　内洞里草墳谷１・２号墓、３　新村里９号墓

こうした甕棺の変化とともに、墳丘の構造も変化していく。原三国時代においては、方形の周溝をもち、主たる埋葬施設は土壙墓であるのが一般的であった。ところが、専用甕棺が中心埋葬として使われるようになったのと対応するかのように、楕円形、もしくは梯形と表現される形の周溝をもつ低墳丘墓が出現する（図37−1・2）。埋葬施設は、墳丘の主軸に沿って複数築造される場合が一般的で、甕棺墓と土壙墓が混在している。こうした梯形の墳丘墓は、数基が主軸を揃えるようにして群集している場合が多い。

ところが、五世紀の半ば頃から、大型の墳丘をもつ墳墓が出現する。先述の潘南面墳墓群では、新村里九号墓（図37−3、口絵2下）や大安里《だいあんり》《テアンニ》九号墓のような一辺が三〇メートル以上の方形墳丘墓や、徳山里《とくさんり》《トクサンニ》三〜五号墓のような、径三〇〜四〇メートル代の円形墳丘墓が築造された。なかでも、新村里九号墓は、一九一七・一九一八年の調査で、一一基の専用甕棺が上下二層に分かれて見つかった。また、一九九九年におこなわれた再調査の結果、墳丘の周囲に溝がめぐらされており、下層の甕棺が埋葬された面に、円筒形土製品を立て並べられていたことが明らかになった（注77）。こうした円筒形土製品の出現については、栄山江流域の前方後円形墳との関係を検討する必要があるが、この点については、第6章で再論することにしよう。同様の方形の大型墳丘墓は、羅州・伏岩里三号墓、咸《かん》《ハム》平《へい》《ピョン》・津良里《つりょうり》《ジンヤンニ》チュンラン遺跡の方形墳、同・金山里《きんざんり》《クムザンニ》方台形墳など、栄山江流域の各地で見つかっている。

墳墓の地域性とその解釈

以上、四・五世紀の朝鮮半島西南部各地における墳墓の様相を概観した。これらを、原三国時代からの継続性と、百済中央勢力との関係に注目しながら整理してみたい。

まず副葬品に注目すると、先述した中国製陶磁器や装身具類に代表されるような、百済中央勢力から配布されたと思われる文物が、各地方で築造された墳墓群内の特定の墳墓に副葬されるようになった点が指摘できる。原三国時代においても、例えば周溝土壙墓では、外来系の特別な副葬品が墳墓群内の特定の墳墓に集中する傾向が指摘できた。ただ、それらの副葬品の大部分は、楽浪郡・帯方郡を通して文物もしくはその材料を入手したと考えられるのに対して、三国時代においては、基本的に百済中央勢力からの配布によって入手されたと考えられる点が、大きな違いである。

朴淳發や成正鏞《ソンジョンヨン》は、こうした百済中央勢力に関連する遺物の分布様相を、四・五世紀代の百済の領域の拡大と、地方支配の進行を示していると解釈する（注78）。つまり、各地域集団の首長は、百済中央勢力と特別な社会的・政治的関係を結ぶことによって、各地域における自身の地位を確保しようとし、さまざまな文物を入手することができたと考えるのである。こうした各地域集団の首長との結びつきは、百済中央勢力の側からみれば、各地域を間接的、もしくは直接的に支配するようになる過程を反映しているとみなすことができる。

このような当時の地域間関係の変化は、錦江流域以北の墳墓群における墳墓の分布状況にも反映されているように思われる。原三国時代の代表的な墳墓であった周溝土壙墓の場合、埋葬施設の周囲には一辺一〇メートル前後の周溝がめぐらされており、低墳丘も存在したと考えられることは第3章で述べた。よって、決して大きくはないが、当時の各墳墓は一定の墓域を確保していた。ところが、四・五世紀代の墳墓群の多くは周溝をもたず、埋葬施設同士の距離が五メートル前後である例が一般的である。なかには新鳳洞墳墓群のように、埋葬施設同士が近接したり、他の墳墓の墓壙を破壊しているような例もある。これらの墳墓にも、埋葬施設のおおまかな位置を示す低墳丘などが存在した可能性はあるが、せいぜい墓壙の上面を覆う程度のものが一般的であったのであろう。このように、個々の墳墓の墓域が狭くなり、群集度が高まっていくような変化は、特定個人の墳墓が大型化して独自の墓域が形成されていった各地の王墓の出現過程とは異なる。むしろ、墳墓の立地や構造・規模においては、被葬者間の違いが現れない方向に変化したと判断することができる。しかし先にみたように、埋葬施設の構造や副葬品の組み合わせは、集団により多様である。こうした墓制の地域性からみる限り、錦江流域以北の諸集団は、少なくとも自身の墓制・葬制・葬送観念については、その独自性を維持することができたと考えられよう。

一方、原三国時代から墳丘先行型の墳墓が築造されていた忠清南道・全羅北道の西海岸よび栄山江流域の墳墓は、原三国時代につくられていた方形周溝墓からの変化で理解することができる。しかし栄山江流域の場合は、砲弾形の専用甕棺を用いるようになり、新村里九号墓のような一辺もしくは径が三〇メートルを越え、それ以前にはみられなかった高さをもつ方形や円形の墳丘をもつ墳墓が出現する点が注目されてきた。さらに、最近の調査により忠清南道と全羅南道の西海岸において確認されるようになった、装身具類や鉄器類が多く副葬された墳丘墓は、四・五世紀におけるこれらの地域集団の性格と動向を再検討する必要性があることを示している。

これらの地域における墳丘墓の築造様相とその歴史的背景に対する評価は、研究者により大きく異なっている。例えば、『古事記』・『日本書紀』の神功皇后関連記事の一部を、その主体を百済に読み替えることによって、四世紀後半の近肖古王代に、全羅南道の南海岸まで百済の領域が拡大したという説（注79）に立つならば、こうした墳墓の違いは百済領域内の墓制の地域性にすぎない、という解釈を下すことになるだろう。それに対して、大型墳丘をもち独特な専用甕棺墓制を発達させたことに注目して、これらの墳墓の被葬者は、百済中央勢力から独立した有力勢力の首長であると考える説も強い。そして後者の説の場合、墳墓を築造した集団は、原三国時代において朝鮮半島西南部に存在した諸集団に与えられた名称である「馬韓」と表現されることが多い（注80）。

四・五世紀における栄山江流域の地域集団の文化の独自性については、墳墓だけではなく土器類についても明らかになりつつある（注81）。また、そうした研究の進展とともに、三世紀から六世紀前半にかけて北部九州の玄界灘沿岸をはじめとする西日本各地で出土し、従来「百済土器」とされてきた土器の多くが、錦江流域から栄山江流域でつくられたと思われることが明らかになってきている（注82）。栄山江流域の土器は、漢江流域・錦江流域や、朝鮮半島東南海岸地域でも確認されている。こうした土器の動きからみて、栄山江流域の諸集団は、百済中央勢力と朝鮮半島南海岸や日本列島の諸集団の交渉を仲介する役割を果たしていた可能性が考えられる。

ただ、少なくともこれまでの調査成果による限り、これらの地域においては、百済中央勢力における中国製陶磁器や装身具類などのように、特定の集団に文物が集中し、かつそれが周辺地域に広がるような様相がみられない。むしろ、小地域ごとの地域性が目立っている点が、同時期の百済中央勢力との大きな違いではないかと考えられる。また、この地域における墳丘墓は墳丘先行型であり、同一墳丘内に複数の埋葬施設がつくられる家族墓もしくは特定集団墓を志向していることからみて、墳丘の大型化の原因の一つとして、墳丘内への複数埋葬を可能にすることがあった可能性がある。もしそうならば、特定個人墓を志向する他地域の大型墳墓とは、墳丘が大型化する意味が異なっていたのかもしれない。

いずれにせよ、栄山江流域をはじめとする墳丘墓の評価は、この地域内での様相だけでおこなうことは難しく、原三国時代からの墓制の連続性および周辺地域との関係の変化を念頭に置いた上で、その評価が下されねばならないことを記しておこう。

3　四・五世紀の朝鮮半島東南部における墳墓の地域性

朝鮮半島東南部にあたる慶尚北道・慶尚南道の中央を、ほぼ南北に流れているのが洛東江である。洛東江には、南江、黄江、琴湖江をはじめとする多くの支流があり、その支流ごとにいくつもの盆地が広がっている（図38）。三国時代には、五世紀を中心として、これらの盆地ごとに大型の円形墳丘をもつ墳墓群が出現する（図39）。植民地時代に日本人研究者の手でそれらの一部が調査された結果、大量の土器や金・銀・金銅製の装身具をはじめとする豊富な副葬品が納められていることや、盆地ごとにさまざまな構造の埋葬施設をもつことが明らかになった。第1章でも紹介したように、梅原末治は、これらの墳墓のうち慶州盆地周辺に分布するものだけを新羅の墳墓とし、それ以外の盆地での調査例は、「南朝鮮各地」、あるいは「伽倻諸地方」の墳墓として検討をおこなった。

解放後、金元龍は、高杯の脚部に上下二段にあけられた透孔の配置の違いにより、洛東江流域で出土する三国時代の土器が、洛東江以東地域に広がる新羅群（高杯脚部の透孔が上下交互に配置される）と、洛東江以西地域に広がる加耶群（高杯脚部の透孔が上下垂直に配置される）に分けられることを指摘した（注83）。この指摘を手がかりとして、五世紀代の土器の地域性と変遷に対する研究が進められた。しかし、梅原が示したような、新羅の領域を狭くみて、残りの地域を加耶とみる地域区分の枠

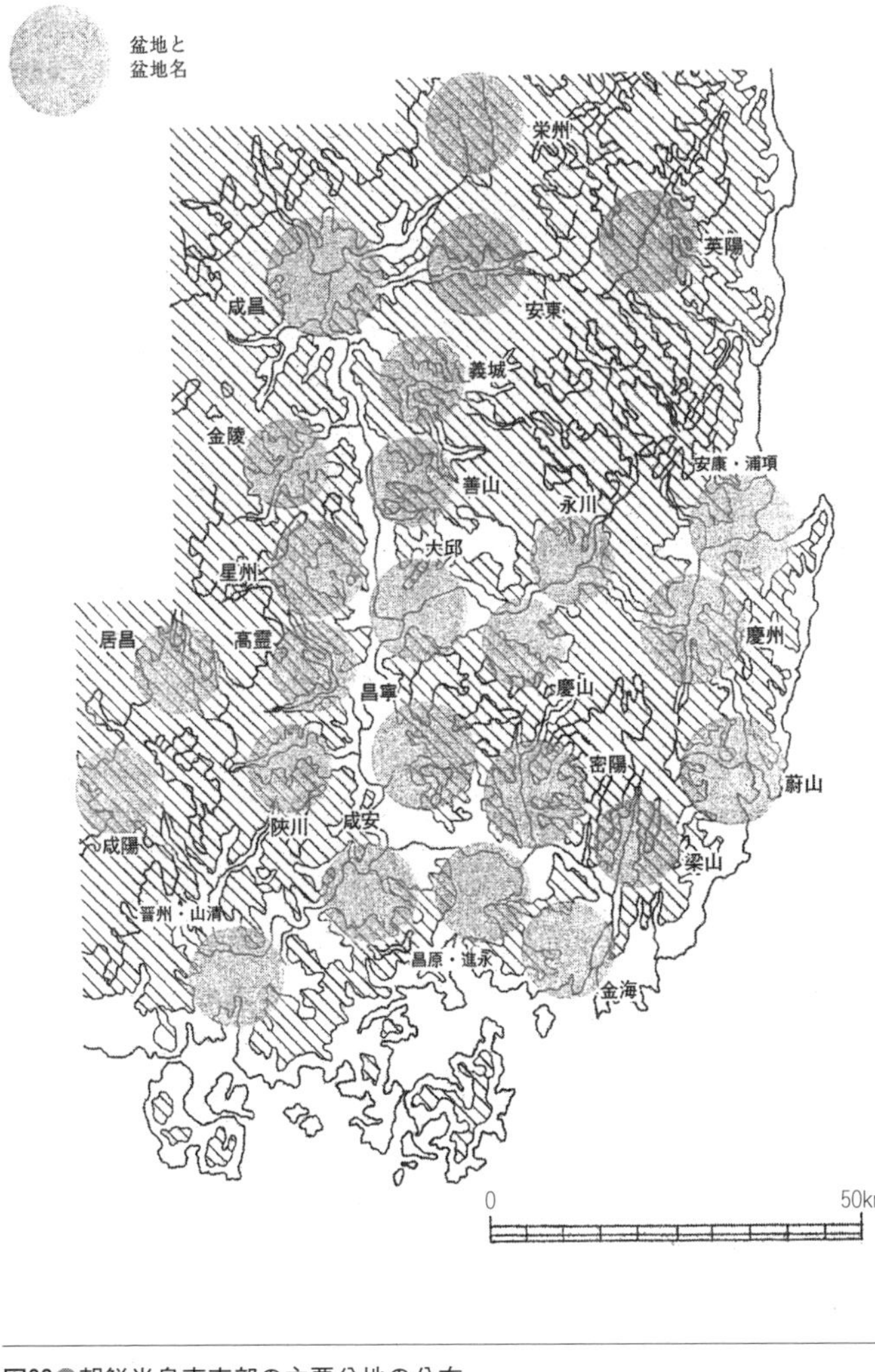

図38●朝鮮半島東南部の主要盆地の分布

図39●四・五世紀における朝鮮半島東南部の主な墳墓遺跡

1 草堂洞、2 大里里、3 達西（飛山洞・内唐洞）、4 林堂洞・造永洞、5 慶州（金冠塚・飾履塚・金鈴塚・瑞鳳塚・天馬塚・皇南大塚）、6 昌寧校洞、7 梁山（夫婦塚・金鳥塚）、8 福泉洞、9 大成洞、10 星山洞、11 池山洞、12 玉田、13 潘渓堤、14 道項里、15 玉峯・水精峯、16 白川里、17 月山里・斗洛里、18 三顧里、19 黄山里、20 雲坪里

組みは、日本の研究者のみならず、少なからずの韓国の研究者の研究にも影響を与えてきた。

一九七〇年代には、大型の積石木槨墳である天馬塚と皇南大塚をはじめとして、その周辺の中・小型墳墓の調査が進み、その成果をもとにして、新羅の墳墓の分類と編年研究が進められた（注84）。一九八〇年代後半からは、洛東江流域の各地で大小墳墓の発掘調査が進み、大型墳墓の副葬品と埋葬施設の構造の多様さが再認識された。また、金泰植《キムテシク》（注85）や田中俊明（注86）などの文献史学者が、加耶諸国の中に連盟体が存在したという仮説を提起したことは、考古資料の分布とその解釈を進める上で大きな影響を与えている。

朝鮮半島東南部の墳墓および多様な副葬品については、さまざまな編年研究が進められており、方法論的にも学ぶべき点が少なくない。ただ、新羅と加耶の関係をどのように理解するのか、そして文献史料と考古資料の関係をどのように考えるのか、という基本的な研究姿勢の違いにより、洛東江流域における地域間関係の評価は大きく異なる。また、その前提となるべき、各地域における考古資料の相対編年および並行関係については大まかな合意がえられつつある一方で、暦年代については大きな見解の違いがあることが、四・五世紀のこの地域における地域間関係研究を進める上での大きな問題点となっている。

こうした議論を整理し、個々の問題をとりあげようとすれば、おそらくそれだけで数冊の本の執筆が可能であろう。本節では、新羅の位置する洛東江以東地域と、加耶諸国の位置する洛東江以西地域において、四・五世紀に地域を越えた連盟体もしくは領域国家が成立していたことを想定する考古学的研究を取り上げて、その根拠となる考古資料の実体について検討することにしたい。

洛東江以東地域の様相

慶州を中心とする新羅の領域とその変遷をどのように理解するかは、四・五世紀における洛東江以東地域の地域間関係を考える上で最大の問題である。新羅の王都である慶州でつくられた大型墳墓の埋葬施設が、積石木槨という特殊な構造をもつことは第4章でも述べた。同様の構造をもつ墳墓が主体をしめる墳墓群は、慶州盆地内および隣接地域にある金尺里《きんしゃくり》《クムチョンニ》墳墓群、安渓里《あんけいり》《アンゲリ》墳墓群、中山里墳墓群などに限られる。

それ以外の洛東江以東地域においては、四世紀代は木槨、五世紀代は竪穴式石槨が墳墓の基本的な埋葬施設として採用されている。四世紀代の墳墓の墳丘は、埋葬施設を覆う程度のものであったと考えられる。ところが五世紀代になると、「高塚古墳」とよばれる円形の大型墳丘をもつ墳墓が各地に出現する。

高塚古墳が築造された時期における、地域内の集団関係のモデルを提供しているのが、洛東江の支流である琴湖江流域の大邱・慶山地域の墳墓群を分析した金龍星の研究である（注87）。金龍星は、装身具の保有数と組み合わせや、石槨の面積、墳丘の直径などにより墳墓群をA級～D級に分類し、地理的に細分された小地域ごとに、これらの墳墓群間の空間的・階層的関係を分析した。その結果、A級墳墓群を中心として、複数のB・C級墳墓群からなる中単位集団が数個集まった大単位集団を、慶山地域で二つ、大邱地域で四つ復元した（図40）。このように墳墓群の階層性と地理的分布により抽出された集団が、小国とでもよぶべき単位地域集団であると考えられる。

各地域のA級墳墓群の中で、大邱の達西《たっせい》《タルソ》（内唐洞《ないとうどう》《ネダンドン》・飛山洞《ひざんり》《ピサンドン》）墳墓群と、慶山の林堂洞・造永洞墳墓群（図40下-1）では、後述する山字形冠をはじめとする装身具や環頭大刀など慶州で製作された、あるいはその影響を受けたと考えられる遺物が出土している。こうした副葬品が各地域集団の特定墳墓の被葬者に埋葬された歴史的背景として、新羅の中央勢力と各地域集団との間の政治的な結びつきの存在が想定されてきた。

高塚古墳に採用された埋葬施設の多くは、竪穴式石槨に分類される。ただ、名称は同じ「竪穴式石槨」とはいえ、平面形態や石材、副槨の配置などは、地域ごとに大きな違いをみせる。例えば、先述の大邱・慶山地域の場合、達西墳墓群では数枚の板石を立てて石槨の壁面を築造しているのに対して、不老洞《ふろうどう》《プロドン》墳墓群の石槨は平面細長方形で壁面は割石を積み、中間に隔壁があるのが特徴的である。また慶山の林堂洞・造永洞墳墓群では、岩盤を掘り込んだ墓壙をそのまま埋葬施設として利用している。第6章でも検討するが、竪穴式石槨に横口構造が組み合わさる埋葬施設は、洛東江に隣接した昌寧・尚州・安東などで最初に採用されている。こうした様相からみて、埋葬施設の構造や、それに伴う具

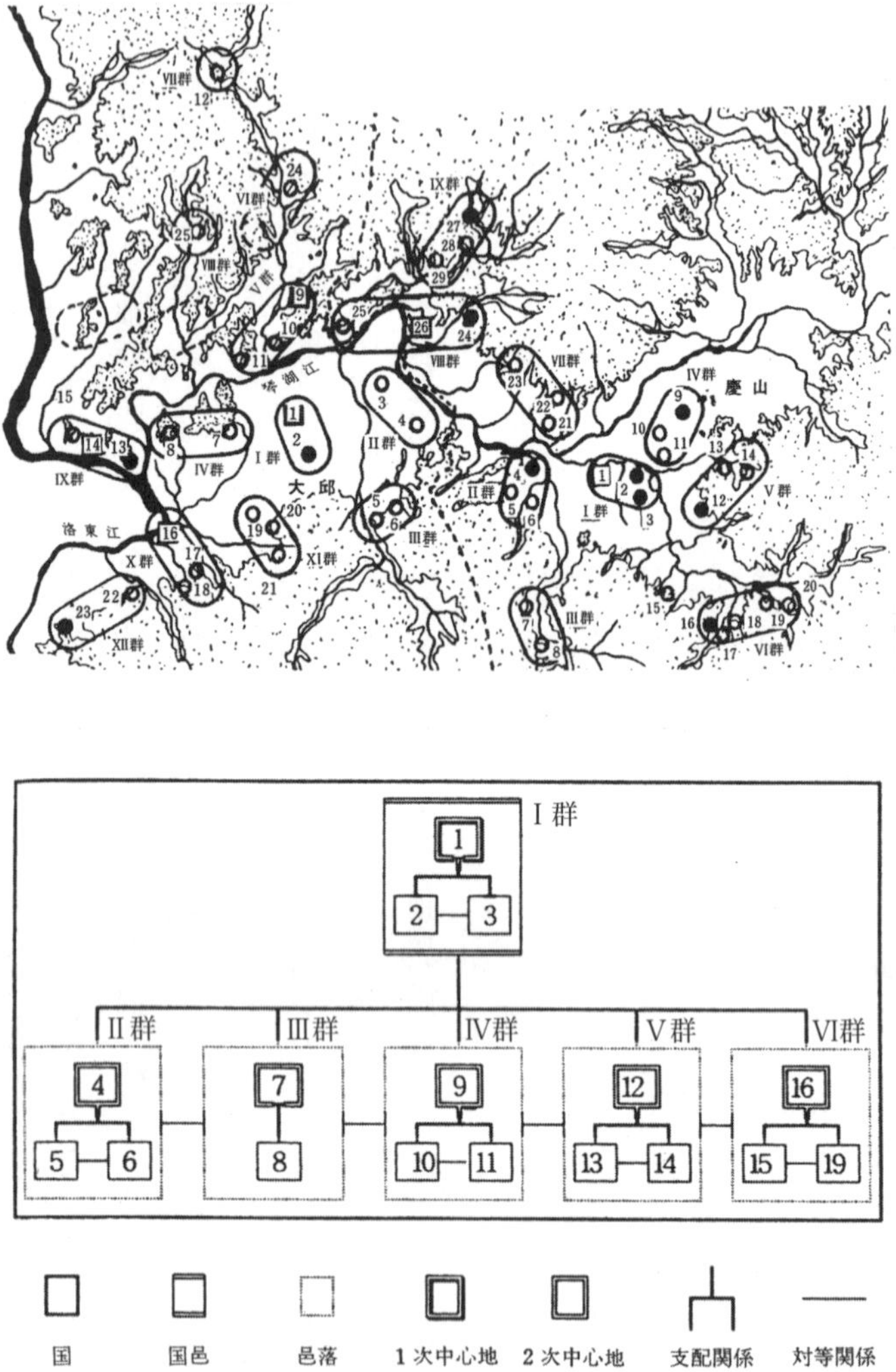

図40●大邱・慶山地域の墳墓群の分布（上）と慶山南部の集団構成（下）

体的な葬送儀礼については、各地域の首長層はその独自性を維持することができたと推測できる。

その一方で、高塚古墳の出現と展開の中に、新羅の中央勢力と地方勢力の関係を見いだそうとする研究がある。例えば金大煥《キムデファン》は、慶尚北道義城《ぎじょう》《ウィソン》・大里里《だいりり》《テリリ》三号墓、同慶山・林堂G—五・六号墓、慶尚南道釜山・福泉洞《ふくせんどう》《ポクチョンドン》二一・二二号墓、同陜川《せんせん》《ハプチョン》・玉田五四号墓などを、積石木槨墓もしくはその変形したものであると理解し、その変遷を慶州における積石木槨墳の変遷と関連づけようとした（注88）。また李熙濬は、慶州以外の地域における高塚古墳は、その築造開始時期が慶州の積石木槨墳の出現よりも遅く、後述するように土器や装身具などにおいて慶州との関係がみられるのに対して、埋葬施設の構造や墳丘の規模・構造が、それ以前の木槨墓の伝統とは断絶していることを指摘した。そして、装身具や土器などの副葬品や高塚古墳にみられる変化は、新羅中央勢力が有力首長との結びつきを通して、周辺地域を間接支配するようになったことを反映していると解釈している（注89）。

次に、洛東江流域の墳墓に多く副葬される陶質土器について検討してみよう。原三国時代の洛東江流域で用いられた土器が、低温・還元焔焼成の瓦質土器であったのに対して、陶質土器は、高温で還元焔焼成された土器群である。このうち「古式陶質土器」と呼ばれる四世紀代の土器群は、慶尚南道咸安で生産された土器を典型例とし、瓦質土器の炉形器台から発展したと思われる高杯形器台、表面をナデで仕上げた小型の短頸壺、縄蓆タタキで成形され螺旋状の沈線が施された短頸壺、高杯などからなる。ただし、金海・釜山地域の土器には、高杯形器台や無蓋高杯など一部の器種に他地域ではみられない形態のものが含まれる。

　五世紀になると、洛東江流域の土器は、先述したような高杯の透孔の配置などを基準として、洛東江以東地域土器群と以西地域土器群に大きく分かれる。高杯の透孔が上下交互にあけられるという分類基準によれば、洛東江以西地域の上流に位置する星州以北地域の土器も、洛東江以東地域土器群に含められる。さらにこれらの土器群の中には、高杯の製作技術や形状の違い、組み合わさる土器の違いなどにより、いくつかの地域色が存在することが指摘されている。

　ここで問題になるのは、洛東江以東土器群の成立とその後の展開をどのように理解するかである。先述のように金元龍がこれらの土器群を「新羅群」とみなしたのに対して、李殷昌《イウンチャン》は、そこから慶州周辺の土器を除いて「伽耶土器洛東江以東群」を設定し、それらを加耶土器の範疇の中で理解しようとした（注91）。定森秀夫も、伽耶土器洛東江以東群を母体として新羅土器が確立すると想定した（注90）。また李盛周は、特定地域の土器が周辺に影響を与えた結果ではなく、「土器様式の相互作用」の結果として、これらの土器様式群が成立したと考える（注92）。それに対して、李熙濬は、各地域の土器に対して、慶州周辺で成立した土器様式の「様式的選択圧」がかかった結果として、洛東江以東地域における土器の類似性が生じたと考えている（注93）。このような見解の違いが生じる背景としては、四・五世紀にかけて、洛東江以東の諸地域の多くを加耶諸国とみなして、その独自性が継続したと考えるのか、あるいは早い段階から新羅の中央勢力が周辺地域を間接的、あるいは直接的な支配下に取り込んだとみるのか、という歴史認識の違いが指摘できよう。

製作技術的にみると、洛東江以東地域の土器のなかでも、五世紀から六世紀前半にかけての慶州周辺では、ロクロミズビキ成形が想定される器壁が薄い土器群が製作・副葬されている（注94）。それ以外の地域では、形態的・技術的に慶州周辺で製作されて持ち込まれたと思われる土器とともに、慶州で製作されたものを在地の技術で模倣した土器や、在地の伝統を引き継いでいる土器が混在している場合が少なくない。一方、地域色の強い土器群の中には、昌寧周辺で製作された特徴的な土器群のように、「洛東江以東土器群」の範囲を越えて、洛東江以西地域にまで分布することが確認されている例もある。このように、五世紀の洛東江以東地域においては、土器の形態などにおいて慶州からの影響を受けながらも、具体的な土器の製作や使用においては、地域ごとに選択の余地があったことがうかがわれる。これは、土器の地域性が消滅し、いわゆる「統一様式」と呼ばれる土器が新羅の領域内で広く用いられるようになる六世紀後半以降の様相とは対照的である。

慶州を中心として周辺地域に分布する遺物として古くから注目されてきたのが、冠をはじめとする装身具類や環頭大刀である。なかでも類例が多く、分布とその歴史的解釈をめぐって議論されてきたのが、特徴的な形状の冠である。慶州の積石木槨墳から出土する冠のなかでも、出土状況が明らかな金製の冠は、皇南大塚北墳、金冠塚、瑞鳳塚、天馬塚（図41-1）、金鈴塚から出土した計五例に限られている。冠の形状をみると、細い帯状の額帯の前面に、「山字形」あるいは「出字形」と呼ばれる

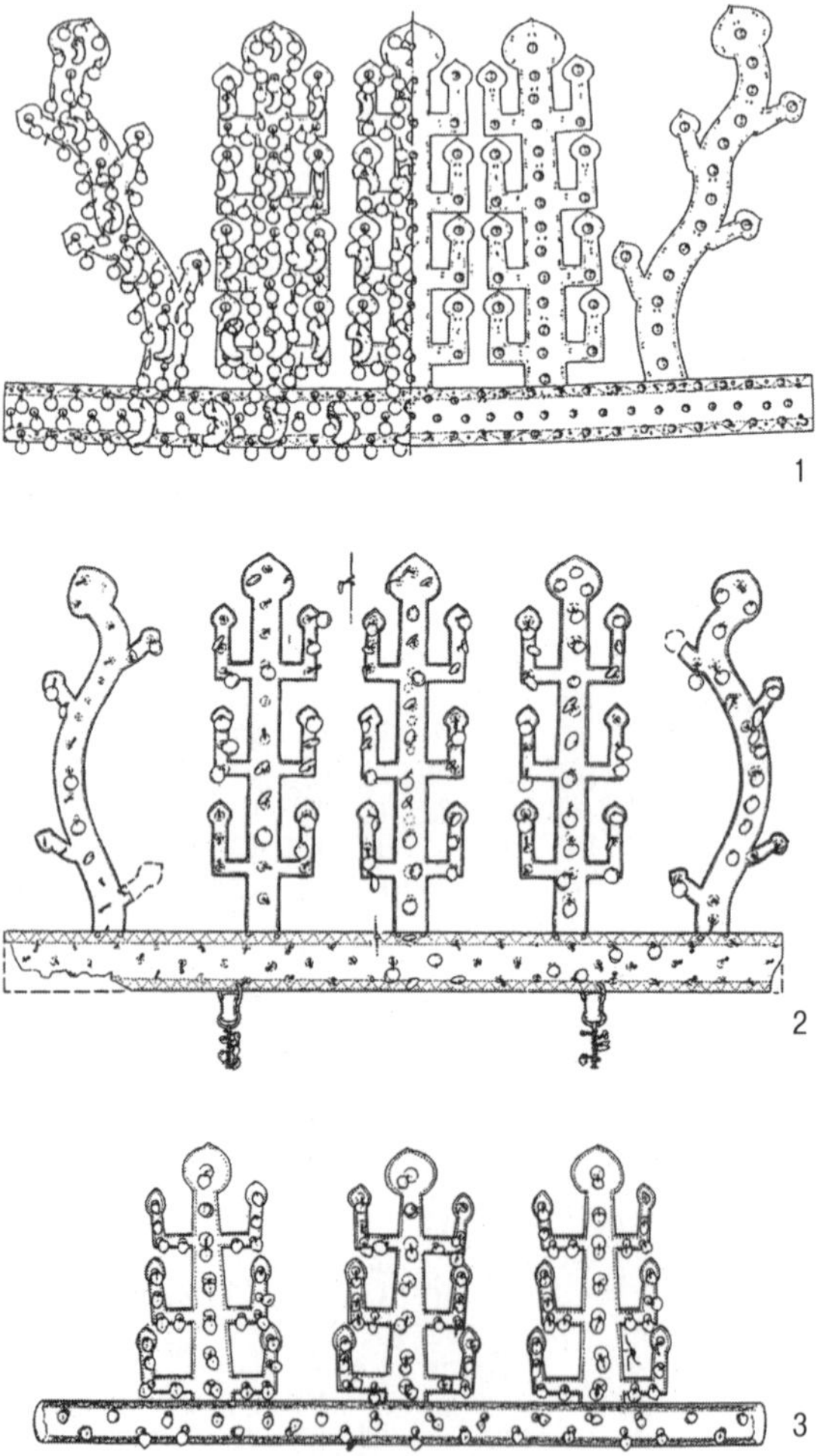

図41●山字形冠

1　天馬塚（金）、2　梁山夫婦塚（金銅）、3　校洞7号墓（金銅）

樹枝形の立飾を三本立て、その両側に、鹿角形立飾を一本ずつ立てている。額帯や立飾の周囲には円形の歩揺がつき、金鈴塚以外の例では、翡翠製の勾玉がつけられている。

山字形金冠と同様の意匠をもつ金銅冠は、慶州の墳墓以外に、洛東江以東地域の慶尚北道の大邱、慶山、慶尚南道の蔚山、梁山、釜山、昌寧の大型墳墓から出土した例が知られている。また、洛東江以西地域にあたる慶尚南道陜川・玉田M六号墓や、江原道江陵《こうりょう》《カンヌン》・草堂洞《そうどうどう》《チョダンドン》B－一六号墓でも同様の冠が出土した（注95）。これらの中には、梁山夫婦塚（図41－2）例、同・金鳥塚例、大邱・飛山洞三七号墓例、江陵・草堂洞B－一六号墓例のように、山字形立飾と鹿角形立飾がそろった例もある。しかし、鹿角形立飾がない例（図41－3）や、山字形立飾の細部の形状が異なる例も多い。

山字形冠の他に、冠帽、冠飾（鳥翼形・蝶形）、飾履、耳飾、三葉文帯金具、装飾大刀などの広がりも、慶州勢力と地方勢力の関係を示す資料として取り上げられてきた。これらの分布は、冠の分布と重なる部分が多いが、冠飾や帯金具は、洛東江以西にある星州星山洞《せいざんどう》《ソンサンドン》墳墓群まで分布が広がっている。慶州周辺においては、王墓級の墳墓とそれ以外の墳墓の間で、これらの文物の副葬量や材質などに、大きな違いがみられる。慶州以外の地域での分布様相をみると、慶州に隣接する地域では出土例がほとんどなく、慶州からやや離れた諸地域の大型墳墓から出土する傾向があることが指摘されている。また、慶州では装身具がセットをなして出土することが多いのに対して、周辺地域では装身具の一部のみが副葬される場合が少なくない。

こうした文物の分布については、その意匠の共通性や製作技術に注目して、慶州で製作されたものが周辺地域の首長にもたらされたと考える場合、新羅による地方支配と関連があると解釈されることになる（注96）。一方、製作技術や部分的な形状の違いに注目して、慶州以外の地域での出土例は、慶州の製品を周辺勢力が模倣して独自に製作した、と推定する研究者もいる（注97）。しかし、後者のような場合があったとしても、新羅中央勢力が用いたのと同じ形態の冠を模倣・製作しようとした意図が存在したことは認めなければならないであろう。

洛東江以西地域の様相

四世紀代から五世紀のはじめにかけての金海・大成洞墳墓群において、副槨をもつ大型木槨を埋葬施設とし、多量の副葬品を埋納する大型墳墓が築造されたことは第4章で述べた。こうした墳墓の築造主体としては、『三国遺事』所引の『駕洛国記』に王の始祖神話や王系が記録されている金官加耶の支配者集団が想定されてきた。さらに申敬澈は、三世紀末に南下してきた扶餘族が従来の支配者集団と交代し、大成洞墳墓群と釜山・福泉洞墳墓群（口絵2上）の被葬者集団の連合によって、金官加耶が成立したと考えた（注98）。また、文献史学者である金泰植は、四世紀代に金官加耶を中心とした加耶連盟体が存在したと考える（注99）。

ただ、大成洞墳墓群でみられるような副槨をもつ大型木槨墓が築造された地域は、金海周辺と、釜山の福泉洞墳墓群などに限られている。また、大成洞墳墓群と福泉洞墳墓群の木槨墓の間にも、いくつかの構造的な違いが存在する。例えば大成洞墳墓群では、床面に板石を敷いた例が多いのに対して、福泉洞墳墓群の場合は、礫敷が多く、なかには、被葬者を安置する空間を囲むように周囲の礫を厚く積む例がみられる。また副槨をみると、大成洞墳墓群の場合は平面が正方形に近いのに対して、福泉洞墳墓群の場合は、主槨と同様の平面長方形である。土器については、口縁部が外反する無蓋高杯のように金海と釜山地域に特有の土器が存在するが、周辺地域にはほとんど広がらない。さらに福泉洞墳墓群については、ある段階から土器や埋葬施設の構造において、新羅の影響が次第に強くなることが指摘されている。このことから、金海・釜山に特有な文物や埋葬施設の分布範囲は、文献史料を通して提起されている前期加耶連盟の広がりよりも狭いことがわかる。

五世紀代になると、洛東江以西地域においては、洛東江以東地域とは異なる土器が製作される。脚部に透孔が上下垂直に配置された高杯がこの土器群の共通する特徴である。しかし、洛東江以東地域土器群にくらべて、洛東江以西地域土器群を構成する高霊系土器、咸安系土器、泗川・固城系土器はそれぞれ独特な器種をもっており、共通点は少ない。また、洛東江以東地域と同様に、墳墓の埋葬施設に竪穴式石槨が用いられるようになり、円形の大型墳丘をもつ高塚古墳が出現する。

洛東江以西地域の中で、墳墓や副葬品の分布についてさまざまな調査研究が進んでいるのが、高霊・池山洞墳墓群を典型例とする、いわゆる大加耶系墳墓である。この墳墓の特徴的な埋葬施設は、

第4章でも述べた通り、地山を掘削した墓壙内につくられた平面細長方形の竪穴式石槨である。主石槨の周囲には、殉葬者を納めたと思われる小石槨や、種々の儀礼の痕跡が残されており、それらを覆うようにして、円形の墳丘がつくられる。副葬品のなかでも目を引くのが、高霊系土器である。有蓋長頸壺・有蓋高杯・蓋杯・有蓋把手付鉢・筒形器台・高杯形器台などは、他地域とは異なる独特な形態をもつ。これらの土器の表面には特徴的な自然釉が付着していることが多い。また、蓋杯や高杯の蓋が自然釉によって融着することを防ぐために、イネ科植物の葉や茎のようなものを土器と土器の間に挟んだ痕跡と思われる、「火ダスキ」と呼ばれる特有の痕跡が残るなど、土器焼成技術においても共通性がみられる。また、鉄鎌・鉄斧などを模倣して製作されたと思われるミニチュア農工具類の副葬も特徴的である。

以上のような特徴をもつ墳墓は、五世紀後半から六世紀はじめにかけて、高霊盆地内の墳墓群だけではなく、慶尚南道陜川・潘渓堤《ばんけいてい》《パンゲチェ》墳墓群をはじめとする黄江上流域、咸陽・白川里《はくせんり》《ペクチョンニ》墳墓群などの南江上流域、現在は全羅北道に属するが、南江の最上流にあたる南原の月山里《げっさんり》《ウォルサンニ》墳墓群、斗洛里《とらくり》《ツランニ》墳墓群などの雲峰高原、全羅北道長水・三顧里《さんこり》《サムゴリ》墳墓群などの錦江上流域、全羅南道順天・雲坪里墳墓群などの蟾津江下流域などに分布する。さらに高霊系土器は、六世紀にはいると慶尚南道晋州の玉峯《ぎょくほう》《オクポン》・水《すい》《ス》精峯《せいほう》《ジョンボン》墳墓群や咸安・道項里《どうこうり》《トハンニ》墳墓群などの南江下流域などまで分布範囲を広げていく（図42）。

このように、高霊を中心として、土器だけではなく埋葬施設の構造をはじめとする特徴的な墓制

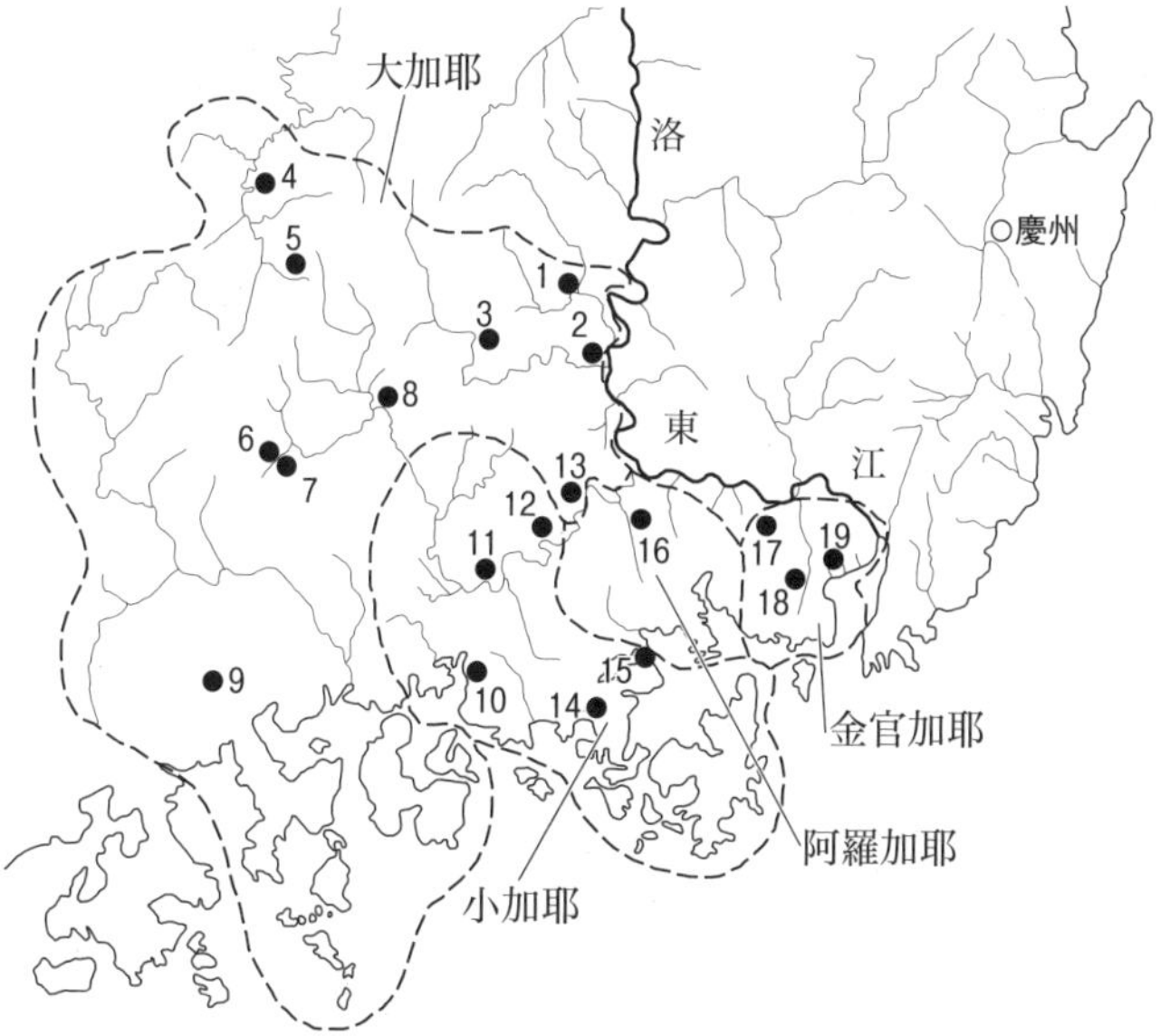

図42●洛東江以西地域における加耶諸国の広がり（朴天秀案）
1 池山洞、2 玉田、3 潘渓堤、4 黄山里、5 三顧里、6 月山里、7 斗洛里、8 白川里、9 雲坪里、10 船津里、11 玉峯・水精峯、12 中洞里、13 雲谷里、14 松鶴洞、15 内山里、16 道項里、17 茶戸里、18 良洞里、19 大成洞

が各地に広がる様相については、王の始祖伝説と王系の記録が残っている大加耶を中心として、連盟あるいは古代国家が成立していたことを反映していると解釈されてきた（注100）。特に朴天秀《パクチョンス》は、経済圏と想定できる河川の流域を越えて土器や墳墓が広がっていることや、副葬品の量や小石槨の数などをみたときに、池山洞墳墓群を中心とした墳墓の階層差が認められることなどを根拠として、五世紀後半段階に大加耶は古代国家段階に到達していたと主張する（注101）。また、日本出土の大加耶系遺物と、朝鮮半島南部で出土する倭系遺物の変遷を検討して、当時の対外交流において大加耶が大きな役割を果たしたと考えている（注102）。李熙濬も、高霊系土器の分布の変遷を通して、大加耶が領域国家段階に到達するまでの過程を議論している（注103）。

ただし、具体的な大加耶の範囲やその変遷については、研究者により意見が異なっている。それは、大加耶系と認識されている考古資料のそれぞれの分布範囲や変遷過程が、必ずしも一致していないからである。その一例として、高霊に近接する黄江下流域の慶尚南道陜川・玉田墳墓群の大型墳丘をもつ墳墓の変遷をみてみよう（図43、注104）。

最初に築造された大型墳墓と考えられるＭ一・Ｍ二号墓の場合、その埋葬施設は、長さにくらべて幅が広く、主槨と副槨の間を隔壁で仕切る構造をもつ。報告書では竪穴式石槨とされているが、木槨の周囲を石で囲んだものとみなす説もある。こうした埋葬施設の構造は、洛東江以西地域よりも、むしろ洛東江以東地域の昌寧桂南里一・四号墓などに類例をもとめることができる。また副葬品をみる

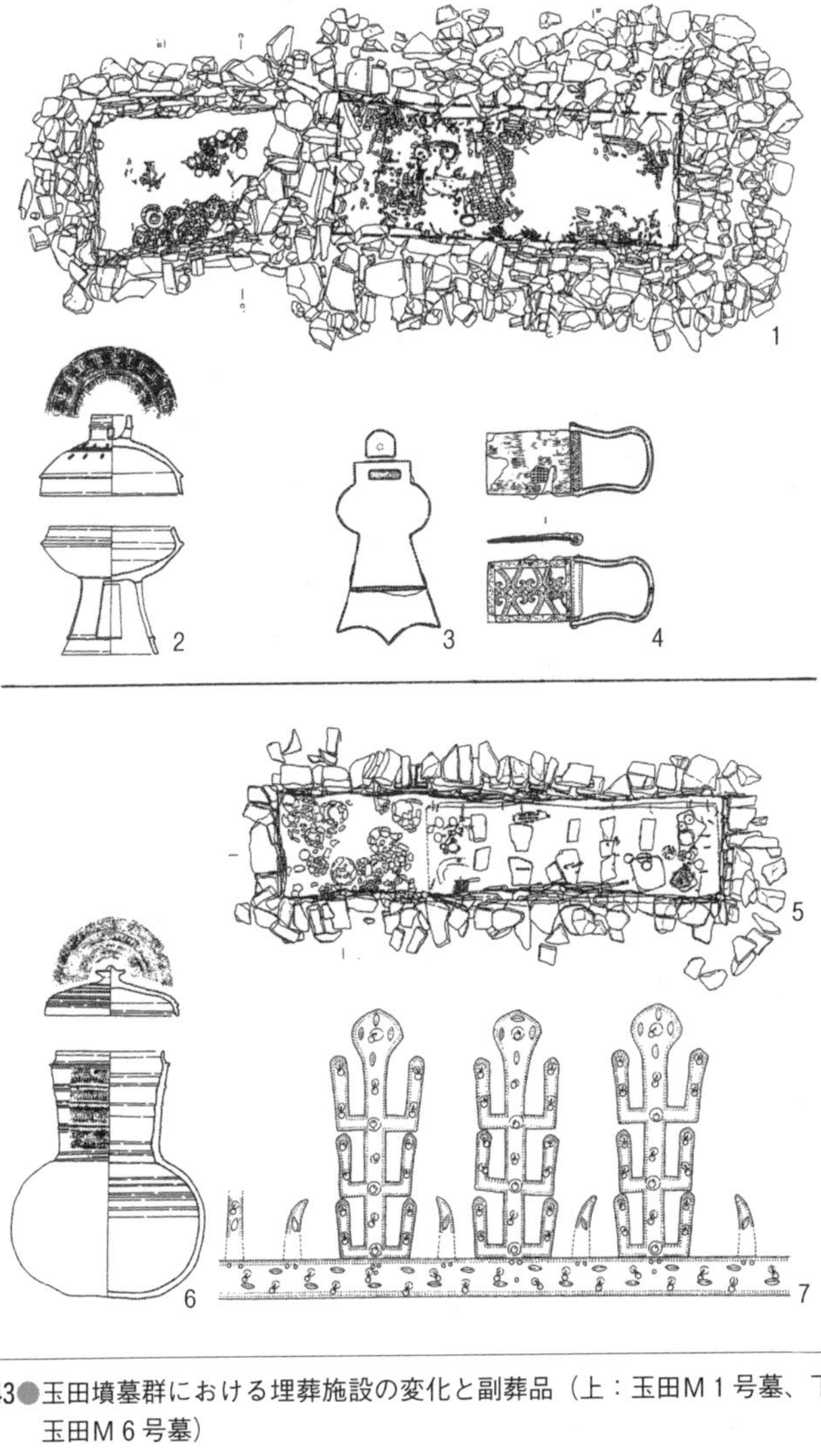

図43●玉田墳墓群における埋葬施設の変化と副葬品（上：玉田Ｍ１号墓、下：玉田Ｍ６号墓）

と、昌寧系土器類が大部分をしめ、唐草文を透彫した帯金具や、燕尾形杏葉なども、洛東江以東地域に分布の中心があるものである（図43-上）。

次のM三号墓の段階になると、埋葬施設の構造は変化しないが、副葬土器は高霊系土器が主流を占めるようになる。さらにM四・M六号墓は、平面が細長方形で、隔壁をもたない竪穴式石槨を埋葬施設とする。こうした変化を、玉田墳墓群の首長が大加耶にとりこまれる過程を反映していると解釈することは可能である。ただ、石槨内の空間利用をみると、内部を二分して片方に被葬者を安置し、残りの部分に副葬品を集中的に安置しており、それ以前の埋葬施設における空間利用の伝統が守られていることがわかる。また、M六号墓では、山字形立飾のついた冠が出土しており、この段階でも洛東江以東地域との関係は維持されていることがうかがえる（図43-下）。

高霊系土器分布圏の西端にあたる全羅北道鎮安・黄山里墳墓群では、高霊系土器が三足杯などの百済土器とほぼ同じ比率で副葬されている例も知られている。このように、墳墓の副葬品や埋葬施設の構造の中に、複数の系統が共存している場合は意外に多い。そうした文化様相をしめす集団をどちらかの分布圏もしくは領域に含めてしまうことは、その地域のおかれた実体を正しく反映することにはならないと考える。むしろこのように、複数の文化的・社会的領域の境界領域をまたぐように存在する集団が存在すること自体が、この段階における地域間関係の特徴の一つであると考えることが必要なのではないだろうか。

4　四・五世紀における地域間関係とその特質

以上、朝鮮半島の西南部と東南部に分けて、四・五世紀において、王墓を築造した集団とその周辺地域の集団の間にどのような関係が生まれたのかを、墳墓の様相を通して概観してきた。地域ごとに墳墓の構造や副葬品が違い、また、地域により研究の進展度が違うために、地域間の様相の比較は容易ではないが、具体的な検討がおこなえなかった朝鮮半島西北部の様相も考慮にいれながら、この時期における地域間の共通点と相違点をまとめておこう。

この時期の共通点として指摘できるのは、四世紀ないし五世紀において、百済・新羅・加耶の中央勢力に関わる文物が、周辺の地域集団の有力者の墳墓に副葬される現象が確認されることである。本書では、百済では中国製陶磁器・夢村類型百済土器・装身具類、新羅では土器・装身具類、大加耶では土器の例をあげた。この他、装飾大刀や馬具類についても、同様な状況が想定できることが指摘されている。

こうした文物の分布については、中央勢力によって独占的に入手もしくは製作されたものが、地方集団の有力首長に配布された結果であると想定することが多い。しかし、新羅の山字形冠において指摘されているように、中央勢力が製作・使用する文物を各地域集団が模倣製作した可能性や、土器について想定されるように、中央勢力の技術が地方に移転された可能性も考える必要がある。それぞれの地域の文物が、具体的にどのようなシステムによって周辺地域に広がったのかについては、今後さらに実証的な検討がなされねばならない。しかしいずれにせよ、四・五世紀にさまざまな文物や技術が、中央勢力から周辺地域の諸集団に伝わり受容されていくような関係が、各地に出現したことが重要であろう。

このような中央と地方の関係が、具体的にいつ頃に生まれてどのように変遷していくのかは、地域ごとに異なる。百済の場合、法泉里二号墓出土の青磁羊形容器や花城里遺跡出土の青磁盤口壺などが、中国での年代観では四世紀代にさかのぼることから、この年代をとりあえずの上限と考えることができる。新羅の場合、研究者によって実年代観が数十年の違いがあるため議論が難しい面があるが、古い年代観によっても、慶州の文化要素が周辺地域に本格的に広がりはじめる段階は、百済のそれよりも古くなることはないだろう。高霊を中心とする大加耶の場合は、周辺地域に影響を与え始めるのは五世紀中葉以降であると思われる。

ただ、文物の分布範囲は一度に広がったのではなかったと考えられる。百済の場合は、朴淳發の指摘するように、錦江以北地域まで広がる段階と、錦江以南から全羅北道まで広がる段階の間に時間差があると思われる。また、文物や情報は、かならずしも王都を中心に同心円状に広がっていくとは限らず、忠清南道西海岸に位置する神衿城から銭文タタキの灰釉陶器が出土したように、地理的に重要な拠点に広がる場合もあった。新羅の場合は、慶州周辺に同様の文化が広まった後は、四方に広がる交通路沿いに分布が広がっていくようである。大加耶の場合も、黄江流域と、それ以外の地域で現れる文化的様相の時空的な展開に違いを見いだすことができそうである。

以上のような文物の広がりにくらべて、四・五世紀の段階では、中央勢力の墳墓や埋葬施設の構造のような墓制や埋葬方式に関わる諸要素は、周辺諸地域にはなかなか広がらなかった。そして、周辺地域の諸集団は、それぞれ独自の墳墓を築造していく傾向を読み取ることができる。朝鮮半島西南部地域においては、原三国時代にみられた墳丘先行型・後行型墳墓の伝統の延長として、四・五世紀の墳墓の変遷を理解することができた。また、第6章で言及するように、四世紀の大同江流域においては、楽浪郡滅亡後も、その伝統を引くと思われる塼室墓が築造されたり、安岳三号墓のように、遼東から亡命してきた集団が、故地の伝統にもとづいた墳墓を築造することが可能であった。朝鮮半島東南部の場合は状況が複雑であるが、考古資料的にみる限り、土器や埋葬施設の構造においては、四世紀以前よりも、五世紀代に盆地を単位とする地域性がむしろ顕在化している。

こうした墓制にみられる地域性に注目した場合、四・五世紀の朝鮮半島においては、さまざまな勢力が群雄割拠しているような状況を復元することも可能である。実際、朝鮮半島東南部の場合、考古資料にみられる小地域性に注目し、それに文献史料にみられる地域名や小国名をもとに「〇〇加耶」と名付け、その消長を検討することにより、研究が進められてきた経緯がある。朝鮮半島西南部の場合であれば、百済中央勢力に対して独自的な様相が強い墳墓の広がりに対応する集団を「馬韓」と名付けることによって、百済とは文化的・政治的に異なる集団の存在が強調されてきた。

筆者は、四・五世紀の朝鮮半島における地域間関係を考える上で、墓制上の特徴からみて、「高句麗」・「百済」・「新羅」・「加耶」といった範疇に押し込むことができない諸集団が存在したことは無視できないと考える。しかし、かといって、そうした諸集団の一部、もしくは多くを、三国と同等の連盟体、もしくは国家と考えることも難しいのではなかろうか。朝鮮半島各地の諸集団の中で、自身の基本的な文化的・社会的・政治的領域を越えて文物や情報を発信し、逆に周辺地域の文物や情報の集積地としての役割を果たしえた集団は、やはり限られているとみるべきである。

では、こうした地域集団の文化的な独自性は、どのように評価されるべきであろうか。その手がかりは、さまざまな考古資料の広がりを丹念に分析することによってのみ得られるのではないかと考えられる。例えば、栄山江流域の場合、この地域で製作された土器が、三世紀頃から長期間にわたって朝鮮半島南海岸や日本列島各地、あるいは漢江流域でも出土していることを指摘した。また、大加耶土器圏の周縁部に位置する玉田墳墓群や黄山里墳墓群のように、複数の文化要素が共存している地域は少なくない。こうした地域集団の役割の一つとして、諸集団間のさまざまな交渉を仲介する役割があったのではないかと思われる。四・五世紀における三国や加耶諸国の王権の評価にあたっては、中央勢力の拡大だけではなく、各中央勢力からみれば「地方」・「周縁」に当たる諸集団の役割を正当に評価する努力が必要であろう。

第6章　横穴系埋葬施設の展開と地域間関係の変化

高句麗・百済・新羅の三国および加耶諸国の関係は、五世紀末頃から大きな変化を迎える。そのきっかけの一つが、百済の王都である漢城が、四七五年に高句麗によって陥落したことであろう。高句麗は四二七年に鴨緑江流域の集安から大同江流域の平壌へ遷都しており、その後、南方への勢力拡大をさらに進めていたのである。この時に百済の蓋鹵《がいろ》《ケロ》王は殺され、残された王族・貴族達は、錦江流域の熊津（現在の公州）に逃れ、百済を再建することになる。最初は不安定であった王権は、武寧《ぶねい》《ムニョン》王（在位五〇一～五二三年）のもとで強化され、栄山江流域および洛東江以西の加耶諸国に勢力を広げようとした。聖《せい》《ソン》王（在位五二三～五五四年）は、五三八年に泗沘（現在の扶餘）に遷都し、加耶をめぐる新羅との争いに加わる一方、漢江流域の奪還を試みた。

新羅では、智証《ちしょう》《チチュン》王（在位五〇〇～五一四年）が、「尼師今《にしきん》《ニサグム》」や「麻立干《まりつかん》《マリプカン》」といった称号に代わって、王号を用いるようになり、また国号を正式に「新羅」とさだめた。律令を発布し仏教を公認した法興《ほうこう》《ポップン》王（在位五一四〜五四〇年）の後をついだ真興《しんこう》《チヌン》王（在位五四〇〜五七六年）は、五五一年に百済と共同して漢江流域から高句麗を駆逐すると、五五二年には百済も追い出して、漢江流域を掌握する。反撃してきた百済の聖王を五五四年に戦死させると、五六二年には大加耶を滅ぼして、洛東江以西地域を領域に取り込んだ。また、東海岸沿いに江原道から咸鏡南道まで領域を広げることになった。

この後、高句麗・百済・新羅三国の争いは激しさを増すが、唐と手を結んだ新羅が、六六〇年に百済を、六六八年に高句麗を滅ぼすことになる。朝鮮半島内に進出した唐は、安東都護府をおいて朝鮮半島の支配を試みる。しかし新羅の抵抗にあって六七六年に唐は朝鮮半島から撤退し、新羅は大同江南岸あたりまでを領有する統一国家を形成することになった。

このような六・七世紀における地域間関係の変化に対応するかのように、朝鮮半島各地における墳墓の様相も大きく変化していく。具体的には、六世紀に入ると朝鮮半島西南部および東南部の各地で本格的に横穴系埋葬施設が墳墓に採用されはじめ、墳墓群の様相が変化しはじめる。そして六世紀後半には、高句麗・百済・新羅の王墓において、それぞれ独特な横穴式石室が成立し、その石室構造をはじめとする墓制・葬制が領域内に広がり、それまでみられた地域ごとの独特な墳墓が基本的にみられなくなる。本章では、横穴系埋葬施設の出現と展開過程に注目して、六・七世紀における墳墓の変化の様相を検討し、その歴史的背景について考えてみたい（図44）。

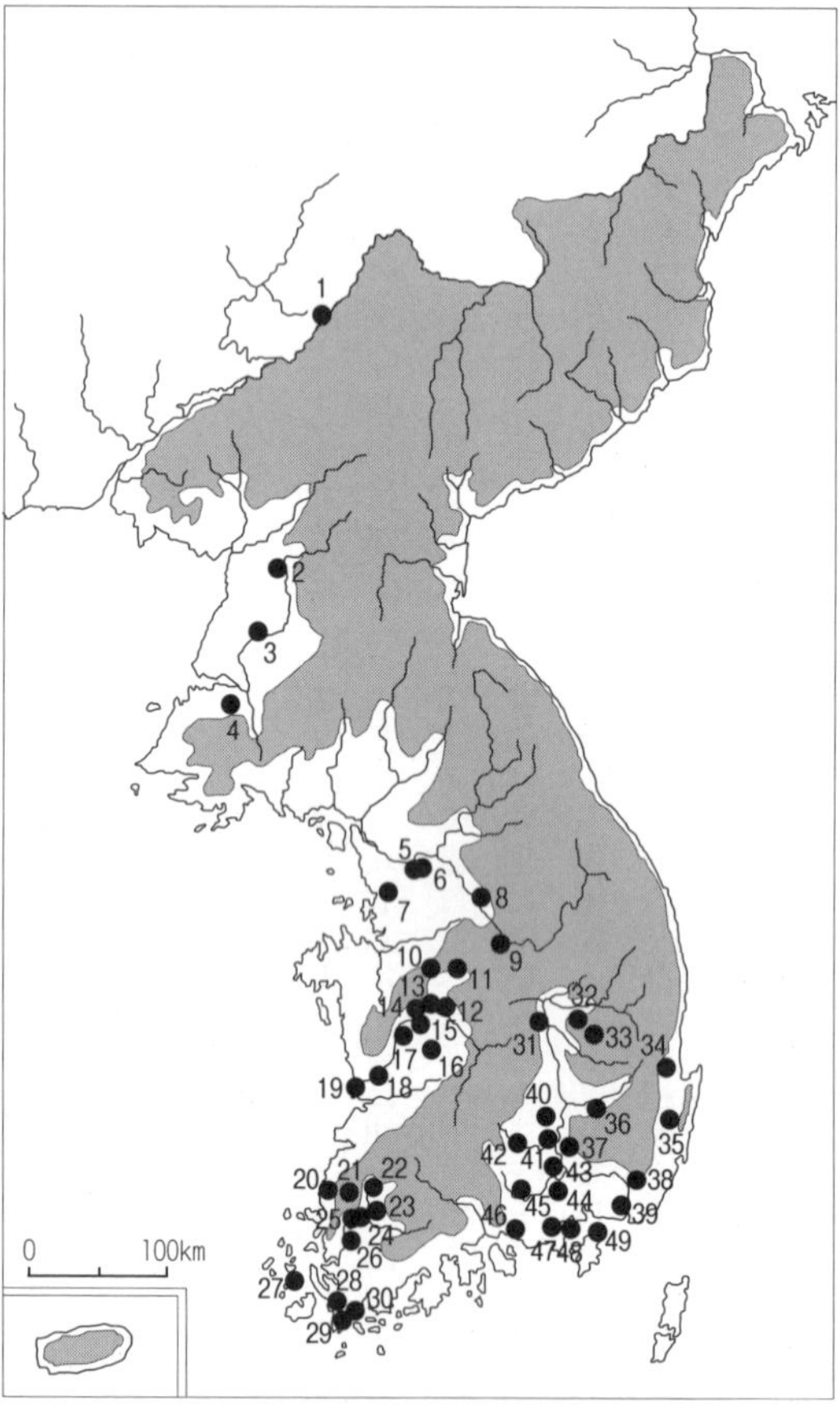

図44●第6章で扱う主な遺跡

1 集安（太王陵・将軍塚）、2 遼東城塚、3 佟利墓、4 安岳3号墓、5 石村洞・可楽洞・芳荑洞、6 広岩洞、7 馬霞里、8 法泉里、9 楼岩里、10 龍院里、11 主城里、12 芙江里、13 松院里、14 水村里、15 宋山里、16 表井里、17 陵山里、18 熊浦里・笠店里、19 山月里、20 鶴丁里、21 新徳、22 鈴泉里、23 月桂洞、24 明花洞、25 伏岩里、26 チャラボン、27 道昌里、28 龍頭里、29 月松里造山、30 長鼓峰、31 城洞里、32 造塔洞、33 鶴尾里、34 冷水里、35 慶州（忠孝里）、36 造永洞、37 校洞・松峴里、38 梁山（夫婦塚）、39 礼安里、40 池山洞、41 玉田、42 苧浦里、43 景山里・雲谷里、44 道項里、45 玉峯・水精峯、46 船津里、47 松鶴洞、48 内山里、49 長木

1　東アジアにおける横穴系埋葬施設の成立と朝鮮半島への伝播

中国における横穴系埋葬施設の成立と朝鮮半島西北部への伝播

東アジアにおける横穴系埋葬施設の起源は、漢代における室墓にまでさかのぼることができる。漢墓の変遷を検討した黄暁芬の研究成果（注106）によれば、被葬者が納められた棺を槨で密閉する槨墓から、外部から出入りすることができる構造を備えた室墓への変化は、前漢の皇帝陵や王侯墓を含む大型墓からまずはじまったという。具体的には、「槨内の開通→外界との開通→祭祀空間の確保」という段階が想定されている。また、こうした構造的な変化に対応するように、それまでの主たる副葬品であった礼楽器が姿を消し、鼎・豆・耳杯・俎などの被葬者に対する供献祭祀品や、日常生活の器物・施設を模倣した明器が、主に副葬されるようになった。黄は、こうした変化の背景として、墳墓とは異なる場所でおこなわれていた祖霊祭祀が、前漢代に墳墓周辺での個人霊崇拝へと変化したことをあげている。

被葬者を安置する玄室と、外部とをつなぐ通路である羨道からなる横穴系埋葬施設は、竪穴系埋葬施設にくらべて、複数回にわたり玄室内に被葬者を埋葬することが容易である。漢代以前から、夫婦の墓を並列してつくったり、同じ墳丘内の異なる埋葬施設に夫婦を埋葬する例は知られているが、室墓の成立に伴って、同じ墓室内での夫婦合葬が一般的におこなわれるようになった（注107）。

このような室墓の構造と埋葬方式は、漢帝国の強大化とともに、中国各地の中小型墓にも普及していく。ただ、その具体的な変遷過程は地域ごとに異なっていたことも、黄暁芬によって指摘されている。朝鮮半島におかれた郡県の一つであった楽浪郡の場合、第3章で王光墓の例を紹介したように、木槨墓に追葬をおこなう例が多く確認されている。横穴系埋葬施設である塼室墓は、現状としては二世紀中葉までしかさかのぼらず、二世紀後葉以後に、遼東半島との関係が想定される単室墓や二室墓の類例が増加する（図45、注108）。その後も、部分的に塼を用いながらも、三世紀前半まで木槨墓の築造は続いている。また、二・三世紀において、楽浪郡の塼室墓の埋葬施設の構造や埋葬方式が、周辺地域の墳墓に大きな影響を与えることはなかったようである。

三一三年以降の紀年銘が刻まれた塼の存在によって、楽浪郡・帯方郡が滅亡した四世紀になっても、大同江流域では塼室墓の築造が続いていることがわかる。ただ、その分布の中心は旧楽浪郡治周辺ではなく、帯方郡域であったと思われる黄海道に移動している。同時期の平壌周辺では、南井里《なんせいり》《ナムヂョンニ》一一九号墓のような平面長方形の玄室をもつ横穴式石室墓や、佟利墓のように塼と石材を混用した単室墓が確認されている。さらに、平安北道《へいあんほくどう》《ピョンアンプクド》順川《じゅんせん》《スンチョン》・遼東城塚や黄海南道《こうかいなんどう》《ファンヘナムド》安岳《あんがく》《アナク》・安岳三号墓のように、遼東地域で発達した、回廊をもつ独特な構造の横穴式石室も築造された。なかでも安岳三号墓の場合は、

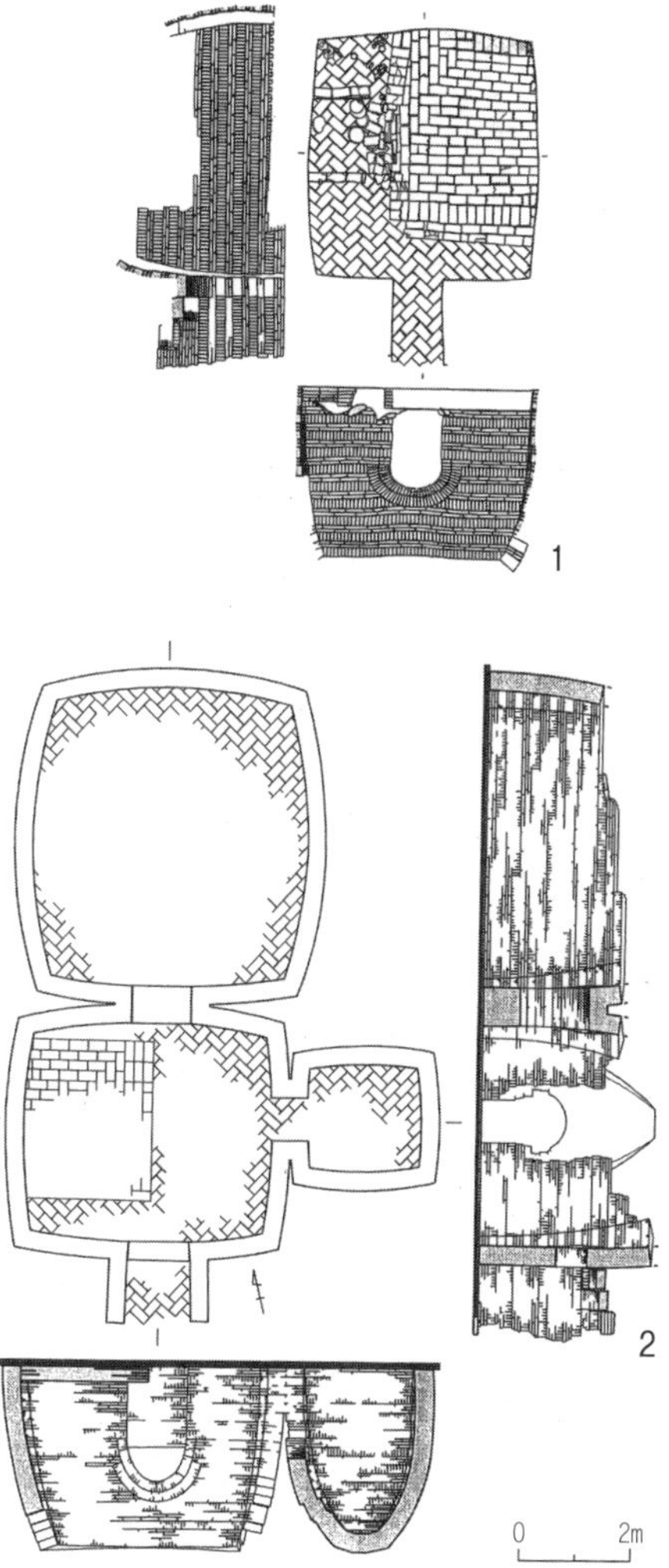

図45●楽浪塼室墓
1 貞柏里 24 号墓、2 貞柏里 1 号墓

壁面に残された銘文により、遼東から高句麗に亡命した冬寿が被葬者であると推定されている。このような状況からみると、四世紀代の大同江流域における埋葬施設の多様性は、被葬者集団の出自の違いに求めることができそうである。

高句麗の王都が位置する鴨緑江流域では、四世紀代の王墓級大型積石塚の埋葬施設として横穴式石室が採用される。太王陵や将軍塚の場合、石室は積石塚の上半部分に位置していることから、墳丘先行型墳墓であることがわかる（注109）。玄室の平面は正方形に近く、羨道は前壁中央にとりつく。天井部は、直方体に加工された石材を平行持ち送りして、その上に天井石を置く。玄室内には、主軸に平行して二基の棺台が置かれている。高句麗の壁画古墳には、夫婦と思われる二人が描かれている場合が多いことから考えて、夫婦合葬であったと推測される。

この他、四世紀中頃以降の集安周辺では、玄室平面が正方形で穹窿《きゅうりゅう》状《じょう》天井（四方の天井部を内側に傾斜するようにして、ドーム状に積み上げる天井）をもち、羨道が中央につく横穴式石室が出現する。その中には、羨道に耳室がつくものや、前室がとりつくものもある。また、墓主と思われる人物を中心として、供宴・狩猟・行進など当時の日常生活に関わる図像や、鬼神・四神・仙人・星宿など神仙思想に関わる図像からなる壁画が壁面に描かれる、壁画古墳も出現した。

以上のように、前漢代に室墓が成立してから楽浪郡に横穴系墓室が出現するまでには、かなりの時間差が存在する。また、二世紀後葉以降に塼室墓が楽浪郡の主たる埋葬施設となってからも、その構造は周辺地域の墳墓にはほとんど影響を与えていない。四世紀になると、鴨緑江流域と大同江流域で横穴式石室の築造が本格的にはじまるが、その構造と系統は多様であり、高句麗としての明確なまとまりを見いだしがたい。

四・五世紀における漢江流域以南の横穴系埋葬施設

漢江流域以南における横穴系埋葬施設の受容は、大同江流域や鴨緑江流域よりさらに遅れる。その中で、最初に横穴系埋葬施設を受容し、他地域に大きな影響を与えたと考えられてきたのが、漢江流域である。

漢江流域における横穴式石室としては、石村洞墳墓群に隣接する低丘陵上に立地する、可楽洞・芳荑洞墳墓群の例が古くから知られてきた。ソウルの市街地拡大に伴う発掘調査により、この地域の横穴式石室の構造的特徴が、ある程度まで明らかになった。それによると、両墳墓群の横穴式石室には、玄室平面が正方形に近いものと長方形のものがあり、前者には穹窿状天井が、後者には平天井（四壁の傾斜度は大きくなく、平らな板石をかけわたした天井）が組み合わさると考えられる。また羨道は、玄室の前壁中央につくものと、外側からみて右側もしくは左側に片寄ってつくものがある。さらに第4章で触れたように、積石塚である石村洞四号墓の墳頂部で確認された遺構を、横穴式石室と推定する説がある。

こうした横穴式石室は、九州や近畿地方の初期横穴式石室の起源を考える上で重要な資料として、日本の考古学者によって注目されてきた。ところが、数少ない出土遺物である土器が、百済土器ではなく六世紀代の新羅土器であることを主な根拠として、これらの石室を、漢江流域が新羅の領域となった五五二年以降に築造された新羅系石室と理解する説が、韓国の研究者の間では有力視されてきた。横穴式石室は追葬が可能であるため、出土土器だけで、これらの石室が百済系であることをすぐに否定できるわけではない。しかし、少なくとも「漢城に位置する墳墓であるから、漢城に王都がおかれた頃の横穴式石室である」といった単純な理解ができないのも事実である。

一方、調査の進展にともない、漢江流域から錦江流域にかけての地域で、出土遺物などからみて、漢城に王都が置かれた時期に築造された可能性が高いと判断できる横穴式石室の類例が増加しつつある（図46、注110）。その広がりをみると、漢江上流域（原州・法泉里遺跡）、京畿道南部（河南・広岩洞遺跡、華城・馬霞里遺跡、天安・龍院里遺跡C地区）、清州周辺（清原・主城里遺跡、清州・新鳳洞遺跡）、錦江流域（清原・芙江里遺跡、燕岐・松院里遺跡、公州・水村里遺跡、同・汾江・楮石里遺跡）などで、第5章でみた百済中央勢力に関わる文物の広がりとほぼかさなっている。研究者によっては、錦江河口に位置し、金銅製冠・飾履や中国製青磁四耳壺が出土した全羅北道益山・笠店里一号墓も、漢城期の例に加える。

これらの石室には、玄室平面形が正方形に近い例と、幅：長が一：一・五〜二前後の長方形の例が

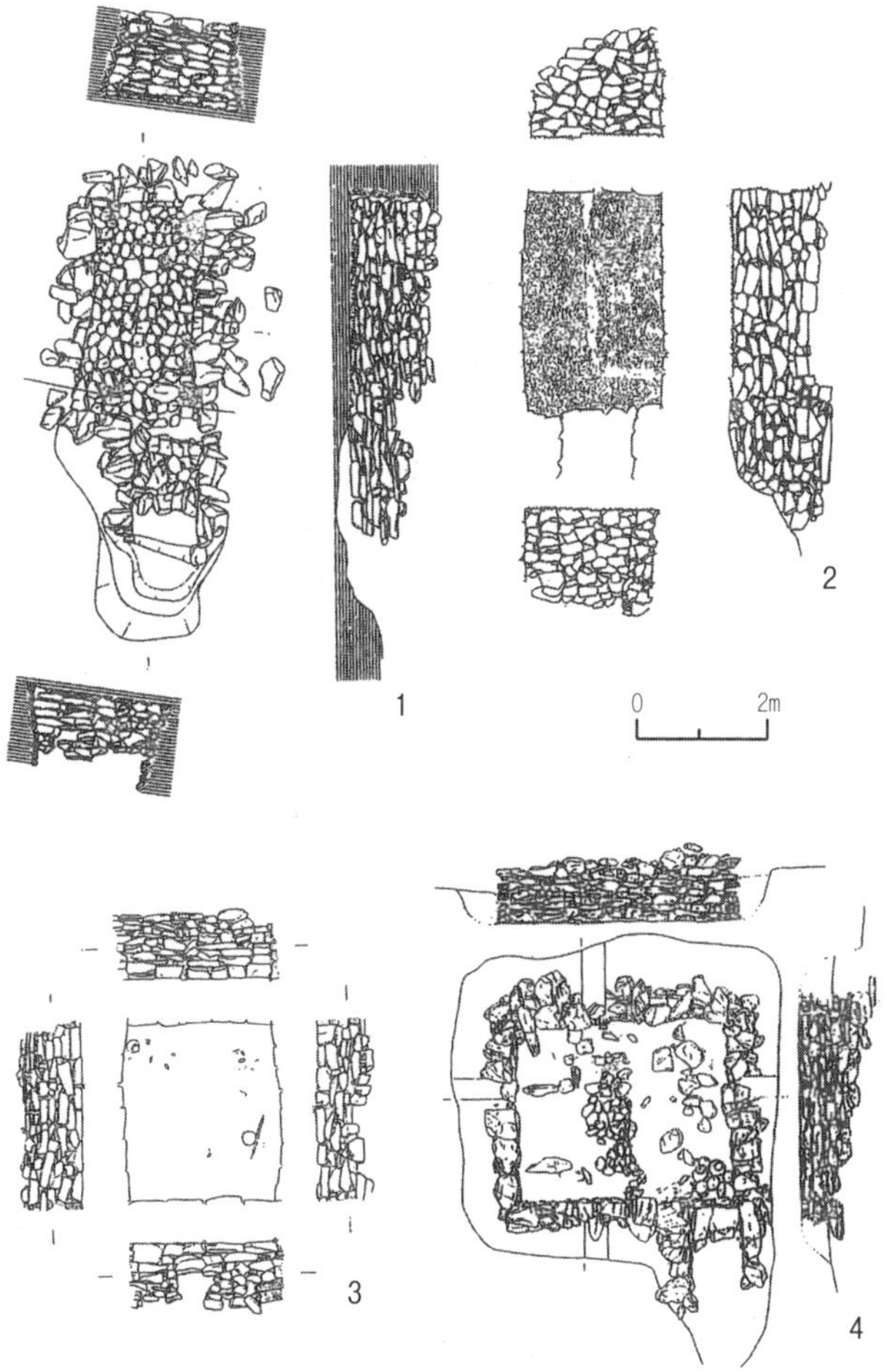

図46● 漢江流域・錦江流域の百済系横穴式石室
1 法泉里1号墓、2 水村里4号墓、3 汾江・楮石里13号墓、4 馬霞里石室

ある。玄室に対して羨道がとりつく位置には、入口側からみて右側につく例、左側につく例、中央につく例がある。さらに龍院里C地区石室墓のように、玄室平面が幅：長＝一：三前後の細長方形で、短壁中央に羨道がつく例もある。今後、さらに検討を進めていく必要があるが、少なくとも現状としては、これらの石室の間に明確な系統や地域的なまとまりを見いだすことは難しい。

これらの石室の立地をみると、低丘陵の稜線上に位置し、玄室が半分前後、もしくは完全に地表下にあるため、玄室床面と地表面の間の高低差を埋めるために、墓道が傾斜したり、玄室と羨道・墓道の間に段差がある例が多い。地面より上方にある玄室上半部を覆う程度の墳丘は存在したと考えられるが、その明確な範囲が確認された例はほとんどない。

副葬品は、熊津に王都が移動して以降の横穴式石室墓にくらべて量・内容とも豊富である傾向がみられる。なかでも目を引くのは、中国製陶磁器、金銅製冠帽・飾履、馬具、環頭大刀など、百済の中央勢力との関係が推定される遺物である。土器も夢村類型のものが目につくが、その影響を受けた在地の土器や、他地域の土器が出土する場合も少なくない。

これらの横穴式石室には、木棺の組み立てに用いられたと思われる鎹や釘が出土する場合が多い。出土状況や付着した木質からみて、釘は、木棺の側板と小口板の固定をおこなうために使われ、鎹は、幅の狭い板材を連結して側板や小口板をつくるために用いられたと考えられる。ところが、こうした釘や鎹は、新鳳洞遺跡、主城里遺跡、水村里遺跡、龍院里遺跡のように、隣接して築造された大型土壙木槨墓や竪穴式石槨墓でも出土する。また、水村里三・四・五号墓の場合、追葬が可能な構造であるにもかかわらず、一人の被葬者だけを埋葬している。こうした例では、埋葬施設としての横穴式石室は受容したものの、埋葬方式自体は、それ以前の土壙墓や竪穴式石槨墓の方式を踏襲したのだと考えられる。ただ水村里四・五号墓の場合、報告者の推定する（注111）ように、被葬者達が夫婦のような親縁関係にあったとすれば、これらを異穴合葬墓とみなすことができる可能性がある。一方、馬霞里石室墓や主城里一号石室墓のように、四〜五次にわたる追葬がおこなわれたことが報告されている例もある。

こうしてみると、石室の構造だけではなく、埋葬方式においても被葬者集団ごとの違いが少なくなかったことがわかる。そして、異穴合葬の可能性がある水村里四・五号墓の例を除けば、中国の室墓でみられたような夫婦合葬を基本とする埋葬方式は採用されていない。この地域の場合、漢城に王都が存在した時代において、王墓が横穴系埋葬施設を受容したのかどうか、そしてその受容時期がいつであったかが不明であることが、周辺地域の横穴式石室の評価をする上で大きな障害となっている。しかし、その実体がどうであれ、この時期の横穴式石室の構造や埋葬方式については、百済の中央勢力が画一的な影響を与えることができなかったと考えられよう。

一方、五世紀において、埋葬施設や土器の地域性が顕在化する洛東江流域においては、平面細長方形の竪穴式石槨の短壁の片方に簡単な出入口を設けた埋葬施設が確認される地域がある。植民地時代の調査においては、慶尚北道大邱・星州、慶尚南道昌寧・咸安・梁山で調査された石室が、横口構造をもつものと報告された（注112）。しかし、横口の有無は石室内部から短壁を観察して判断したものであり、実際に墓道部分を確認したわけではなかった。そのため、竪穴式石槨を誤認した可能性が高い例もあるが、その後の発掘調査により、横口や墓道の存在が確認された例も増えている。

ここでは、具体的な構造が明らかになった一例として、慶尚南道昌寧・校洞墳墓群（口絵3上）の場合を紹介したい。昌寧は、洛東江の東岸に立地し、五六一年に真興王による巡狩碑（昌寧碑）が立てられたことでもわかるように、洛東江以西地域へ新羅が進出する際の足がかりとした地域である。一九一八年に濱田耕作と梅原末治が、この地域最大の墳墓群である校洞墳墓群のうち、二基の墳墓に対する本格的な発掘調査を試みた後、同年から一九一九年にかけて、谷井済一により一〇基以上の墳墓が発掘され、おびただしい量の副葬品が出土した。しかし、谷井の発掘成果は報告書にまとめられることがなかった。また、この発掘を契機として、多くの墳墓が盗掘の被害を受けることになった。

一九九二年に、校洞墳墓群のうち最も東側にあたる地区で、大型墳丘をもつ墳墓二基と、その周辺にある三基の墳墓が調査される中で、横口石室の具体的な構造が明らかになった（図47、注113）。径二二・五メートルの円形墳丘をもつ一号墓の場合、地山を掘りこんで埋葬施設がつくられ、その上に、放射状の区画ごとに異なる土を交互に積み重ねて墳丘がつくられた。石室の主軸は北西—南東方向で、長さ七・一メートル、幅一・二メートル、高さ一・四メートルをはかり、八枚の板石で天井部を形づ

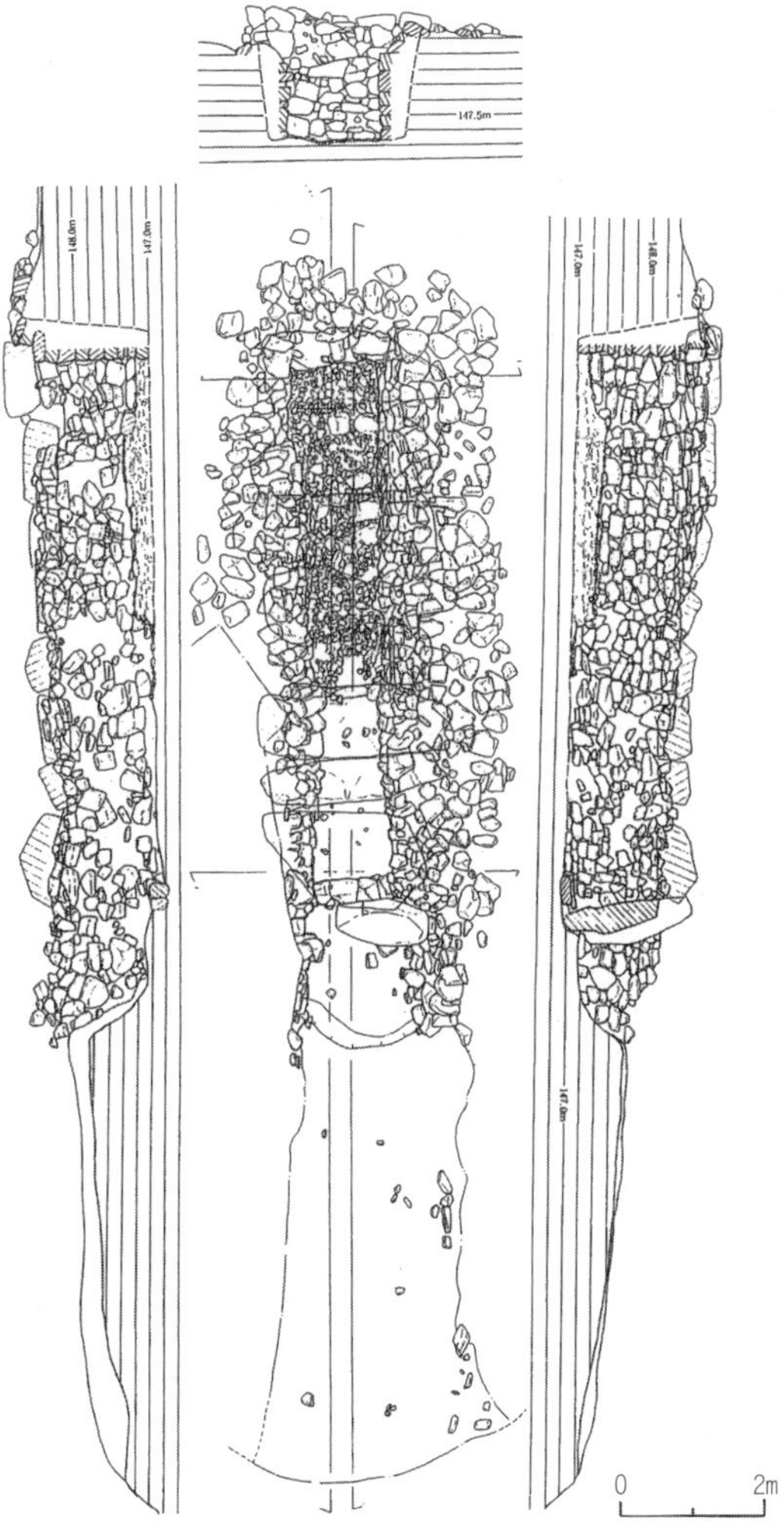

図47●校洞一号墓石室

くっていた。南東壁側に片寄って、長さ二・八メートル、高さ〇・二メートルの範囲に、被葬者を安置するためと思われる石敷がある。鎹が出土していることから、この場所には木棺のような構造物が存在した可能性がある。石敷の両側には土器を中心とした副葬品の安置空間があり、北西壁側の遺物が少ない空間には、三人の殉葬者が安置されていた可能性が指摘されている。北西短壁側の横口部は、板石と塊石を用いて閉塞している。石室の両側壁の一部は、閉塞部より外側まで伸びており、そこから外側は床面が一段高くなって、墳丘の外側までのびる墓道につながっている。隣接する三号墓の場合は、長さ七・二メートル、幅一・三メートル、高さ二・二メートルの石室の北側短壁側床面と、長さ六・一メートル、幅一・三メートルをはかる墓道の間には段差があり、墓道全体を石で閉塞している。このように長大な石室の片方に横口がつく埋葬施設は、昌寧の松峴里《しょうけんり》《ソンヒョンニ》墳墓群や、尚州城洞里《じょうどうり》《ソンドンニ》墳墓群、安東・造塔洞《ぞうとうどう》《チョタプドン》墳墓群などでも確認されている。

以上のように、四世紀から五世紀にかけて、漢江流域から錦江以北にいたる地域、および洛東江以東地域の一部に、横穴系埋葬施設が築造されるようになった。この時期の横穴系埋葬施設の形態・構造は多様である。特に、洛東江以東地域の墳墓の場合は、石室構造自体が伝わったというよりも、在地の竪穴系石槨の伝統に、横口構造をつけて出入りを容易にするアイデアが結合したようである。また木棺の構造や被葬者数にも、やはり在地の墓制の伝統が色濃く反映していると思われる例が多いことを指摘できる。

墳丘や埋葬施設の規模、あるいは副葬品の量および内容を通して、横穴系埋葬施設を受容した墳墓は、各墳墓群の中においては中心的な位置を占めていたことがわかる。しかし、状況証拠からみる限り、四・五世紀代の墳墓において、横穴系埋葬施設は、各地域にみられる多様な埋葬施設の一つに過ぎず、複数の地域に共通する埋葬施設とはなりえていなかったと考えられる。

2 錦江流域における横穴系埋葬施設の展開

熊津期における横穴系埋葬施設

四七五年に漢城が陥落した後、南北に長い小盆地である熊津に百済の王都が移された。王城と推定される公山城《こうざんじょう》《コンサンソン》は、盆地の東側に位置する丘陵北端に位置する包谷式山城である。当時の王宮は、城内に存在していたと推定する説が有力である。そして、盆地の西北側丘陵上に位置する宋山里墳墓群に、当時の王墓を含む中心勢力の墳墓が築造された。これらの墳墓の大部分に採用されたのが、宋山里型石室と呼ばれる、特徴的な構造をもつ横穴式石室である。この石室は、玄室の平面形が正方形に近く、穹窿状天井をもち、外側からみて向かって右側に羨道がとりつく。遺物の出土状況からみて、玄室内には、木棺に安置された二人の被葬者が、石室の主軸に並行するように埋葬されたと考えられる（注114）。また出土遺物の中には、木棺に用いられたと思われる大量の釘と鎹がある。その具体的な構造は不明であるが、先述したように熊津遷都以前までさかのぼる可能性の高い横穴式石室や竪穴式石槨などからも同様な釘・鎹が出土していることからみて、従来の墓制に用いられていた木棺が採用された可能性がある。ただ、木棺を持ちはこぶための道具である鐶座金具が共伴する例もあるため、この段階から次第に木棺の構造が変化しはじめたようである（注115）。

熊津に王都がおかれた時期（熊津期）において、宋山里型石室を採用した墳墓は、現在の公州周辺に集中する（図48）。公州周辺での調査例をみると、石室の規模は、宋山里墳墓群のものよりひとまわり小さく、時代が下がるにつれて、玄室の平面形が正方形から長方形へと近づく傾向が指摘できる。公州以外の地域で宋山里型石室、あるいはそれに類似したと思われる石室は、全羅北道益山・笠店里一号墓、同・熊浦里《ゆうほり》《ウンポリ》二〇号墓、全羅北道群山《ぐんざん》《クンサン》・山月里《さんげつり》《サンウォルリ》一〜三・八号墓など、錦江河口地域での墳墓で確認できる。ただいずれの場合も、墳墓群の中で同様の石室を採用する墳墓は少ない。

一方、玄室平面が長方形で、羨道が右か左に片寄ってとりつく横穴式石室（表井里《ひょうせいり》《ピョジョンニ》型石室）は、公州だけではなく、忠清南道の扶餘・論山や、全羅北道益山や群山で類例が知られている。しかし、この場合も横穴式石室を埋葬施設とする墳墓は限られている。例えば、忠清南道論山・表井里墳墓群での調査例（注116）では、横穴式石室墓の周囲に、在地の埋葬施設である竪穴式石槨や、横口構造が

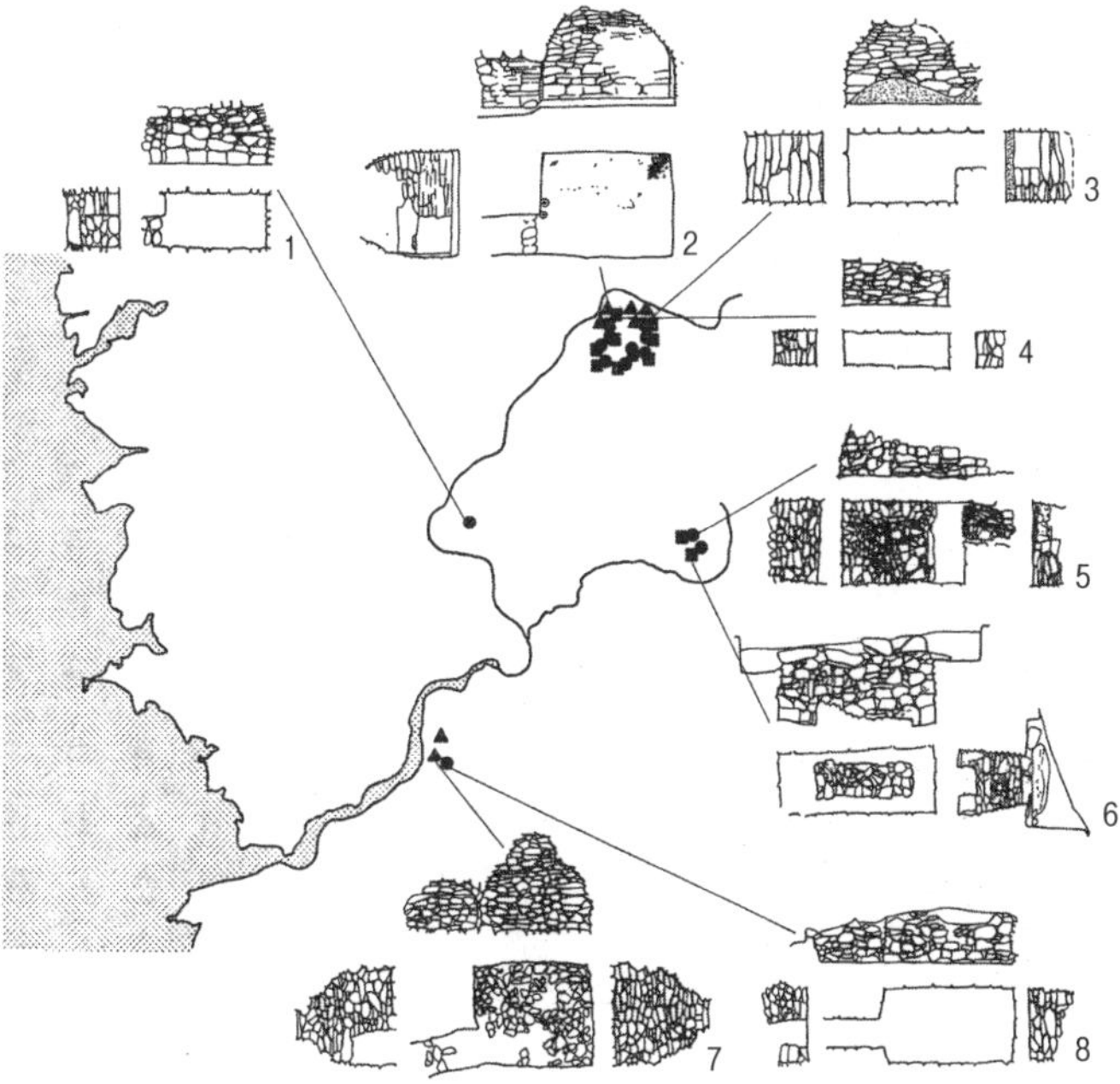

図48●熊津期における横穴系石室の分布

▲宋山里型石室　●表井里型石室　■竪穴系の石室

1　陵山里割石塚、2　宋山里1号墓、3　牛禁里1号墓、4　宋山里8号墓、5　表井里79—13号墓、6　表井里81—1号墓、7　笠店里1号墓、8　笠店里7号墓

加わった竪穴系横口式石室を埋葬施設とする墳墓が広がっている。ただ、この段階の墳墓に副葬された土器をみると、在地系の土器に代わって、三足杯、短頸直口壺、瓶などに代表される、百済中央勢力の土器が主流を占めるようになっている。また、竪穴系横口式石室の中からは釘が出土した例があり、宋山里墳墓群でみられたのと同様の木棺が採用された可能性が指摘できる。こうしてみると、熊津に百済の王都が移って以降、錦江流域の各地に展開していた在地系の墳墓を築造する伝統に、百済中央勢力の墳墓にかかわる墓制の要素が、さまざまな形で影響を与えはじめたことがうかがわれる。

百済の横穴式石室墓の伝統を大きく変化させるきっかけになったと思われるのは、宋山里六号墓（図49-1）や武寧王陵に採用された横穴式塼室である。玄室の平面が長方形で、側面に銭文や蓮華文を中心とする文様をつけた塼を用いて、トンネル状に天井を積み上げた横穴式塼室の構造は、当時の中国南朝でつくられていた横穴式塼室と同様のものである。そして、塼の製作およびその積み上げには、中国から技術者が派遣されたのではないかと推測される。

また、一九七一年に盗掘を受けていない状態で偶然発見された武寧王陵の調査成果（注117）により、中国からもたらされたものが、横穴式塼室だけではないことがわかる。羨道には、被葬者を護る石獣が置かれ、その前には、二枚の誌石が置かれていた。この誌石には、この墳墓の被葬者が百済中興の立役者といえる武寧王とその王妃であることや、二人が亡くなってから二年以上の間、別の場所に安置され、その後に墳墓内に埋葬されるまでの経緯が刻まれている。また王妃の墓誌の裏側には、墳墓を築造するためにその土地を買い上げる旨の記録（買地券）が刻まれていた。こうした葬送儀礼上の風習は、中国南朝の墳墓において多くの類例を確認することができる。また副葬品をみると、四耳直口壺、四耳盤口壺、碗などの中国製陶磁器のように、中国からもたらされた可能性の高い遺物が少なくない。被葬者である武寧王とその後継者である聖王は、みずからの王位の絶対性を誇示するために、意図的に中国南朝系の新たな墓制を取り入れたのではないだろうか。そして、中国から受容した新たな墓制は、その後の百済の墓制に大きな影響を与えることになる。

泗沘期における横穴系埋葬施設

五三八年に、聖王は熊津からその南西側に位置する泗沘に王都を移す。泗沘は、その北・西・南を錦江によって、東を羅城によって画されており、その北端に王城と考えられる扶蘇山城がある。王宮は、扶蘇山城南麓の官北里《かんぼくり／クヮンブンニ》遺跡周辺に広がっていたと思われる。官北里遺跡では、東西・南北道路が見つかっており、城内が道路によって碁盤目状に区画されていたことがうかがわれる。城内には定林寺をはじめとする寺院がつくられ、羅城のすぐ東側には後述する陵山里《りょうざんり／ヌンサンニ》廃寺、錦江を挟んで扶蘇山城の対岸には、塔の心礎から「丁酉（五七七）年」銘青銅製舎利函をはじめとする舎利具一式が見つかったことで話題になった王興寺が位置する。

泗沘城に関わる墳墓群の多くは、羅城の東側にあたる陵山里・塩倉里一帯に集中して分布している。

そのなかでも王墓を含む墳墓群と目されるのが、羅城のすぐ東側に位置する陵山里の六基の墳墓である。これらは東西方向に三基ずつ、上下（南北）方向に二列に並んでいたことから、その位置により「中下塚」・「東上塚」というように命名された。一九一四年と一九一七年の発掘調査により、各石室の基本的な構造は明らかになっている。

これらの石室の中で最も古いと思われるのが、中下塚（図49-2）である。この石室は、玄室平面が長方形でトンネル状に天井をつくり、羨道が前壁中央につくもので、宋山里墳墓群でみられた塼室（図49-1）を石材で模倣したものであると考えられる。玄室側壁の壁面は、横長の切石を積み上げており、下から四段目から石材の玄室に向いた面を内側に傾斜するように加工することによって、トンネル状の天井を構築している。玄室の入口は板石を立てかけて閉塞しているが、羨道の入口は塼状の板石を積み上げて閉塞している点も、塼室の閉塞方法と共通する。東下塚の石室は、精巧に加工された板石で断面方形の玄室をつくり、その前壁中央に羨道がとりつく。玄室の四壁には四神が、天井部には蓮華文と雲気文が描かれている。羨道の入口は、中下塚と同様、板石を積んで閉塞している。

中下塚・東下塚以外の石室は、直立した側壁面の上部に、内面が内傾するように石材を積み、その上に大きな板石をのせることにより、断面六角形になるようにつくられた陵山里型石室（図49-3）とよばれる石室を埋葬施設に採用している。平斜天井と呼ばれる独特な天井の形状は、中下塚のようなトンネル状天井の円弧を描く部分を、直線的に積み上げることにより成立したと考えられる。玄室

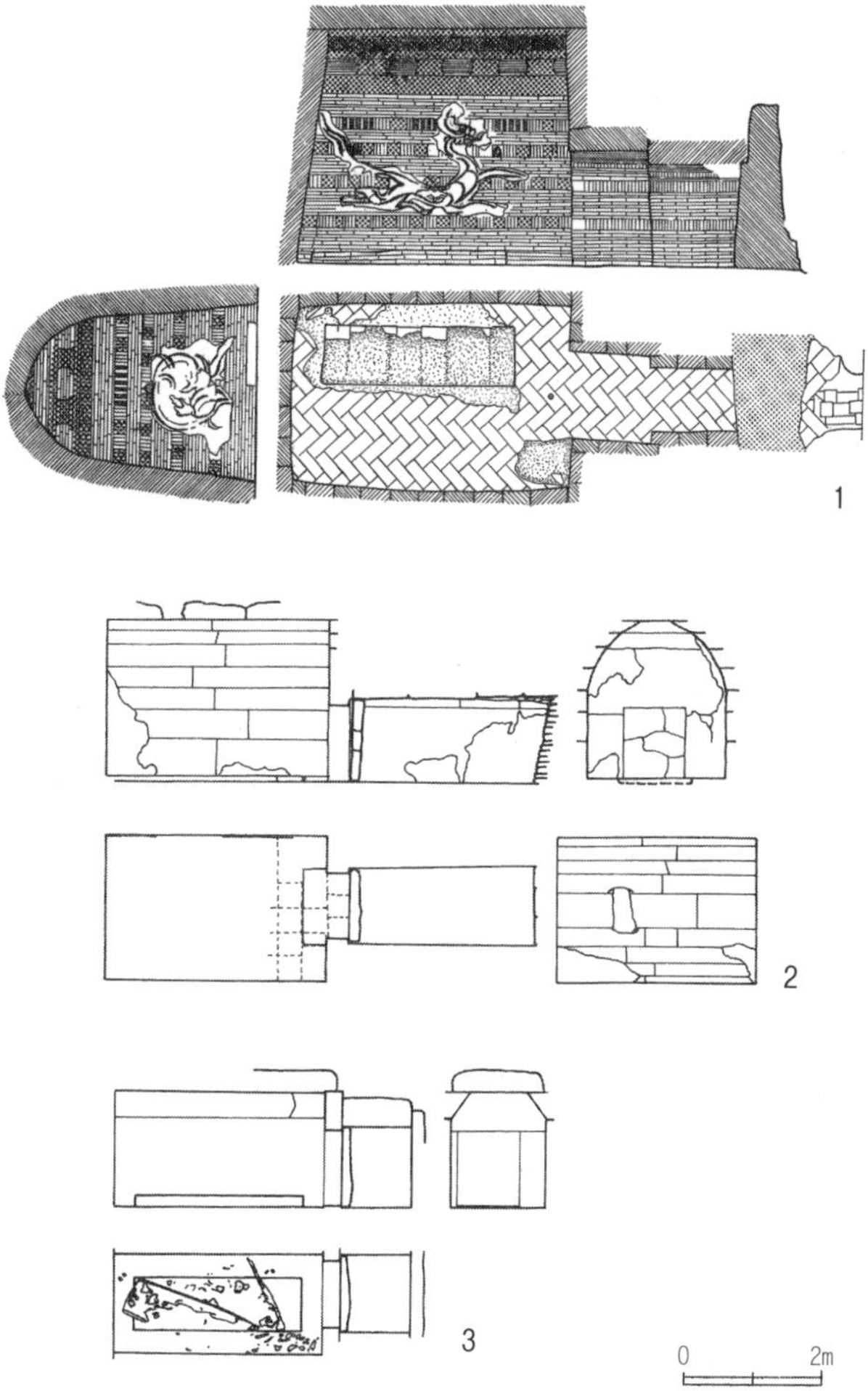

図49●陵山里型石室の成立過程

1　宋山里6号墓　　2　中下塚　　2　中上塚

の入口と羨道の入口は板石を立てて閉塞されている。羨道は、中下塚や東下塚よりも短くなる。

陵山里墳墓群の被葬者および墳墓築造の経緯を考える上で重要な遺跡が、陵山里廃寺である（注118）。羅城と陵山里墳墓群の立地する丘陵の間の谷間に立地するこの寺院は、講堂・金堂・塔が一直線上に並ぶ、百済の典型的な伽藍配置をもつ。発掘調査の結果、西側回廊に位置し、工房として用いられた建物内の土壙からは、「百済大香炉」として知られている大型香炉が見つかった。また、寺域南側の溝から多くの木簡が発見されたことでも話題を呼んだ。しかし陵山里廃寺の調査成果のうちここで注目したいのは、塔の心礎上で見つかった舎利具を納めるための石製容器（龕）である。この龕の外面に刻まれた銘文により、この塔は、昌王（威徳《いとく》《ウィドク》王）一三（五六七）年に王女により、父である聖王の菩提を弔うために建立されたことが明らかになった。聖王の王墓の位置については、公州の宋山里五号墓や同六号墓に比定する説もだされていた。しかし、石製龕の銘文の記述通り、陵山里廃寺が聖王の菩提を弔うため建立されたのであれば、聖王の墓は陵山里墳墓群にあることになる。そして、六基の墳墓の中心に位置することや、塼室墓を模倣した石室の形態からみて、中下塚が聖王の墓である蓋然性が高い。こうした推測が正しいのなら、陵山里型石室の成立は、聖王の没年である五五四年を上限とすることができる。

陵山里型石室は、埋葬方式や分布において、それまでの横穴式石室とは異なる様相を示す。丘陵斜面に断面L字形に掘りこんだ墓壙の中につくられた石室は、その大部分が地面より下につくられている。ほとんどの場合、明確な墳丘が確認できず、陵山里墳墓群のように墳丘が確認できる例では、地下に横穴式石室が完成してから、その上に墳丘がつくられたようである。こうした墳丘と埋葬施設の構築順序に注目すれば、陵山里型石室を採用した墳墓は、墳丘後行型墳墓に分類することができる。

石室規模をみると、陵山里墳墓群の例を除き、玄室の長さは三メートル以下、幅は一メートルから一・五メートルのものが多く、幅一メートル以下のものも存在する。被葬者は、幅六〇センチメートル前後の木棺に納められて石室内に安置されたと考えられるので、玄室幅が一メートル以下の石室には、被葬者は一人しか安置できない。実際に石室内の遺物の出土状況を検討しても、二人葬が確認できるのは、玄室幅一・二メートル以上のものであり、それより幅が広い場合でも、木棺が一基しか安置されていない例もある（注119）。また、木棺を玄室に安置すれば、玄室内にほとんど空間は残っていない。それに対応するように、陵山里型石室の場合、多くても装身具類と数点の土器程度しか副葬されていない。こうしたことから、陵山里型石室の出現にともない、百済の墓制は単葬および薄葬の傾向を強めていったと考えられる。

陵山里型石室は、扶餘周辺はもちろんのこと、錦江流域から全羅北道、さらに栄山江流域にまでの広い範囲で築造されている。また、玄門の構造や天井の構造に陵山里型石室の影響を受けたと思われる、板石と塊石を用いた石室も、各地でつくられるようになる。陵山里型石室のなかでも、陵山里墳墓群の王墓と思われる石室の場合は、丁寧に加工した花崗岩で構築されたいわゆる切石積でつくられている。それ以外の例では、石材と石材が組み合わさる部分の加工が粗いものが多い。さらに、板石と塊石を用いた石室の場合では、側壁部と天井部の境界がはっきりしないものが多い。このように、六世紀後半の錦江流域の横穴式石室は、基本的に陵山里型石室を指向しながらも、石材の加工・構築技術に違いが認められ、その違いを基準とした序列の存在を想定することができる。(図50)

こうした墳墓間の序列は、出土遺物にも見いだすことができる。被葬者の埋葬に用いられた木棺をみると、王墓級の墳墓の場合では、頭部に金・銀・金銅板を被せたり、花形の装飾と組み合わせた釘や、花形に切り取られ、金や銀で装飾された鐶座金具を用いて装飾された木棺が用いられている。また、残っていた棺材からみて、王墓に用いられた木棺は、他の墳墓で用いられたものくらべてひとまわり大きかったと考えられる。王墓級以外の墳墓では、こうした装飾度の高い木棺が用いられた例はほとんど知られていない。しかし、鉄製鐶座金具をみると、平面円形のものが多いのに対して、平面が花形であったり透彫をもつ例がある。釘の場合も、大部分は頭部を平らな円形もしくは方形に仕上げる例が多い中で、頭部を半球状につくったものがある。こうしたことから、王墓以外の墳墓に用いられた木棺の中にも、花形鐶座金具や半球状頭部をもつ釘を用いて装飾を意識した木棺と、そうではない木棺が存在することがわかる。

陵山里型石室に用いられた木棺は、釘で固定された棺身の側面に鐶座金具がつけられており、屍身を玄室内に運び込むために用いられた「持ちはこぶ棺」(注120)であったと考えられる。当時の被葬

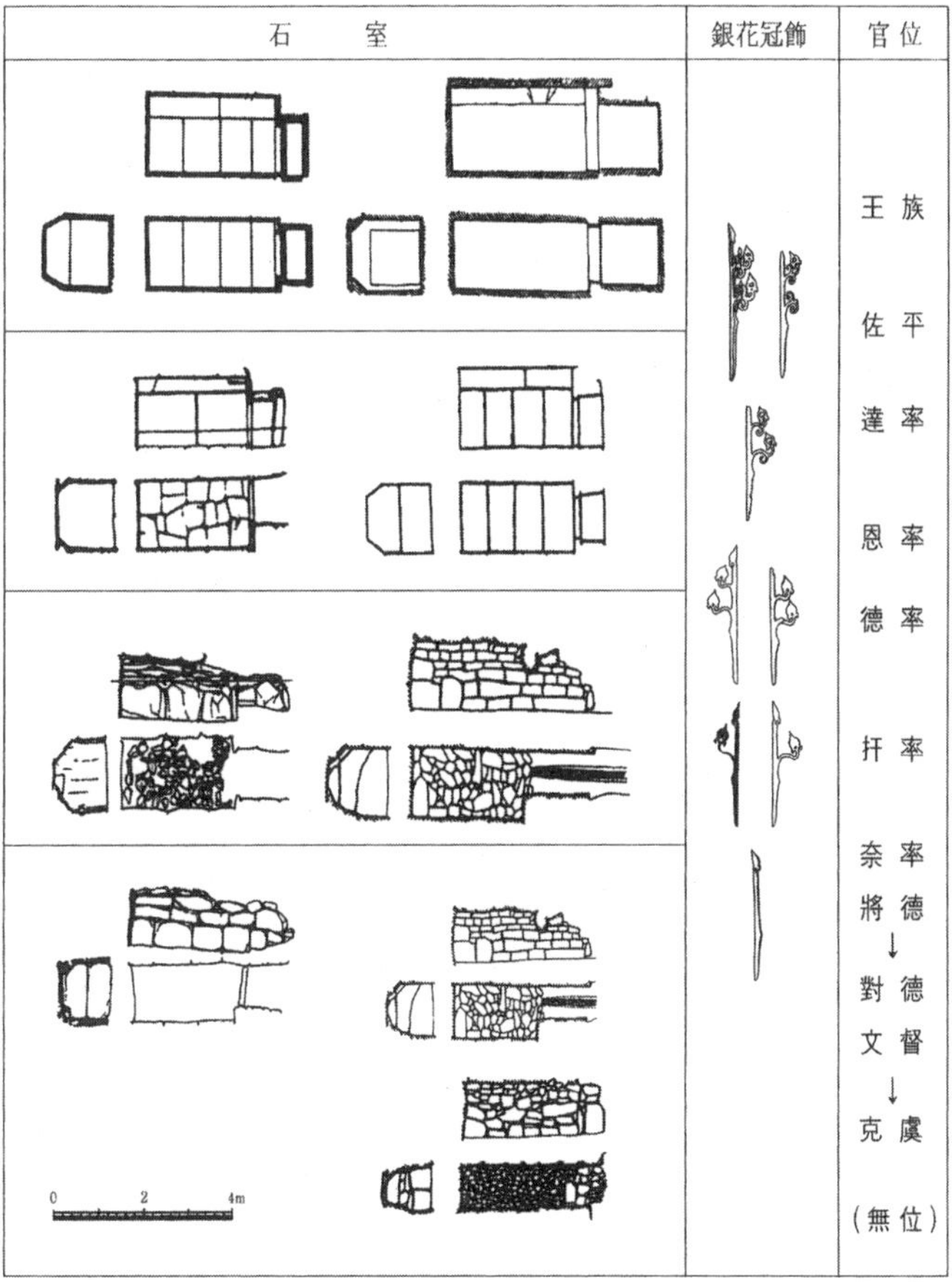

図50●石室・銀花冠飾と百済官等の対比（山本孝文案）

者が墳墓まで運ばれるときにおいて、こうした木棺は、被葬者の階層を象徴するものとして多くの参列者に目撃されたに違いない。また、武寧王陵の誌石の記述から、当時の百済では、亡くなった人をすぐに墳墓に埋葬するのではなく、一定期間他の場所で安置していたことがわかる。その間に屍身を安置する道具としても木棺が使われていたとすれば、被葬者の階層を象徴する道具としての木棺の意味はさらに大きかったと考えられよう。装飾度によって木棺が分類できる背景には、こうした木棺のもつ視覚的効果が考えられるのであり、木棺の装飾の度合いが、被葬者の階層差をよく反映していたのではないかと考えられる。

花のつぼみをかたどった銀製立飾も、被葬者の性格を考える上で重要である。この立飾は、被葬者の頭部付近で見つかる場合が多く、鉄棒を曲げてつくられた、冠帽の枠組の一部と思われる遺物とも組み合わさる例があるため、冠帽装飾であると考えられる。この装飾については、当時の百済の官位の六品である奈率以上の者の冠は「銀花」で装飾された、という『北史』、『隋書』、『三国史記』などの記事との関連が考えられてきた。この時期の墳墓から時々出土する銙帯金具も、当時の服飾制度との関係が想定できよう。

以上述べたような、石室・木棺・装身具にみられる階層差は、互いに相関関係をもつと考えられる。山本孝文は、こうした遺物の組み合わせによる階層性の模式図を作成し、こうした階層差が百済の官等と対比できる可能性を示した（図50、注121）。こうした仮説の可否は今後実例を通じて実証されていくべきであろうが、陵山里型石室に代表される当時の墳墓が、持ちはこぶ木棺の使用、単葬化、薄葬化といった共通する埋葬方式を志向し、なおかつ石室の構造、木棺の装飾、装身具などの要素が、被葬者の階層をよく反映していたことは認められるであろう。それに対して、以前の時期でみられた各地域ごとの墳墓築造の伝統や地域性が、ほとんどみられなくなる。六世紀後半の百済においては、官位制や、五ヶ所の拠点を中心として地方支配をおこなう五方制が確立されたという。陵山里型石室に代表される墳墓の様相は、百済の地方支配の様相が大きく変化したという、当時の歴史的状況を反映していると考えられよう（注122）。

3 栄山江流域における横穴系埋葬施設の展開

六世紀前半の栄山江流域の墳墓を考える上で最大の問題は、前方後円形の墳丘をもつ墳墓（以下、便宜上、「前方後円形墳」と呼ぶ）の築造である。一九三八年に潘南面墳墓群を調査した有光教一は、新村里六号墓や徳山里二号墓の墳丘が、日本列島の前方後円墳の墳丘に類似していることを指摘した（注123）が、ほとんど支持を得られなかった。一九八〇年代に入り、姜仁求《カンイング》は朝鮮半島に前方後円墳が存在することを主張し、全羅南道では海南《かいなん》《ヘナン》・長鼓峰《ちょうこほう》《チャンゴボン》古墳と龍頭里《りゅうとうり》《ヨンドゥリ》古墳を測量してその図面を公開した（注124）が、当時、韓国・日本の研究者の大多数は、前方後円形墳の存在について否定的であった。

ところが、一九九〇年代に咸平・新徳《しんとく》《シンドク》古墳、光州・明花洞《めいかどう》《ミョンファドン》古墳、同・月桂洞《げっけいどう》《ウォルゲドン》一・二号墓、霊岩・チャラボン古墳、海南・長鼓峰古墳などの発掘調査がおこなわれた。その結果、これらの墳墓の墳丘が前方後円形であり、周濠がめぐらされていることが明らかになった。墳丘には、埴輪に類似した円筒形土製品（月桂洞、明花洞）や木製品（月桂洞）が立てめぐらさた例や、墳丘斜面の途中に平坦面がつくられ、斜面に石を葺く例（新徳）が知られている。埋葬施設には、後述するように、九州北部の各地に起源を求めうる横穴式石室が用いられている場合が多い。また新徳古墳や長鼓峰古墳にみられる玄室の壁面を赤色顔料で彩色する風習も、北部九州との関係が指摘されてきた。さらに副葬品の中には、新徳古墳から出土した広帯二山形冠の破片とおもわれる金銅板片や、半球形装飾金具が柄の装飾として用いられる大刀などのように、日本特有のものと考えられてきた遺物が発見された。出土遺物からみて、これらの墳墓が築造された時期は、六世紀前半に限定されることも明らかにされている。

以上の調査成果から、前方後円形墳が、同時期の日本列島でつくられた前方後円墳とそれに関わる文化との関係の中で築造されたという点については、多くの日本と韓国の研究者の間でも基本的に認められている。ただ、こうした墳墓が出現した歴史的背景と被葬者問題については、意見が大きく分かれている。被葬者に関してこれまで提出されてきた説は、「倭人説」、「在地首長説」、「倭系百済官僚説」の三説にまとめることができよう。これらのどの説に立つかにより、六世紀前半の栄山江流域の歴史的評価も大きく違ってくる。「倭人説」であれば、この地域に生活した倭人は、前方後円形墳を築造することができるような勢力をもっていたと考えることになる。「在地首長説」ならば、栄山江流域の地域首長は、この段階においても百済をはじめとする周辺勢力から独立した存在であり、かつ日本列島の諸集団（北部九州勢力か、近畿地方の勢力かによってさらに評価が変わるだろうが）からさまざまな文化を受容することができるような関係にあったことが想定される。被葬者が、栄山江流域の支配のために百済から派遣された倭系百済人であるとする「倭系百済官僚説」に立てば、前方後円形墳自体はその被葬者の出自を示しており、前方後円形墳の広がりは、栄山江流域に対する百済支配の拡大過程を示していると解釈することになろう。

　こうした諸説には、それぞれ有利な点と不利な点があり、論争は今後も続けられるであろう。しかし、ここでは被葬者問題自体ではなく、前方後円形墳が築造されるような状況において、栄山江流域における従来の墓制や葬送観念がどのように変化したのか、あるいはしなかったのかを明らかにするために、いくつかの問題点を検討しておきたい。

　まず第一の問題は、北部九州系と考えられる横穴系埋葬施設の受容様相である（図51）。前方後円形墳の発掘成果により、それ以前から知られていた長城《ちょうじょう》《チャンソン》・鈴泉里《れいせんり》《ヨンチョンニ》古墳や、海南・月松里《げっしょうり》《ウォルソンニ》造山古墳などの円墳に採用された横穴式石室も、北部九州系であると考えられるようになった。さらに注目

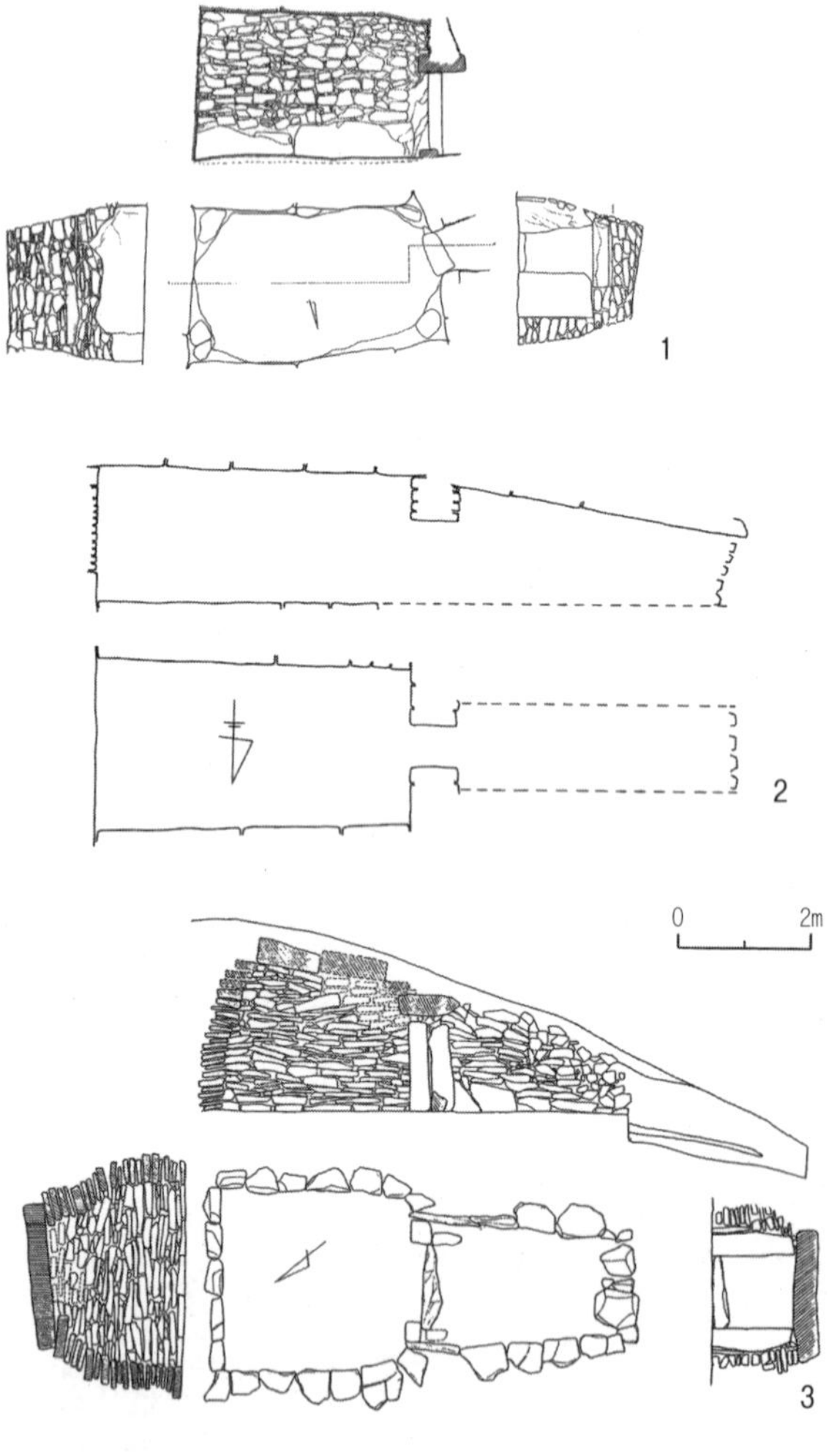

図51●栄山江流域の横穴式石室
1　月松里造山、2　長鼓峰、3　鈴泉里

すべきなのが、専用甕棺墓である新村里九号墓と同様の大型方台形墳丘（南北約四二メートル、東西約三八メートル、高さ約六メートル）をもつ羅州・伏岩里三号墓（図52、注125）の南側中央に築造された、一九九六年調査石室である。この石室は、玄室が奥壁側が広く羨道側が狭い「羽子板形」とよばれる平面形をなし、側壁および奥壁の基部に「腰石」と呼ばれる大型の板石を用いること、玄門の両側に門柱石を立てることなど、北部九州系横穴式石室の特徴を備えている。また、須恵器のような日本列島との関係を示す遺物が出土している。ところが、この石室の玄室内には、四基の甕棺が安置されていたのである。甕棺を用いること自体もそうであるが、一定の空間内に複数の棺を安置するという発想は、新村里九号墓にみられるように、墳丘内に複数の甕棺を埋納する墓制と共通すると考えられる。また、伏岩里墳墓群は、平面梯形の低墳丘に専用甕棺を複数埋納する墳墓の築造からはじまり、それらの墳墓上につくられた三号墓の方台形墳丘内からも、専用甕棺が出土している。こうしたことから、少なくとも伏岩里三号墓一九九六年調査石室の場合、その被葬者は在地首長層であると推定するのが妥当であろう。

また石室の構造をみると、新徳古墳や月松里造山古墳など、工人がやってきて築造したのではないかと思われるほど、北部九州の石室と類似した構造をもつものがある。しかし、長鼓峰古墳のように、玄門の構造や玄室壁を赤色顔料で塗ることなどに北部九州系横穴式石室の特徴が見いだされる一方で、玄室が平面が細長方形であることなど、全体的には独特な石室構造をもつ例がある。この石室の場合、

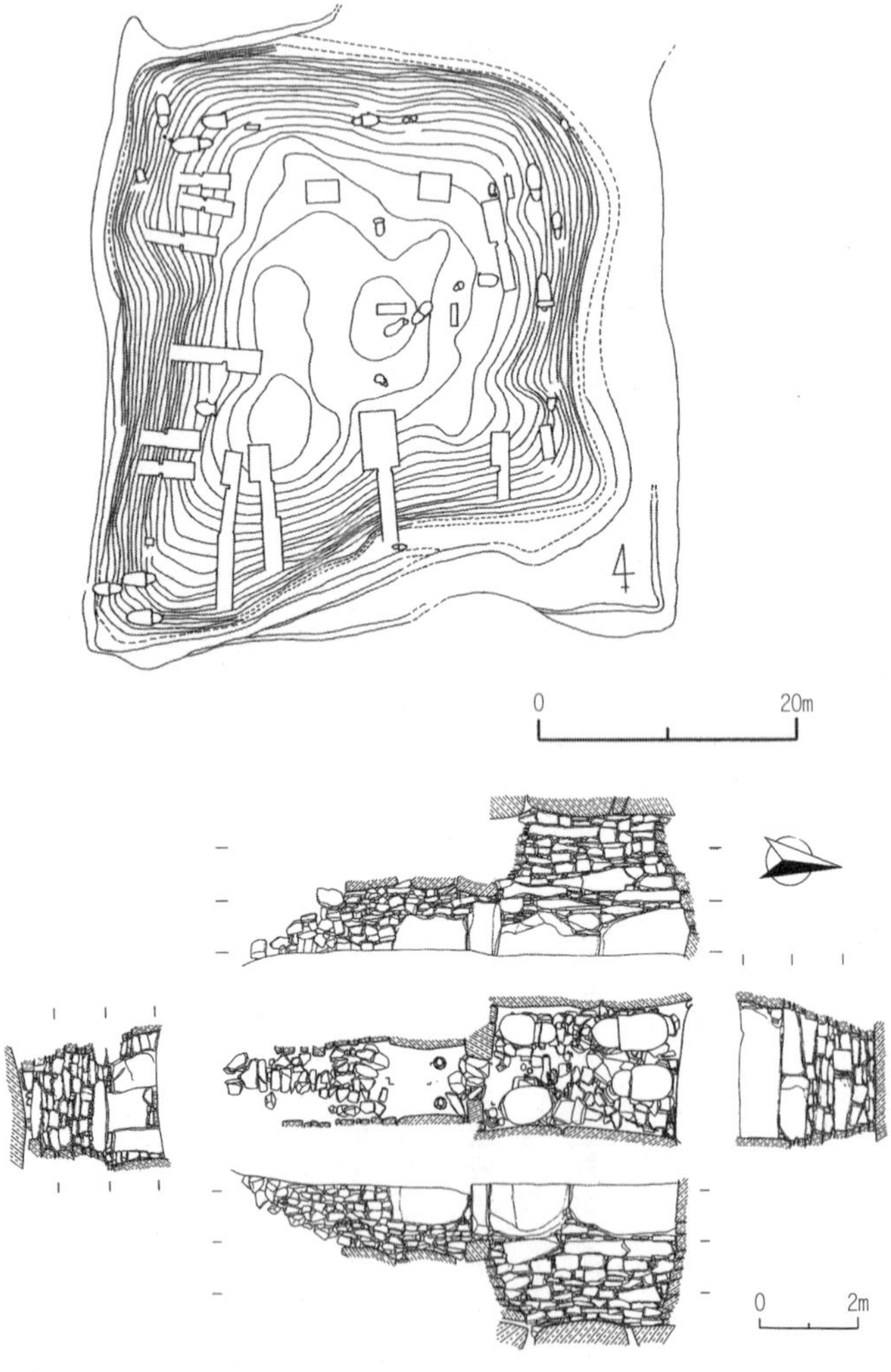

図52●伏岩里三号墓（上：墳丘と埋葬施設の配置　下：1986 年石室）

慶尚南道固城《こじょう》《コソン》・松鶴洞《しょうかくどう》《ソンハクドン》一号墓B—一号石室など周辺地域の石室に影響を与えた可能性が指摘されているのも興味深い。一方、同時期の栄山江流域には、羅州・松堤里《しょうていり》《ソンチェリ》古墳や霊光《れいこう》《ヨングワン》・鶴丁里《かくていり》《ハクチョンニ》墳墓群のように、百済との関係が考えられる横穴式石室も存在する。こうしてみると、六世紀前半における横穴系埋葬施設の出現を考える上で、北部九州の諸集団との関係を無視することはできないが、石室築造に至る経緯は複雑であり、全ての被葬者を「倭人」と断定することは難しいと筆者は考える。

次に、埴輪に類似した円筒形土製品の問題である。これまで調査された例のうち、月桂洞一・二号墓や、明花洞古墳で見つかった円筒形土製品は、日本でいう普通円筒埴輪だけではなく、朝顔形埴輪と類似したものがあり、これらの形態は日本の埴輪からの影響を考えざるをえない。ただ、これまでの検討によって明らかになったように、いわゆる鳥足文タタキを用いて製作された円筒形土製品は、在地の土器工人によって製作された可能性が高い。また、前方後円形墳以外の墳墓でも、円筒形土製品を墳丘上にめぐらした例が知られるようになった。それらの形態をみると、新村里九号墓で発見された例をはじめとする、円筒形の器台部の上に在地の短頸壺をのせたような形のものや、壺形のものなど、日本列島ではみられないものが多い。そしてこれらの中には、前方後円形墳出現よりもさかのぼると思われる例が存在する。

第5章でも言及したように、栄山江流域の土器は、三世紀以降、日本列島各地で出土している。また、蓋杯・䡔などの日本の須恵器における代表的な器種の一部は、この地域の土器と共通する。こうしたことからみて、栄山江流域の地域集団と日本列島の諸集団との間には、長期間にわたる交渉関係があったと考えられる。また、この地域の墳墓が、原三国時代以来、墳丘先行型墳墓であることは先述したとおりである。こうした墳墓築造の伝統からみれば、墳丘上に埴輪を立てならべるような風習や、特定の墳丘形態に何らかの意味を見いだす思想は、朝鮮半島の他地域にくらべて受容しやすかったのではないかと筆者は考える。前方後円形墳にだけ注目するのではなく、日本列島の文物や墓制の一部を受容する中で、栄山江流域の諸集団が自身の墓制をどのように変容させていったかということに注目し、その過程をより具体的に復元することが必要であろう。

以上のように、六世紀前半における栄山江流域の墳墓には、在地的な要素、百済的な要素と、日本列島に起源をもつ要素が混在している。そして、それらの受容状況の違いによって、さまざまな構造の埋葬施設と副葬品をもつ墳墓が築造されたのだと考えられる。こうした状況が出現した歴史的背景の一つとしては、やはり熊津遷都以後に、百済中央勢力が栄山江流域および洛東江以西地域の加耶諸国に影響力を強めようとしたことがあげられるであろう。

百済中央勢力がこの地域にどのような影響を及ぼしたのかを知る手がかりは、墳墓の中に見いだされる百済的な要素、特に冠や飾履をはじめとする装身具類である。専用甕棺を埋葬施設とする新村里九号墓乙棺からは、金銅製冠、冠帽、飾履をはじめとして、銅釧、単鳳環頭大刀などが出土した。また、伏岩里三号墓一九八六年石室からは、金銅製飾履が出土した。こうした装身具は、四世紀から五世紀にかけて、漢江上流域や錦江流域の各地域集団の墳墓に副葬された装身具と同じように、百済中央勢力が栄山江流域の地域首長に配布したものであると考えられる。墳墓にこうした文物が副葬される時期が、栄山江流域の方が数十年遅れていることが、百済中央勢力の領域拡大過程を反映していると評価することができよう。

また、新徳古墳から出土した釘や鐶座金具にも注目したい。新徳古墳は、玄室の主軸に並行して棺台がつくられており、武寧王陵をはじめとする百済中央勢力の横穴式石室に用いられたのと同様、釘で緊結して鐶座金具をもつ「持ちはこぶ棺」が用いられたことがわかる。なかでも、新徳古墳からは、木棺の装飾用に用いられたと思われる頭部を銀で装飾した釘が出土している。同様の装飾釘は、月桂洞一号墓や錦江河口に立地する益山・笠店里一号墓などからも出土している。公州や扶餘の周辺では、金・銀・金銅で装飾された釘や飾金具などを用いた木棺は、宋山里墳墓群や陵山里墳墓群の王墓あるいはそれに準ずる墳墓に使用が限られている。金は使用されていないが、銀を用いた装飾が加わったこれらの木棺も、百済中央勢力から各地域の首長に与えられたものである可能性が考えられよう。

六世紀後半になると、前方後円形墳や北部九州系横穴式石室、専用甕棺は姿を消し、陵山里型石室やその影響を受けたと思われる石室が各地に出現することになる。典型的な陵山里型石室としては、前方後円形墳である新徳古墳の前方部前面に位置する咸平・新徳二号墳、西海岸に広がる島の一つである長山島に位置する道昌里《どうしょうり》《トチャンリ》古墳（口絵4）が知られている。また伏岩里三号墓は、一九八六年石室築造の後、墳丘内に多くの横穴式石室が築造され続けるが、板石を用いて側壁をつくり、玄門の構造や天井の構造において、陵山里型石室の影響を受けたと思われる石室へと変化していく。また、前節で言及した銀製立飾などの冠帽と関連する遺物が、伏岩里三号墓内の複数の石室や羅州・興徳里《こうとくり》《フンドンニ》古墳からも出土している。

一方、この段階においても、栄山江流域の墳墓には、部分的に地域性を見いだすことができる。まず指摘できるのは、墳丘と石室の関係である。先述したように、伏岩里三号墓の場合、大形方台形墳丘のあちこちに、横穴式石室が築造され続ける。このように、墳丘を複数の埋葬施設が共有することや、墳丘の上側に埋葬施設をつくる方式は、埋葬施設の構造は違うとはいえ、新村里九号墓とかわりがない。百済の地方支配が島嶼地域まで広がった証拠としてとりあげられることの多い、長山・道昌里古墳も、石室の大部分が地面より上に位置するために、径にくらべて墳丘の高さが高い。これは、断面L字形の墓壙内に石室の大部分がつくられる、錦江流域の陵山里型石室墓とは大きな違いである。

また、埋葬方式をみると、木棺を用いず、石枕に頭をのせるようにして直接屍身を安置したと思われる例や、三体以上の被葬者を合葬する例が知られている。このように木棺を用いず、石枕に屍身を直接のせる埋葬方式は、朝鮮半島では同時期の洛東江流域で多くみられる方式である。また、三体以上の屍身を同一石室内に埋葬する方式は、専用甕棺を用いていた時期の伝統が変形したものとみなすこともできよう。

しかし、こうした地域性は、それ以前の段階のように多くの墳墓に共通してみられるのではなく、墓制全体において断片的に残っているにすぎない。全体的にみれば、この段階の墳墓はやはり、百済の王都周辺でおこなわれている墳墓の墓制や葬送観念を志向するようになったと思われる。そしてこの段階にいたって、栄山江流域も、百済による直接的な地方支配体制下に入ったと考えられるのである。

4　洛東江流域における横穴系埋葬施設の展開

六世紀に入ると、新羅は洛東江以東地域の領域支配を確実なものにするとともに、その影響力を洛東江以西地域にまで伸ばしはじめ、五三二年には金官国を併合した。同じ時期、百済も洛東江以西地域に勢力を伸ばそうとし、倭も巻き込んでさまざまな駆け引きが続いたが、五六二年に大加耶が滅亡して、洛東江以西地域は新羅の領域となった。一方、新羅は漢江上流域へも領域を広げ、五五二年には漢江下流域まで勢力を伸ばした。このような変化の中で、洛東江流域において横穴系埋葬施設がどのように受容され、墳墓築造の様相がどのように変化していったのかを概観しよう。

洛東江以西地域の様相

洛東江以西地域において、本格的に横穴系埋葬施設が出現するのは六世紀にはいってからのことである。この段階における横穴系埋葬施設は、その構造と系統から、大きく三つに分けることができる（注126）。

まず第一は、固城、咸安、宜寧、晋州など南海岸地域および南江流域の大型墳墓に採用された、玄室平面が細長方形で、前壁中央に羨道がつく石室である（図53-1）。玄室の側壁はゆるやかに内傾し、数枚の天井石をのせる。こうした構造の石室は、在地の竪穴式石槨に羨道が組み合わさることで出現したとみる見方が有力であった（注127）が、全羅南道海南・長鼓峰古墳や、慶尚南道固城・松鶴洞一号墓B－一号石室のような、北部九州系横穴式石室の影響を一部受けた石室が原形であるとする説（注128）もある。玄室の平面形をみると、幅：長の比率が一：三前後のものと一：二前後のものがある。幅：長＝一：三前後の石室の中には、咸安・道項里四号墓、晋州・水精峯二号墓、同三号墓のように、平面形態がほぼ同一のものが含まれる。

固城に位置する内山里《ないざんり》《ネザンニ》三四号墓・六〇号墓の場合、遺物の出土状況から、鎹を用いてつくられた木棺の中に、二人の被葬者が安置されたと推定される。一方、宜寧・中洞里《ちゅうどうり》《チュンドンニ》四号墓、咸安・道項里四七号墓、晋州・水精峯二号墓では釘と鐶座金具が出土しており、錦江流域の横穴式石室の例と同様の、鐶座金具がつく「持ちはこぶ棺」が用いられたことがわかる。また道項里八号墓では、釘の頭部に銀箔を被せた釘が出土しており、百済でもみられた装飾度の高い木棺が用いられたようである。水精峯二号墓では、出土状況から二人の被葬者が安置されたと推定される。出土土器をみると、固城を中心として広がる土器や、咸安を中心として広がる土器が中心であるが、高霊系土器も一定程度の比率を占める例が少なくない。さらに、新羅系の土器が共伴する例も知られている。

このように、南江流域で築造されはじめた横穴式石室は、その構造においては共通点が多い一方で、棺の構造や副葬土器をみると、在地系の要素とともに、高霊系、百済系、新羅系など周辺地域の要素が少なからず共存していることがわかる。これらの地域のうち、咸安周辺は文献記録にみられる阿羅加耶、固城を中心とする地域は小加耶に比定されているが、横穴系埋葬施設とその出土遺物からは、それぞれの集団の独自性を見いだすことは難しい。あるいは、同時期の栄山江流域と同様に、在地の伝統にさまざまな外来系の文化要素が複合して混在すること自体が、この地域における諸集団の社会的様相を反映しているのかもしれない。

第二は、高霊・陜川など内陸の黄江流域の大型墳墓に採用された、玄室平面が幅：長＝一：一・五前後の長方形の石室である（図53－2）。羨道は外側からみて右側もしくは左側に片寄ってつくものが多い。天井の構造をみると、高霊・古衙洞壁画古墳のようなトンネル状天井の例、池山洞折上天井塚のように、大きく内傾した両側壁の上端が合掌状にあわさって天井石をのせない例、陜川・苧浦里D

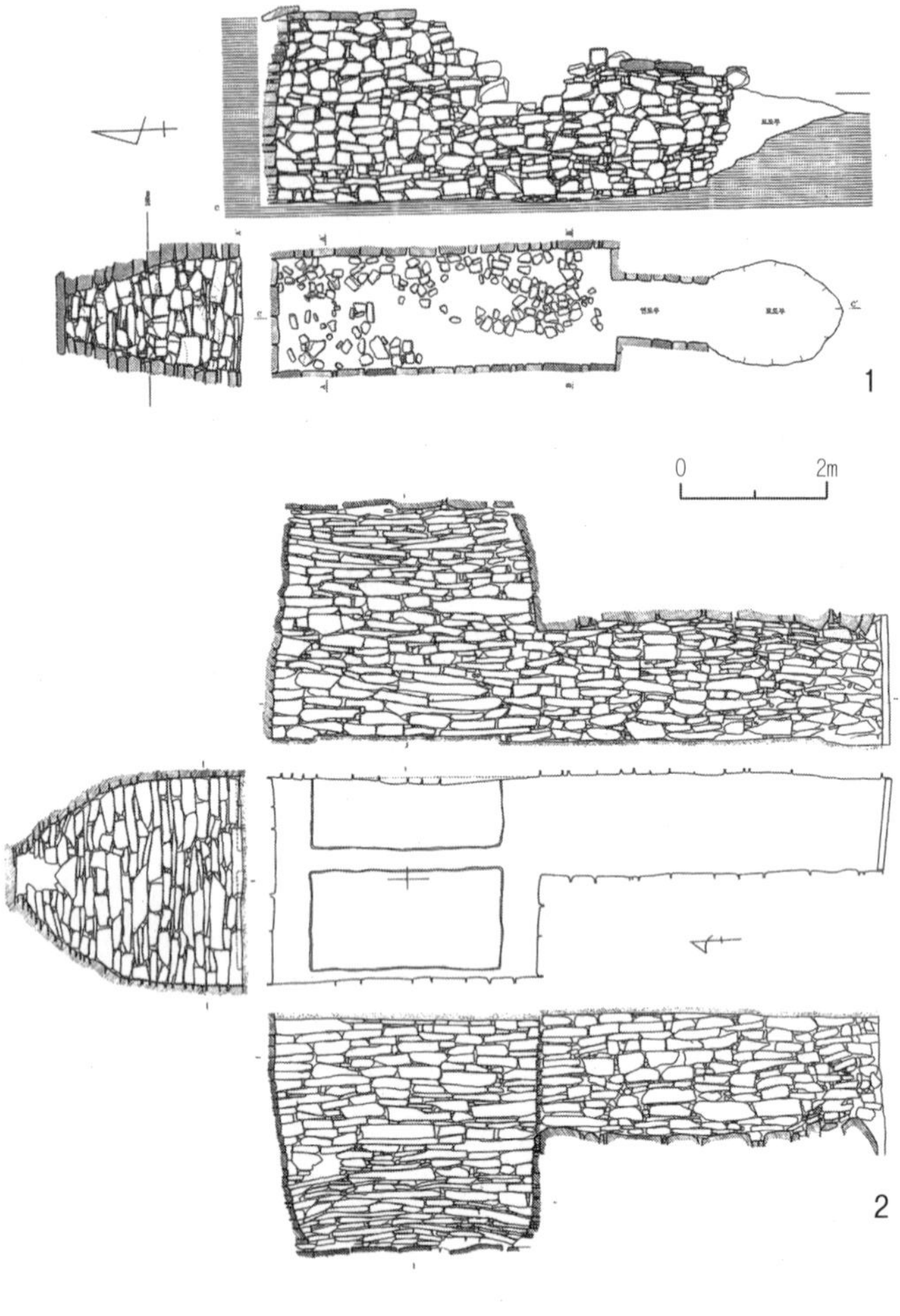

図53●洛東江以西地域の横穴式石室

1　中洞里４号墓、２　古衙洞壁画古墳

—Ⅰ—一号墓のように四壁を内傾する例など多様である。このなかでも、トンネル状天井をもち、棺台の配置から、二人の被葬者が埋葬されたと推定される古衙洞壁画古墳は、武寧王陵などの塼室の構造を模倣した可能性がある。さらに興味深いのは、この石室の玄室・羨道の天井に描かれた蓮華文壁画である。この蓮華文は、扶餘・陵山里東下塚の天井に描かれた蓮華文と類似しており、壁画を描くために百済から工人が派遣された可能性を考えてよいのかもしれない。

釘や鐶座金具の出土から、この類型の石室においては百済と同様の「持ちはこぶ棺」が用いられたことが推定できる。なかでも注目されるのは、陜川・玉田M一一号墓で出土した金銅製花形鐶座金具と、半球状の頭部に金銅板を被せた釘である。これらの釘の中には、全長が短くて板と板を緊結できず、装飾用の鋲として用いられたと考えられるものがある。また頭部を装飾しない釘もあるが、それらは木質の付着状況の特徴から、外側からはみえない底板と側板や小口板を緊結する部分に用いられたことがわかる。これらの釘・鐶座金具の分析を通して復元できる木棺は、宋山里墳墓群や陵山里墳墓群の王墓級の墳墓から出土した木棺とくらべても遜色ないものである。

木棺の使用状況を知る上で興味深いもう一つの例が、陜川・苧浦里《ちょほり》《チョポリ》墳墓群D地区の状況である。この墳墓群の中心となる一号墓は、横穴式石室を埋葬施設とし、頭部に銀箔をかぶせた釘が出土している。その周囲には小型の竪穴式石槨が広がるが、これらのうち数基からは釘が出土している。木質の付着状況の特徴により、これらの釘の中には、木棺の側板と小口板を緊結するもの以外に、底板から側板や小口板を緊結するために用いられたものが一定数存在することがわかる。このことから、苧浦里墳墓群D地区では、横穴式石室墓の被葬者のみならず、周辺の竪穴式石槨墓の被葬者達の間においても、大加耶系墓制の大型竪穴式石槨に用いられた「据えつける棺」（注129）ではなく「持ちはこぶ棺」を用いる風習が受容されたことがうかがわれるのである。

これらの類型の墳墓では、高霊系土器が主に副葬される。しかし、玉田M一一号墓では新羅系の土器も副葬されており、五世紀以来の洛東江以東地域との関係が存続していることがわかる。その一方で、玉田M一一号墓で出土した耳飾や、苧浦里D－I－一号墓で出土した銅鋺片などは、百済との関係が考えられる遺物である（注130）。

以上のように、高霊・陜川に分布する横穴式石室墓には、遺物だけではなく、石室の構造、壁画、木棺の構造と機能など、さまざまな面において百済からの強い影響が認められる。こうした百済的な要素を、栄山江流域の場合と同様に、百済中央勢力が、大加耶を構成する諸集団に対して政治的な影響力を高めようとした結果とみるのか、大加耶が、百済の横穴系埋葬施設とそれに関わる墓制を体系的に受容し、独自の墓制として広めた結果とみるのかにより、六世紀前半における大加耶の評価は大きく違うことになる。その検討は今後の課題としたいが、新羅と百済の間でゆれていた大加耶の状況の一端が、こうした墓制の様相に反映されていると考えておきたい。

第三は、北部九州系横穴式石室との関連が指摘されている石室である。なかでも巨済島の北東端の海に面した丘陵上に立地する単独墳である長木《ちょうぼく》《チャンモク》古墳は、平面羽子板形の玄室、門柱石を立てた玄門、ハ字形に広がる羨道など、北部九州系横穴式石室の特徴をよく備えている。また、円形の墳丘上に平行タタキでつくられた円筒形土製品や大壺を並べているのも興味深い。これに対して、かつて姜仁求が前方後円墳であると主張し、発掘の結果、三基の墳丘が結合した墳墓に復元された固城・松鶴洞一号墓のB―一号石室は、門柱石を立てた玄門部の構造や、壁面に赤色顔料を塗布する点において、北部九州系横穴式石室の共通点をもつ。また、副葬品の中に須恵器など倭系の遺物があることや、墳丘に円筒形土製品などを立て並べた点も注目される。ただし、玄室は幅にくらべて長く、北部九州との直接的な関係よりも、むしろ海南・長鼓峰古墳石室との関係を考える説もある。泗川倭城に隣接する丘陵上に立地する単独墳である船津里《せんじんり》《ソンジンニ》古墳も、門柱石を両側に立てる玄門をもつ点で北部九州系横穴式石室に通じるが、やはり玄室の平面は幅にくらべて長い。

一方、宜寧・景山里《けいざんり》《キョンサンニ》一号墓では、玄室の奥壁側に北部九州でみられる被葬者の安置施設である石屋形があることから、倭系とされている。しかし、玄室平面細長方形で羨道が中央につく石室の構造自体は、固城や咸安などでみられる石室と同系統とみてもよいと思われる。また、玄室側壁の基部が外側に張り出しており、奥壁から玄室内に板石が突き出した石棚と呼ばれる構造をもつ点で倭系とされる宜寧・雲谷里《うんごくり》《ウンゴンニ》一号墓は、後述するように、埋葬方式や出土土器においては、在地系の要素に加えて百済系・高霊系・新羅系の要素が混在している。

これらの石室は、栄山江流域の前方後円形墳と同様に、その被葬者問題が議論を呼んでいる。ただ、これらの石室は、「倭系」としてひとまとめにできないほど、その実態は多様である。よって、そうした墳墓が出現した具体的な意味については、それぞれ別途に検討する必要があるだろう（注131）。また、松鶴洞一号墓B―一号石室をのぞけば、石室の構造やその埋葬方式が、六世紀における洛東江以西地域の墓制にさほど大きな影響を与えたわけではなかったことを確認しておきたい。

以上、六世紀前半における洛東江以西地域の横穴系埋葬施設は、各地域の首長墓を中心として受容されはじめるが、墳墓の様相はかなり複雑である。石室の系統も、竪穴式石槨に横穴構造が加わったもの以外に、百済系、北部九州系と思われるものがあり、それらも、本来の構造を忠実に再現したと思われる例と、部分的な影響にとどまっていると思われる例に分けられる。副葬品についても、それぞれの地域を代表する土器が中心であるものの、周辺地域や新羅系、百済系の要素が混在している。こうした複雑な様相は、加耶諸国をめぐって、新羅、百済、倭が複雑に関わっていった当時の歴史的状況を間接的に反映していると考えられる。そうした中で、高霊を中心とする墳墓では、釘と鐶座金具を用いる「持ちはこぶ棺」が採用されるなど、百済的な墳墓の要素が受容され、そうした風習が苧浦里墳墓群D地区のように、横穴系埋葬施設を採用できない被葬者の間にも広がりつつあったことに注目したい。このように具体的な展開過程は単純ではないが、六世紀前半の洛東江以西地域においては、横穴系埋葬施設の受容を契機として、石室の構造だけではなく、被葬者の扱いをはじめとする埋葬方法や葬送観念が大きく変化しはじめたことは確かであるといえよう。

洛東江以東地域における様相

先述したように、洛東江以東地域のうち、昌寧、尚州、安東などで築造がはじまった竪穴系横口式石室は、六世紀に入っても洛東江沿いを中心にその分布を広げていく。初期の段階においては、金銅製山字冠、金銅製飾履、銀製銙帯などの装身具や三累環頭大刀などを身につけた、夫婦と思われる二人の被葬者に、数多くの土器・馬具類などを副葬した慶尚南道梁山夫婦塚のように、地域集団の首長墓と考えられる高塚古墳の埋葬施設に採用された。しかし、次第に各地の大型墳墓の規模は小さくなるとともに、副葬品の量も少なくなる。また、竪穴系横口式石室は、次第に中・小型の墳墓にも採用されるようになった。一方、玄室と羨道からなる横穴式石室を埋葬施設として採用した墳墓も、慶尚北道慶山・造永一—B—六号墓、義城・鶴尾里《かくびり／ハクミリ》一号墓、浦項・冷水里《れいすいり／ネンスリ》古墳など、洛東江以東地域の各地で出現しているが、類例は少ない。なかでも冷水里古墳の場合、玄室の壁面に漆喰が塗られ、玄門に門扉施設をもち、羨道には側室がつくなど、高句麗との関係が想定される特徴的な構造をもつ。

このように、洛東江以東地域の多くで横穴系埋葬施設が受容される段階においても、慶州では積石木槨墳の築造が続いていたようである。これまでの調査によると、慶州における最古段階の横穴系埋葬施設は、皇南洞一五一号墓や普門里夫婦塚の婦墓のような、竪穴系横口式石室であった。その後、六世紀後半以降、本格的に横穴式石室が採用されるようになると、主要な墳墓の墓域は、慶州盆地の中央部から盆地を囲む山々のふもとに移動する。玄室の構造をみると、平面が正方形で穹窿状天井をもつ例（忠孝里《ちゅうこうり》《チュンヒョリ》型石室）が多いが、平面長方形の例や、前壁と奥壁の距離よりも側壁間の距離が大きく、羨道と組み合わさると平面T字形をなす例も知られている（図54）。

副葬品は、「短脚高杯」とよばれる高杯を中心とする土器群が中心となり、全体的に量が少なくなる。また、埋葬方式の特徴の一つとして、木棺を用いずに屍床の上に直接屍身が安置される点があげられ、屍身を安置するための石枕や足台が設置された例が少なくない。最初の被葬者は、奥壁に沿うように石室の主軸に直交して安置される例が多く、その後に二回以上の追葬がおこなわれるのが一般的である。追葬ごとに屍床が拡大され、追葬する空間がなくなると、それまであった屍床の上に新たな屍床をつくりなおした場合もある。人骨がよく残っていた金海・礼安里墳墓群の横口式石室墓では、以前に埋葬された被葬者の骨を石室の片隅に片付けて、新たな被葬者を安置した例が確認されている。

このように、長期間にわたって三人以上の被葬者が埋葬される方式は、高句麗や百済でみられるような、二人の被葬者の埋葬を基準とする「夫婦合葬墓」とは大きく異なっており、「家族墓」と呼ぶのがふさわしいであろう。墳墓群の構成をみると、墳丘をもつ大型の横穴式石室墓のみで形成されたものがある一方、少数の横穴式石室墓の周囲に小型の横口式石室墓が築造される例や、横口式石室墓のみからなる例も存在する。そして、こうした墳墓群の構成の違いが、集団間の階層差を象徴してい

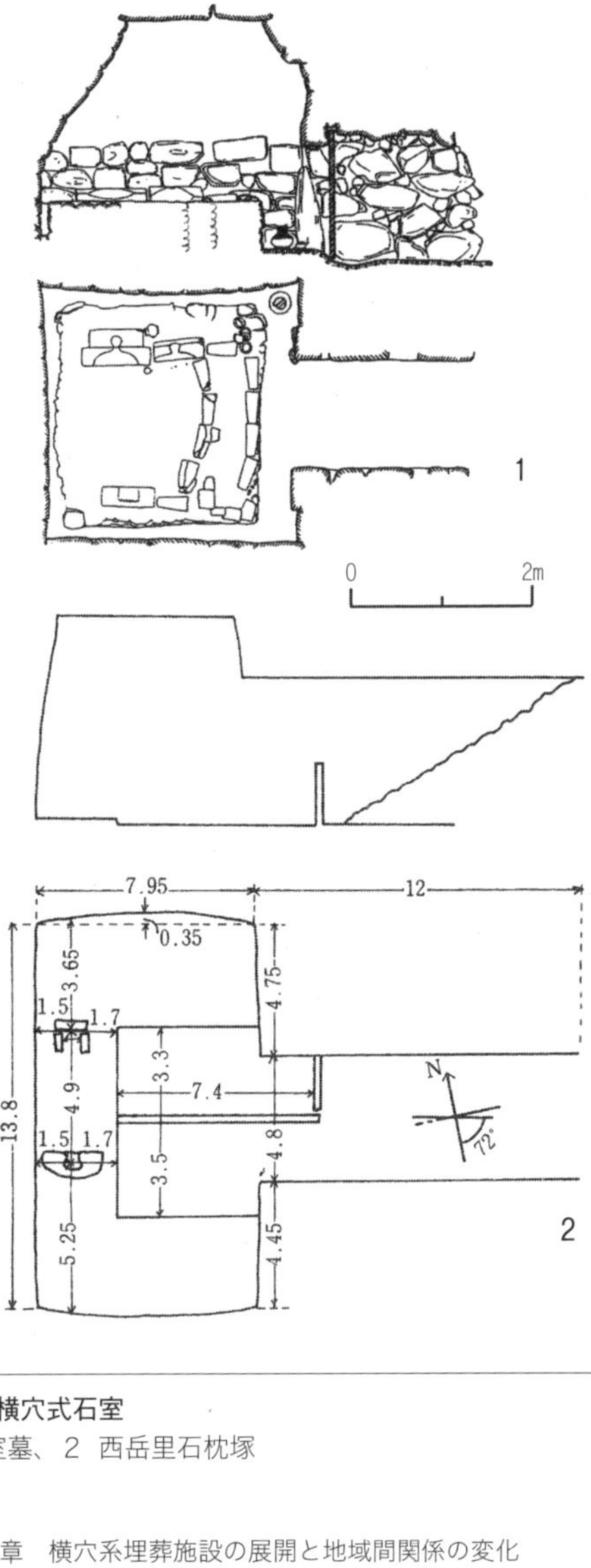

図54●慶州の横穴式石室
1　西岳里石室墓、2　西岳里石枕塚

ると考えられている。

以上のような特徴をもつ横穴系埋葬施設と埋葬方式は、六世紀後半になると、洛東江以東地域だけではなく、洛東江以西地域、漢江流域、朝鮮半島の東海岸など、新たに新羅の領域となった地域にも広がっていく。ただ、新羅系の横穴系埋葬施設とその埋葬方式が受容される様相は一様ではない。例えば、南漢江流域にあたる忠清北道中原に位置する楼岩里《ろうがんり》《ルアムリ》墳墓群の場合は、大型墳丘をもち、副葬土器などをみても慶州の例とほぼ違いのない横穴式石室墓から構成されている。中原地域には、五世紀には高句麗の国原城が置かれていた。しかし六世紀半ばに新羅が漢江上流域を領有すると、小京の一つである中原小京がおかれ、慶州から貴族をはじめとする人々を移住させたことが『三国史記』に記録されている。墳墓の様相とこうした文献記録からみると、楼岩里墳墓群の被葬者はこうした移住民であったと推定される。

一方、加耶諸国が存在した洛東江以西地域では異なる様相を示す。その一例として、先に紹介した宜寧・雲谷里一号墓（図55）の場合をみてみよう。この石室は、奥壁に沿って石を敷いて二つ棺台を設置し、その手前は、中間に通路を残してその両側に主軸に平行する石敷の棺台がつくられていた。奥壁側の棺台には遺物の出土状況から、釘と鐶座金具からなる「持ちはこぶ棺」に被葬者が安置されていたことがわかる。また棺のまわりには、鉄刀、鉄鏃、鉄斧、鉄鎌などとともに高霊系土器が副葬されている。その手前の棺台の上にも、同様の棺が置かれていた可能性があるが、副葬土器には高霊

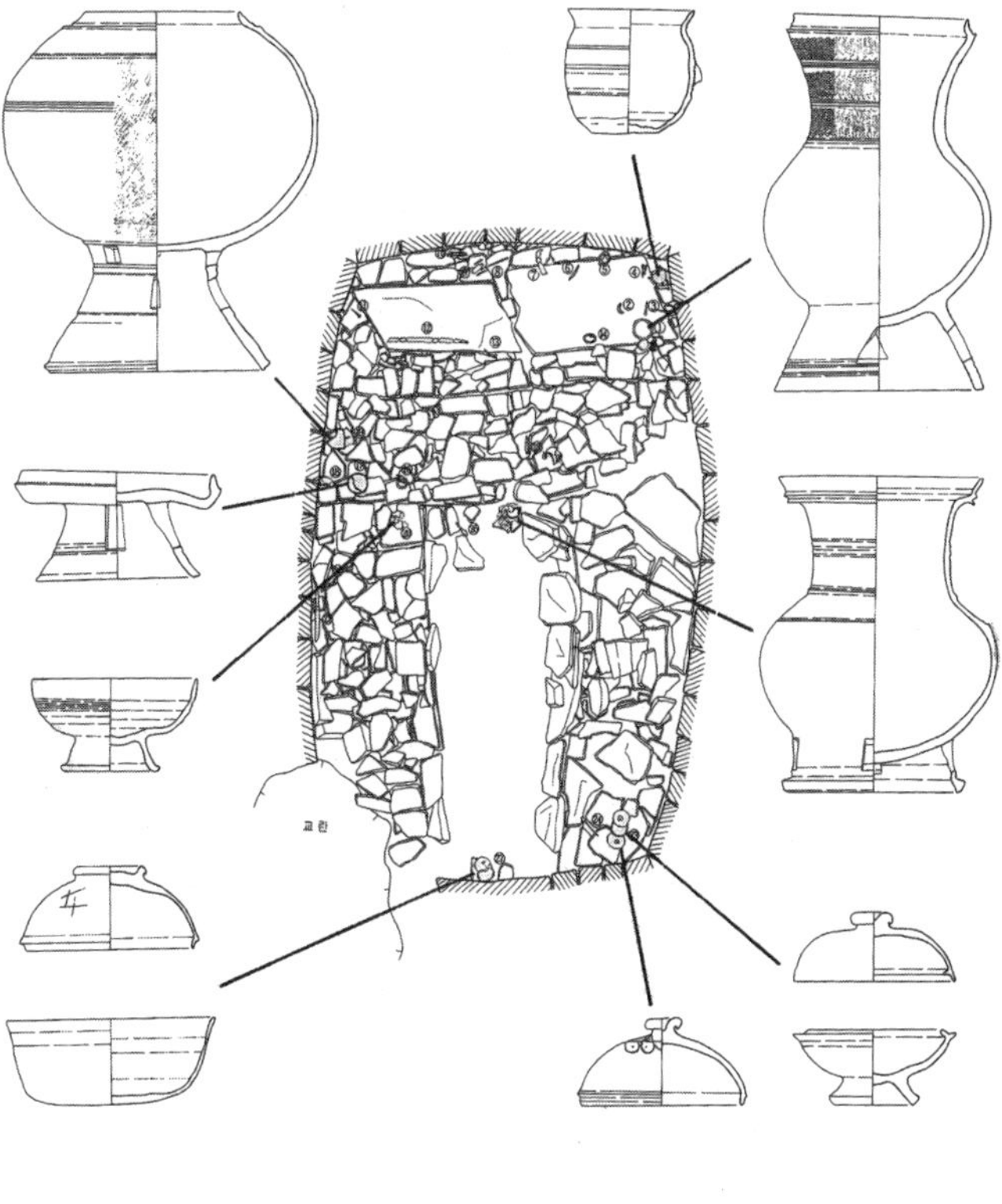

図55●雲谷里１号墓石室

系土器・固城系土器・新羅系土器がある。そして、手前の二つの棺台には木棺が置かれた痕跡がなく、新羅系土器が副葬された。こうしてみると、初葬段階では加耶的な埋葬方式がおこなわれたのが、遅くとも三人目の埋葬からは、棺を用いず、新羅系土器のみを副葬する新羅的な埋葬方式が採用されたことがわかる。

同一墳墓群の中における加耶系から新羅系への埋葬方式や副葬品の変化過程は、陜川・三嘉墳墓群などでも指摘されている（注132）。また、大加耶の中心であった高霊・池山洞墳墓群でも、新羅系の土器を埋葬する横穴系埋葬施設をもつ墳墓が築造されることが確認されている。同じ石室に埋葬された人々や、その周辺の墳墓の被葬者が同一の被葬者集団であるという前提が認められるならば、加耶系から新羅系への墳墓の変化は、被葬者集団自体の変化ではなく、この集団を支配する上位集団の変化に対応して、墳墓や埋葬方式、葬送観念などを自ら変化させた結果であると理解できる。

このように、具体的な変遷過程には地域ごとに違いがあるものの、六世紀後半以降、新羅の領域内において、ほぼ同様の埋葬施設や埋葬方式を有する墳墓が出現する。そして、こうした変化は、これまで指摘されてきたように（注133）、当時の新羅による新たな地方支配のはじまりを反映していると考えて良いであろう。

5　横穴系埋葬施設の展開とその歴史的背景

以上、横穴系埋葬施設が朝鮮半島に出現し、各地に展開していく過程を概観した。各地域で築造された横穴系埋葬施設の具体的な構造や、埋葬方式、副葬遺物の組み合わせには、少なからず違いが認められる。しかし、それぞれの地域の墓制において、横穴系埋葬施設がどのように位置づけられるのかに注目したとき、その展開過程にはいくつかの共通点が認められるように思われる。

まず最初の段階は、楽浪郡のおかれた大同江流域に横穴式塼室が導入された段階である。この時期には、朝鮮半島南部の馬韓・弁韓・辰韓諸国の人々は、楽浪郡にしばしば往来したと思われ、当時の墳墓には、その過程で入手したと思われる文物が特定の墳墓に集中して副葬されることは先に指摘した。そうした交渉の中で、楽浪郡で築造された塼室墓の構造や、その埋葬方式などについて直接・間接に見聞きする機会はあったはずだが、この時期においてこれらを積極的に取り入れようとした形跡は認められない。

四～五世紀になると、大同江流域では楽浪塼室墓の伝統を引き継ぐ横穴系埋葬施設がひきつづき築造される一方、当時の高句麗の王都があった鴨緑江流域においても、王墓をはじめとして横穴式石室が採用されはじめる。ただ、これらの地域における横穴系埋葬施設の構造は、地域や被葬者の集団により多様であった。やや遅れて、漢江流域から錦江流域にかけての地域と、洛東江以東地域で横穴系埋葬施設の築造がはじまる。しかしそれらの場合、石室の構造自体は受容したものの、被葬者は一人である場合が多く、副葬品や木棺の構造についても、それ以前の在地の墳墓との関係が指摘できる部分が少なくない。また、これらの埋葬施設は、百済・新羅・加耶の中央勢力にはまだ本格的に受容されておらず、その周辺地域の墳墓に採用されたさまざまな構造の埋葬施設の中の一つにすぎなかったと考えられる。

こうした状況が大きく変化するのが六〜七世紀である。この段階になると、各地域の中央勢力がその墳墓の埋葬施設として横穴式石室を採用し、それぞれ独特の石室構造や埋葬方式を生み出す。そして、この新たな墳墓は領域内の諸集団に広く受容されていき、墳墓にみられた地域性はほとんどみられなくなるか、あったとしても部分的なものにとどまるようになった。

このような、王墓を頂点とする横穴系埋葬施設の広がりは、それまでの墳墓築造の概念を大きく変えていった。例えば、埋葬施設および墳丘の規模や、副葬品の量や質に被葬者の階層差がよく反映されるような墳墓の築造が姿を消し、全体的に薄葬化が進む。その代わりに、例えば百済の場合であれば、石室石材の加工度や木棺の装飾度、銀製立飾の有無といった要素が、墳墓の被葬者や墳墓群の階層差をよく示すことになる。新羅の場合は、横穴式石室か横口式石室か、墳丘をもつかどうかが階層差を考える有力な基準となっている。本書では詳細な検討をおこなわなかった鴨緑江流域および大同

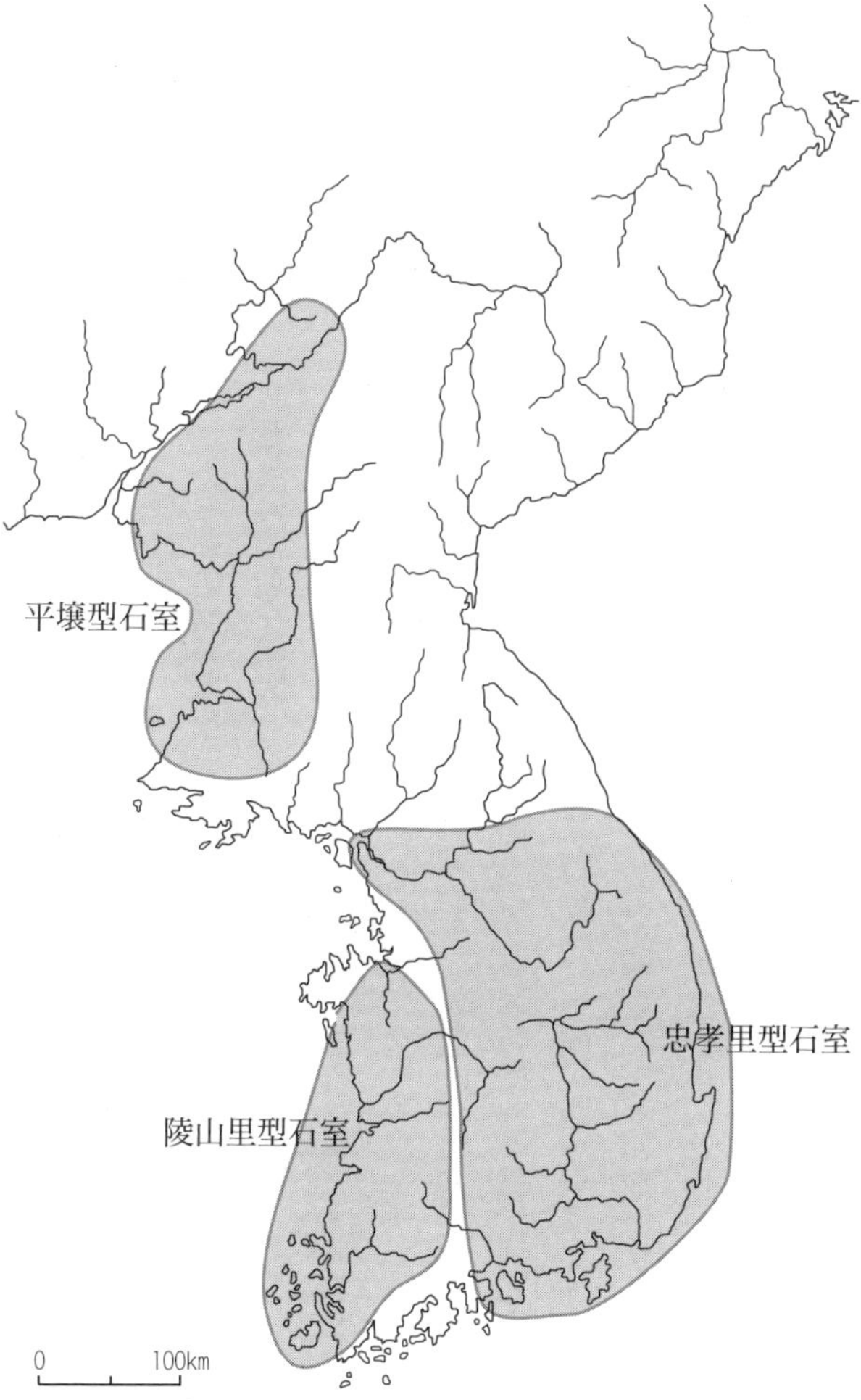

図56●６世紀後半における横穴式石室の地域性

江流域においても、切石積で壁面をつくり、平行持送りと三角持送りを組み合わせた天井をもつ単室墓（平壌型石室）が、六世紀以降に平壌を中心に多く築造された。そしてその規模や分布状況からみて、石室の築造が高句麗の官位制や地方支配と深い関係があることが指摘されている（注134）。

このように、六世紀以降の横穴系埋葬施設は、新たな葬送観念や埋葬方法とともに各領域内に広がったのであり、その受容は、それまで各地域の墳墓の有していた社会的・政治的役割の変化をもたらしたと思われる。そしてこうした横穴系埋葬施設の広がり（図56）は、各地域の王権が、地方のより広範な階層の人々を直接支配しようとした、当時の社会的・政治的な変革と密接な関係があったと考えられよう。

このような横穴系埋葬施設の広がりは、百済・高句麗の滅亡と、新羅による朝鮮半島の統一を契機としてさらに変化する。百済と高句麗の滅亡に伴い、両地域における特徴的な横穴式石室はその姿を消す。その後、慶州においては、それまでの横穴式石室墓の伝統に中国・唐の要素が加わって、墳丘裾に十二支像を彫刻した護石をめぐらし、墳丘の前に石人などを並べた王墓が成立する。ただこうした墳墓をつくるのは、慶州在住の王および王族程度に限定され、大部分の人々は、大がかりな墳墓を築造しなくなる。このように墳墓が歴史の表舞台から消えることが、朝鮮半島の最初の統一国家である新羅の時代のはじまりを告げたのである。

第7章……朝鮮半島における墳墓の変遷と国家形成過程

これまで、朝鮮半島において墳墓がつくられはじめる新石器時代から、高句麗・百済・新羅の三国および加耶諸国が成長し、新羅が朝鮮半島の大同江以南地域を統一する七世紀後半にいたるまでの、墳墓の変遷を跡づけてきた。特に、大河川の流域ごとの墳墓の地域性の展開と地域間の影響関係に留意しながら、首長墓、あるいは王墓とよびうる墳墓が、どのように出現し変化したのかに注目して検討を進めた。これまでの検討結果を、墳墓における大きな変化に注目して整理すれば、以下のような段階を設定することができよう。

・段階Ⅰ（新石器時代・第2章第1節）：死者を埋葬するための施設である墳墓が登場する段階。地面を掘って被葬者を伸展葬する土壙墓が一般的で、再葬墓と思われる例も一部で確認される。若干の副葬品をもつ例はあるが、墳墓間に階層的な違いは認めがたい。
・段階Ⅱ（青銅器時代・第2章第2節）：支石墓や箱式石棺墓が主たる墳墓として築造される段階。埋葬施設と上石・支石の関係や、埋葬施設の構造などによる地域性が認められる。また立地の違いや墓域の大きさ、遼寧式銅剣など特定遺物の副葬状況などから、他とは区別される墳墓群や墳墓が出現する。
・段階Ⅲ（初期鉄器時代・第2章第3節）：細形銅剣をはじめとする多様な青銅器が製作され、墳墓に埋葬される段階。青銅器の分布の中心は、大同江流域と錦江流域および栄山江流域にある。青銅器の種類と数によって、墳墓間にいくつかの階層の存在が想定できる。
・段階Ⅳ（原三国時代・第3章）：楽浪郡の設置に伴い、大同江流域に木槨を埋葬施設とする墳丘後行型の墳墓が出現する。それ以外の地域においても、流域ごとに独特の構造をもつ墳墓が築造される。細形銅剣など初期鉄器時代の伝統は一部で残るが、次第にその姿を消し、鉄器の普及や瓦質土器の出現にみられるような新たな文化が受容された。墳丘後行型墳墓の場合、特定の墳墓群および墳墓に中国系文物を中心とする外来系文物が集中して副葬される傾向がみられる。墳丘先行型墳墓の場合、墳丘の規模の違いにより被葬者間の階層差を想定できる。この段階においては、首長墓とでも呼ぶべき墳墓は、基本的にその他の墳墓と混在して墳墓群を構成している。
・段階Ⅴ（四・五世紀・第4章および第5章）：鴨緑江流域、漢江流域、洛東江流域において、他の墳墓とは墓域を別とし、墳丘や埋葬施設の規模、副葬品の量と質において卓越した、王墓と呼びうる墳墓が出現する。王墓と同様の埋葬施設や墳丘をもつ墳墓の広がりは限られているが、埋葬施設の構造の一部については、王墓の影響が想定できる場合がある。また、中国製陶磁器などの外部から入手した文物や、装身具のように特定の工人集団によって製作されたと思われる文物が、王墓を中心として、周辺地域における諸集団の首長墓に副葬されるようになる。王墓が築造された地域以外においても、特定集団墓ないしは特定個人墓とみなされる墳墓が築造され、独特な埋葬施設の構造および土器をはじめとする副葬品をもつ地域もあるが、王墓にくらべるとそれらの広がりは限られている。

・段階Ⅵ（六～七世紀前半・第6章）：各地の王墓が、独特の構造をもつ横穴系埋葬施設を採用するとともに、その影響を受けた墳墓が、これまでの墳墓の地域性を越えて、高句麗・百済・新羅の領域内の各地で築造されるようになる。副葬品は減少し、埋葬施設の構造や装身具などを通して、被葬者間の階層差を読み取ることができる。

以上のような墳墓の変遷は、朝鮮半島における国家形成過程とどのように関係づけることができるのであろうか。この問題を考古学的に考えるためには、墳墓や墳墓群間の階層分化の程度と、その空間的広がりの変化を整理する必要がある。一方、本書ではここまで意図的に言及を避けてきたのだが、墳墓の広がりや変化を、文献記録に表れる集団名とどのように結びつけるのか、という問題も残っている。最後に、こうした問題に対してどのような見通しを立てることができるのかについて、段階ごとに言及することにより、本書のまとめとしたい。

段階Ⅰ・Ⅱ

朝鮮半島において明確な墳墓が確認できるのは、段階Ⅰ（新石器時代）からである。類例が少ない現状ではあるが、この段階においては、墳墓の間で、墳墓の規模や構造、あるいは副葬品によって大きな違いがみられない。新石器時代の途中から、ヒエ・アワ・イネなどの栽培がはじまっているが、それは狩猟・採集・漁撈など多様な生業活動の一つにすぎない段階であった。墳墓が築造できるかどうかによる差異が存在しうることを考慮すべきであるが、墳墓間に格差がみられないことは、基本的に階層が存在しない当時の社会状況を反映していると判断することができるだろう。

稲作を中心とする本格的な農耕がはじまった段階Ⅱ（青銅器時代）では、支石墓や箱式石棺墓が新たな墳墓として盛んに築造された。なかでも、遼寧式銅剣が出現する時期を前後して、青銅器の有無や、墳墓の立地、墓域の大きさなどを指標として、特定の有力集団や有力個人のための墳墓と判断できる例が確認されるようになる。本書で紹介した全羅南道の麗水半島のように、地理的なまとまりの中には支石墓群に象徴される複数の集団が存在し、その中で、積良洞支石墓群のように、複数の遼寧式銅剣を有する集団を頂点として、その下に複数の青銅器を一点のみ出土する支石墓群集団―青銅器を副葬しない支石墓群集団、といった階層構造を想定することができよう。

こうした階層構造をもつ諸集団のまとまりは、『三国志』魏志東夷伝にみられる「国」(注135)、あるいは「国」を構成する邑落あるいは基礎政治体(注136)に該当すると想定されてきた。こうした地理的・集団的な単位は、その後においても地域間関係を考える上での基本単位としての役割を果たしたと考えられる。さらに徳川里一号支石墓のように、特定個人のために築造されたと思われる墳墓も、この段階で確認される。ただ、こうした特定個人墓の築造を可能とした諸集団の地理的な範囲がどの程度のものであったのか、あるいは、こうした墳墓の築造が可能となった地域や時期、そして継続性の有無については、さらなる資料の増加と分析が必要である。幸い、韓国においては、最近の発掘件数の増加の中で、青銅器時代の遺跡が最も多くの調査成果を上げている。こうした成果をもとに、墳墓のみならず、集落や出土遺物の実証的な分析を通した、社会の階層化についての具体的な検討が活発に進められており(注137)、今後の研究の進展に期待したい。

段階Ⅲ

段階Ⅲ(初期鉄器時代)は、細形銅剣をはじめとする多様な青銅器が製作される段階である。青銅器の分布の中心は、大同江流域と錦江流域および栄山江流域にあり、これら二つの分布の中心地域においては、銅剣・銅鏡・異形青銅器が大量に副葬される墳墓が存在する。こうした墳墓は、その周囲に同時期の墳墓が確認されていないことから、単独墓として築造された特定個人墓であると判断されてきた。また、特定個人墓を中心としたこの段階における墳墓の階層差は、段階Ⅱよりも複雑であり、その階層構造に組み込まれた諸集団の広がりも広がったと想定する研究者が多い。

このような、細形銅剣に代表される集団とその性格の評価を考える上でまず問題となるのは、支石墓を築造していた集団との関係である。遼寧式銅剣から細形銅剣への型式学的な連続性を重視すれば、外的な要因をある程度まで考慮するとしても、段階Ⅱから段階Ⅲへの移行は、支石墓を築造した集団自体の変容の結果ということになる。それに対して、遺跡の立地が変化することや、松菊里類型の住居址や支石墓から粘土帯土器が出土する例などを根拠として、細形銅剣をはじめとする文化の出現は、その文化を担った新たな集団の移住によるものであり、一定期間、松菊里類型の文化の担い手である集団と共存していた、という仮説も提出されている。支石墓の消滅過程と細形銅剣を副葬する墳墓の出現過程について、どのようなシナリオがより妥当なのかについては、今後、さらなる検討が求められよう。

次に問題となるのは、細形銅剣に代表される文化の担い手の歴史的位置づけである。例えば大同江流域にみられる墳墓については、その年代などからみて、しばしば古朝鮮と関連づけられてきた。また、錦江流域・栄山江流域を中心とする朝鮮半島南半部の墳墓については、衛満によって追い出された箕子朝鮮の準王が南下したという文献記録を、細形銅剣文化の開始や鋳造鉄器の出現などの画期に関連づけようとする説が提示されてきた。ただ放射性炭素のＡＭＳ年代測定法による暦年代の見直しが進む中で、考古資料の相対編年観と歴史記録をどのように整合させるかについては、あとしばらく議論を続けなければならないだろう。

一方、最近の韓国の考古学界の一部では、馬韓・弁韓・辰韓の成立を、細形銅剣文化のはじまりまでさかのぼらせようとする説が主張されている。こうした主張は、第1章でみたように、初期鉄器時代と原三国時代を合わせて「三韓時代」を設定するべきである、という説につながる。たしかに洛東江流域の最近の調査成果をみる限り、原三国時代初期の墳墓には、細形銅剣を中心とする青銅器の流れをくむ文物の副葬が認められる。また、瓦質土器の一器種である牛角把手付長頸壺の形態的な起源は、無文土器の黒色磨研長頸壺に求められることも知られている。こうした状況は、段階ⅢからⅣにかけて、洛東江流域における有力集団の連続性を示唆している。

ただ、三世紀において中国の記録者によって「韓」という範疇でまとめられ、時にはそれを自称した地域集団の系譜が、初期鉄器時代まで連続していると考えられることと、馬韓・弁韓・辰韓の成立が初期鉄器時代までさかのぼるかどうかは、別個の問題として扱うべきであろう。少なくとも、墳墓の様相からみる限り、段階ⅢとⅣの間には、社会的に大きな変化がおきたことも確かである。例えば、原三国時代のはじまりとともに、錦江流域と栄山江流域においては、多様な青銅器と鋳造鉄器を副葬する文化が姿を消した。それに対して、洛東江流域では、多様な鋳造鉄器および鍛造鉄器、および中国系の文物が副葬される墳墓群が出現する。こうした変化は、朝鮮半島南半部において、青銅器や鉄器の生産およびその流通体系が大きく変化したことを示している。このような社会的・経済的な変動を、時代を分ける画期とみるのか、一連の時代の中の分期とみるのかを考古学の立場で議論するためにも、段階Ⅲにおける考古資料の分析をさらに進める必要がある。

段階Ⅳ

段階Ⅳ（原三国時代）になると、衛氏朝鮮を滅ぼした漢が朝鮮半島内に郡県を設置したことと対応するように、大同江流域に漢式の木槨墓が築造されはじめる。その初期段階には、細形銅剣文化の伝統を見いだすことができるが、当時の墳墓の中で相対的に上位の階層からしだいに漢式化が進んだことが指摘されている（注138）。このことは、楽浪郡の設置とともに、この地域の在地集団の社会的位置づけが大きく変動したことを示している。

それ以外の地域においても、この段階において独特な墳墓の築造がみられるようになる。各墳墓の分布圏は、大河川を単位とした地域圏とほぼ重なっており、その中には首長墓もしくは特定個人墓と呼べる墳墓の存在が確認できる。そうした墳墓を認識する基準は、墳墓の構造の違いにより異なっている。つまり、墳丘後行型墳墓の場合、地下につくられた埋葬施設の規模が大きくて、その中に副葬される文物の量が多く、なかでも中国系や倭系などの外来系文物が集中することが指標となる。このことから、特定個人墓を築造した各地域集団における首長の重要な職掌の一つが、周辺地域との交易・交渉を取り仕切ることであったと推定される。墳丘先行型墳墓の場合、埋葬施設が残存しない場合が多く、副葬品の数や内容を分析できる例が少ないが、そのかわりに墳丘規模の違いを指標とすることができる。

段階Ⅳにおいては、首長墓と呼びうる墳墓は、基本的に他の墳墓と同じ墓域に築造されている。また、比較的調査が進んでいる錦江流域の周溝土壙墓や、洛東江流域における土壙木棺墓・木槨墓の場合、盆地などで区切られる小地域ごとに、有力な墳墓や墳墓群の存在が確認できる。こうした墳墓群の広がりは、馬韓・弁韓・辰韓の中に大小の「国」が併存していたという『三国志』魏志東夷伝の記録を、ある程度反映しているとみることができよう。

ただ、当時の墳墓の分布圏は、文献記録にみられる集団の広がりとはかならずしも一致しない。例えば、『三国志』魏志東夷伝において馬韓諸国が位置するとされている、漢江流域・錦江流域・栄山江流域における墳墓は、流域ごとに構造や副葬品が異なっている。一方、弁韓諸国と辰韓諸国が位置したと考えられる洛東江流域においては、墳墓の構造における大きな違いは見いだされていない。こうしてみると、馬韓・弁韓・辰韓といった集団は、少なくとも墳墓や葬送観念に関しては、かならずしも同一性を有していたわけではなかったと考えられよう。

さらに『三国志』魏志東夷伝は、辰王が治めていた月支国のように、他の「国」に広く影響力を与えた「国」が存在したことを伝えている。また、楽浪郡・帯方郡との争いや朝貢記事においても、いくつかの「国」が連合している様子がうかがわれる部分がある。ただ、それを傍証するような、墳墓の規模や副葬品の量・種類などにおいて、他の小地域と明確な違いをみせる地域は、今のところ見いだされていない。段階Ⅳから段階Ⅴへと以降する過程で、各「国」間の関係も変化したと思われるが、そうした変化が墳墓にどのように表れるかは、今後の研究課題といえよう。

段階Ⅴ

段階Ⅴ（四・五世紀）に至って、鴨緑江流域の集安、漢江流域のソウル、洛東江流域の慶州や金海において、他の墳墓とは墓域を別にし、墳丘や埋葬施設の規模、副葬品の量と質において卓越した、王墓と呼びうる墳墓が出現する。鴨緑江流域の集安や漢江流域のソウルで築造された墳丘先行型墳墓である方壇階梯積石塚の場合、墳丘の大きさおよび外部装飾に大きな特色がみられる。それに対して、洛東江流域の金海や慶州で築造された墳丘後行型墳墓である大型土壙木槨墓は、地下につくられた埋葬施設がさらに大型化・複雑化し、鉄器類をはじめとする副葬品の量が増加することが、他の墳墓との大きな違いである。洛東江流域で「高塚古墳」と呼ばれる円形墳丘をもつ大型墳墓が登場するのは五世紀代であるが、その墳丘のもつ機能は、墳丘先行型墳墓のそれとは同一ではない。

段階Ⅳにおける各地の首長墓においては、楽浪を経由したと思われる文物が集中的に埋葬された。

それに対して段階Vにおいては、王墓が出現するとともに、王都で製作されたと思われる装身具・環頭大刀や、中国をはじめとする周辺地域から入手された文物が、段階Ⅳで認識された「国」や、大河川を単位として設定した地域圏を越えて、各地域の首長墓級墳墓に副葬されるようになる。また土器においても、独特の形態をもつ土器群が王都に登場し、それらが周辺諸地域の墳墓に副葬されたり、在地の土器様式に影響を与えていく。

こうした状況は、漢江流域の漢城を中心とする百済や、朝鮮半島東南部の慶州を中心とする新羅においては、具体的な考古資料を通して確認することができる。鴨緑江流域の集安を中心とする高句麗の場合は、墳墓から遺物が出土した例が限られているため、具体的な実態は明らかではない。しかし、高句麗系の装飾馬具や青銅容器類が慶州の積石木槨墳にまでもたらされていることからみて、集安とその周辺諸地域の間にも、同様の文物の製作・流通体制が存在していたと想定してもよいであろう。

洛東江流域の諸集団のうち金海については、四世紀代の土器に、他地域とは異なる器種が存在したことが知られている。しかし、その空間的な広がりは限定的である。また、五世紀前葉に大成洞墳墓群の築造が停止して以降の大型墳墓の様相がはっきりせず、また高塚古墳も築造されない。それに対して、高霊を中心とする大加耶の場合は、五世紀後半以降の土器類や耳飾などの装身具類の分布の状況を、四・五世紀における高句麗・百済・新羅の状況と対比することが可能である。

このような、新たな文物の分布圏が出現したことは、そうした文物を独占的に製作したり入手して、それを広域に流通させることができるような体制が出現したことを反映していると考えられる。そして、こうした文物の広がりを通して、地域や時期により実体は異なるものの、第Ｖ段階において、各王権が、周辺諸地域の首長を自らの政治的なネットワークに編入しようとしたと推定される。このような王都を中心とする文物の生産・流通体制は、次の段階Ⅵや統一新羅へとつながるものであり、こうした体制の出現が、朝鮮半島における国家形成を考える上での大きな画期と評価できる。

しかし、段階Ｖにおける王都からの文物の受容は、各地域の首長を含むと思われる有力墳墓群から徐々にはじまり、その受容時期についても、地域により時間差が認められる。またこの段階においては、王墓と同様の埋葬施設や墳丘をもつ墳墓は、いくつかの例外を除けば、王都以外の地域に広がることがほとんどなかった点は、段階Ⅵとの大きな違いである。

以上のような様相から判断して、段階Ｖにおいては、各地域内における支配権はある程度まで各首長が有しており、中央勢力と各地域首長との関係は一様ではなかったと考えられる。こうした状況は、朴淳發のいう「連盟王国」や「初期国家」段階（注139）、李熙濬のいう「間接支配」段階（注140）にあたるといえよう。

一方、高句麗・百済・新羅や大加耶以外の地域においても、墳墓の立地や、埋葬施設と墳丘の築造順序などの要素において段階Ⅳにおける墳墓の伝統を引き継ぎながら、独特な埋葬施設や副葬品を発達させている場合がある。四世紀代の大同江流域や、四・五世紀代の栄山江流域などが、その代表的な例である。また、洛東江流域の中にも、新羅や大加耶とは異なる特徴をもつ地域集団を見いだすことができる。大同江流域は楽浪郡・帯方郡の故地であり、四世紀においても中国との関係を維持し、また朝鮮半島の他地域に中国系の文物や技術を供給する役割を果たしたと考えられる。また栄山江流域については、土器の広がりから想定されるように、段階Vを通して、朝鮮半島の西南地域と東南地域、さらには日本列島までいたる諸地域間の交渉に一定の役割を果たした可能性が高い。

こうした地域においては、独特な墳墓の築造は認められるものの、先述したように特定の文物が周辺地域に広がる現象が確認されていない点において、高句麗・百済・新羅や大加耶と同等の政治体が成立したとは判断できない。しかし、複数の王権の伸張を考えていく上で、その間に存在するいくつかの地域が、それらの王権を結びつける存在として独特の役割を果たしたことも見逃せない。こうした地域の役割を明らかにすることが、この段階における朝鮮半島の国家形成過程の実態を明らかにするために重要であることを強調しておきたい。

段階VI

高句麗・百済・新羅の王墓に横穴系埋葬施設が採用される時期や、その埋葬方式には大きな違いがある。しかし、六世紀に入って各王墓で独特な埋葬施設の構造と埋葬方式が成立し、それが周辺地域に広がっていくことによって、各地の墳墓の様相は大きく変化することになる。まず、墳丘規模は相対的に小さくなり、副葬品の量が減少する。数少ない副葬品の一つである冠飾や帯金具は、被葬者が着装した状態で埋葬されている場合が一般的で、各国で整備されていった官位制と関係すると考えられている。また、百済において典型的にみられるように、埋葬施設や木棺の構造は、王墓のものを志向する一方で、石室石材の加工度、木棺の装飾度などにより階層差を読み取ることが可能である。墳丘に対する埋葬施設の位置や、被葬者の埋葬方式の中に地域の伝統を見いだされる栄山江流域のような例があるものの、それらは断片的に残るに過ぎない。段階Ⅵにいたって、墳墓の地域圏の広がりは、各地域集団に対する帰属関係よりも、さらにその上位に位置する国家への帰属関係をより強く反映するようになるのである。

六世紀に入って、高句麗・百済・新羅の王権が伸張し、地方支配制度が整備されて、各王権による地方の直接支配体制が確立することは、文献史学の研究成果としても指摘されている。考古学的にみれば、築造に多大な労力をかけ、所属集団の地域性が強く反映されていた墳墓にまで、地方に対する中央勢力の支配原理が強く反映されるようになった段階をもって、武田幸男や李成市がいうところの「身分制国家」（注141）とでもいうべき、完成した国家段階に到達したと評価することができると考えたい。

七世紀前半まで続いた三国間の争いは、新羅による統一という形で幕を閉じる。それは、慶州を中心とした新たな地域間関係のはじまりをつげるものであった。統一新羅時代の墳墓については、慶州周辺の墳墓を除けばほとんど実体が明らかになっていない。もはやこの時代においては、墳墓を通した地域間関係の分析は困難である。その一方、最近の発掘調査の進展により、統一新羅時代における王都周辺の文物の生産・流通体制や、各地域における文物の流通および技術移転の様相が明らかになりつつある。今回はほとんど取り上げることのできなかった、さまざまな文物の生産・流通体制の変化や、集落や都市の問題を扱うことによって、本書で見通しを述べた朝鮮半島における国家形成過程は、より具体的に議論することができるであろう。今後、そのようなより総合的な検討が進められることを期待しつつ、ひとまず筆を置くこととしたい。

〔注〕

＊印は朝鮮語・中国語文献を示す。

第1章

（1）藤田亮策「朝鮮古代文化」（『岩波講座日本歴史』一二、一九三四年（後に『朝鮮考古学研究』（一九四八年）に所収）
藤田亮策「朝鮮の石器時代」（『東洋史講座』第一八巻、一九四二年（後に『朝鮮考古学研究』（一九四八年）に所収）

（2）直良信夫「朝鮮潼関鎮発掘旧石器時代ノ遺物」（『第一次満蒙学術調査研究報告』第六部第三編、一九三九年）

（3）金元龍「三国時代の開始に関する一考察――三国史記と楽浪郡に対する再検討――」（『東亜文化』七、一九六七年）（後に金元龍『韓国考古学研究』（一潮閣、一九八七年）に収録）＊

（4）西谷正「朝鮮考古学の時代区分について」『小林行雄博士古稀記念論文集　考古学論考』（平凡社、一九八二年）

（5）崔鍾圭『三韓考古学研究』（書景文化社、一九九五年）＊

（6）朴淳發『漢城百済の誕生』（書景文化社、二〇〇一年（木下亘・山本孝文訳『百済国家形成過程の研究　漢城百

済の考古学』（六一書房、二〇〇三年））＊
（7）李熙濬『新羅考古学研究』（社会評論、二〇〇七年）＊
（8）李盛周『新羅・伽耶社会の起源と成長』（学研文化社、一九九八年（木村光一・原久仁子訳『新羅・伽耶社会の起源と成長』（雄山閣、二〇〇五年））＊
（9）金龍星『新羅の高塚と地域集団――大邱・慶山の例――』（春秋閣、一九九八年）＊
（10）李盛周「墳丘墓の認識」（『韓国上古史学報』第三二輯、二〇〇〇年（大阪朝鮮考古学研究会訳「墳丘墓の認識」『古文化談叢』第五四集、二〇〇五年））＊
（11）吉井秀夫「朝鮮三国時代における墓制の地域性と被葬者集団」（『考古学研究』第四九巻第三号、二〇〇二年）
（12）吉井秀夫注（11）前掲文献。

第2章

（13）韓永熙・任鶴鐘『煙台島Ⅰ』（国立晋州博物館遺跡調査報告書第八冊、一九九三年）＊
（14）崔鍾圭・金相冕『蔚珍厚浦里遺跡』（国立慶州博物館、一九九一年）＊
（15）中村大介「方形周溝墓の成立と東アジアの墓制」（『朝鮮古代研究』第五号、二〇〇四年）
（16）甲元真之「日韓における墓制の異同」（『季刊考古学』第六七号、一九九九年）
（17）武末純一「遼寧式銅剣墓と国の形成」（『悠山姜仁求教授停年紀念東北亜古文化論叢』、二〇〇二年）＊
（18）金吉植「扶餘松菊里無文土器時代墓」（『考古学誌』第九輯、一九九八年）＊
（19）李相吉（武末純一訳）「韓国・昌原徳川里遺跡発掘調査概要」（『古文化談叢』第三二集、一九九四年）
（20）崔鍾圭「墳墓からみた三韓社会の構造と特徴」（『韓国古代史論叢』二、一九九一年）＊

(21) 金鐘一「韓国中西部地域青銅遺跡・遺物の分布と祭儀圏」(『韓国史論』三一、一九九四年)＊

第3章

(22) 金元龍『韓国考古学概論』(一九六六年、(西谷正訳『韓国考古学概論』(一九七二年))＊
(23) 申敬澈「熊川文化期紀元前上限説再考」(『釜大史学』第四号、一九八〇年(後藤直訳「熊川文化期紀元前上限説の再考」(『古文化談叢』第八輯、一九八一年))＊
申敬澈「釜山・慶南出土瓦質系土器」(『韓国考古学報』一二、一九八二年)＊
崔鍾圭「陶質土器成立前夜と展開」(『韓国考古学報』一二、一九八二年(後藤直訳「陶質土器成立前夜とその展開」(『古文化談叢』第一二集、一九八三年))＊
崔鍾圭「瓦質土器の検討と意義」(『古代を考える』三四、一九八三年)
金元龍「所謂「瓦質土器」について――原三国考古学上の新問題――」(『歴史学報』九九・一〇〇、一九八三年、後に金元龍『韓国考古学研究』(一志社、一九八七年)に収録(武末純一訳「所謂「瓦質土器」について――原三国考古学上の新問題――」(『古文化談叢』第一六集、一九八六年))＊
(24) 崔夢龍「韓国考古学の時代区分に対する若干の提言」(『崔永禧先生華甲紀念韓国史学論叢』、一九八七年)＊
(25) 李賢恵「原三国時代論検討」(『韓国古代史論叢』五、一九九三年)＊
(26) 申敬澈「三韓・三国時代の東萊」(『東萊区誌』、一九九五年)＊
(27) 崔盛洛「韓国考古学における時代区分論」(『石渓黄龍渾教授定年紀念論叢 亜細亜古文化』、一九九五年)＊
(28) 李熙濬「初期鉄器時代・原三国時代再論」(『韓国考古学報』第五二輯、二〇〇四年)＊
(29) 小場恒吉・榧本亀次郎『楽浪王光墓 貞柏里・南井里二古墳発掘調査報告』(朝鮮古蹟研究会、一九三五年)

（30）黄暁芬『中国古代葬制の伝統と変革』（勉誠出版、二〇〇〇年）
（31）高久健二「楽浪墳墓の階層性について」（『韓国上古史学報』第一〇号、一九九二年（後に高久健二『楽浪古墳文化研究』（学研文化社、一九九五年）＊に収録））
（32）朝鮮遺跡遺物図鑑編纂委員会編『朝鮮遺跡遺物図鑑』四（高句麗篇二）（一九九〇年）＊
（33）畿甸文化財研究院編『漣川鶴谷里積石塚――漣川鶴谷堤改修工事地域内発掘調査報告書――』（学術調査報告第三八冊、二〇〇四年）＊
（34）咸舜燮・金在弘『天安清堂洞I段階調査報告』（国立博物館古蹟調査報告第二七冊、一九九五年）＊
（35）李弘鍾・姜元杓・孫晙鎬『寛倉里遺蹟――B・G区域――』（高麗大学校埋蔵文化財研究所研究叢書第七輯、二〇〇一年）＊
（36）国立扶餘文化財研究所編『堂丁里――住居址及び周溝墓発掘調査報告書』（学術研究叢書第一七輯、一九九八年）＊
（37）李健茂・李栄勲・尹光鎮・申大坤「義昌茶戸里遺跡発掘進展報告（I）」（『考古学誌』第一輯、一九八九年）＊
（38）李健茂「茶戸里遺跡出土筆について」（『考古学誌』第四輯、一九九二年）＊
（39）嶺南文化財研究院編『大邱八達洞遺跡I』（嶺南文化財研究院学術調査報告第二〇冊、二〇〇〇年）＊
（40）嶺南文化財研究院編『慶州舎羅里遺跡II――木棺墓、住居址――』（嶺南文化財研究院学術調査報告第三二冊、二〇〇一年）＊
（41）林孝澤・郭東哲『金海良洞里古墳文化』（東義大学校博物館学術叢書七、二〇〇〇年（大阪朝鮮考古学研究会訳『金海良洞里古墳文化（日本語版）』（二〇〇〇年））＊
（42）釜山大学校博物館編『蔚山下岱遺蹟――古墳I』（釜山大学校博物館研究叢書第二〇輯、一九九七年）＊

（43）嶺南埋蔵文化財研究院編『浦項玉城里古墳群II――ナ地区――』（嶺南埋蔵文化財研究院学術調査報告第一四冊、一九九八年）＊

第4章

（44）吉林省文物考古研究所・集安市博物館編著『集安高句麗王陵――一九九〇～二〇〇三年集安高句麗王陵調査報告』（文物出版社、二〇〇四年）＊

（45）朴淳發注（6）前掲文献。

（46）林永珍『百済漢城時代古墳研究』（ソウル大学校大学院博士学位論文、一九九五年）＊

（47）文化広報部文化財管理局『天馬塚発掘調査報告書』＊

（48）李盛周「新羅式木槨墓の展開と意義」（『創立二〇周年記念第二〇回韓国考古学全国大会　新羅考古学の諸問題』、一九九六年）＊

（49）崔聖愛『慶州九政洞古墳』（国立慶州博物館学術調査報告第一八冊、二〇〇六年）＊

（50）申敬澈・金宰佑『金海大成洞古墳群I――概報――』（慶星大学校博物館研究叢書第四輯、二〇〇〇年（大阪朝鮮考古学研究会訳『金海大成洞古墳群I（日本語版）』、二〇〇一年））＊

（51）申敬澈・金宰佑注（50）前掲文献。

（52）金鍾徹『高霊池山洞古墳群　三二～三五号墳・周辺石槨墓』（啓明大学校博物館遺蹟調査報告第一輯、一九八一年）＊

（53）吉井秀夫「大加耶系竪穴式石槨墳の「木棺」構造とその性格――釘・鎹の分析を中心に――」（『慶北大学校考古人類学科二〇周年記念論叢』、二〇〇〇年）

（54）申敬澈・金宰佑注（50）前掲文献。

第5章

（55）金元龍・任孝宰・朴淳發『夢村土城東南地区発掘調査報告』（ソウル大学校博物館、一九八八年）＊
（56）尹根一・申熙権・崔聖愛・申鍾国『風納土城Ⅰ』（国立文化財研究所、二〇〇一年）＊
（57）尹根一・申熙権・崔聖愛『風納土城Ⅱ　東壁発掘調査報告書』（国立文化財研究所、二〇〇二年）＊
（58）権五栄・権度希・韓志仙『風納土城Ⅳ――慶堂地区九号遺構に対する発掘報告――』（ハンシン大学校博物館、二〇〇四年）＊
（59）権五栄「風納土城出土外来遺物に対する検討」（『百済研究』第三六輯、二〇〇一年）＊
（60）朴淳發注（6）前掲文献。
（61）小田富士雄「四世紀の百済土器――法泉里二号墳を中心に――」（『藤澤一夫先生古稀記念論集』、一九八三年）
小田富士雄「越州青磁を伴出した忠南の百済土器――四世紀の百済土器・その二――」（『古文化談叢』第一二集、一九八三年）
（62）朴淳發注（6）前掲文献。成正鏞「百済と中国の貿易陶磁」（『百済研究』第三八輯、二〇〇三年）＊
（63）宋義政・尹炯元『法泉里Ⅰ』（国立博物館古蹟調査報告第三一冊、二〇〇〇年）＊
（64）尹炯元『法泉里Ⅱ』（古蹟調査報告第三三冊、二〇〇二年）＊
（65）金載悦・金邱軍・辛勇旻・李根旭『華城馬霞里古墳群』（湖岩美術館遺蹟発掘調査報告五冊、一九九八年）＊
李鮮馥・金成南『馬霞里古墳群』（ソウル大学校博物館、二〇〇四年）＊
（66）金吉植・南宮丞・李浩炯『天安花城里百済墓』（国立公州博物館、一九九一年）＊

（67）李南奭『龍院里古墳群』（公州大学校博物館学術叢書〇〇―〇三、二〇〇〇年）＊
（68）李勲・山本孝文「公州水村里古墳群に見る百済墓制の変遷と展望」（『古文化談叢』第五六集、二〇〇七年）
（69）車勇杰・趙詳紀・呉允淑『清州新鳳洞古墳群』（忠北大学校博物館調査報告第四四冊、一九九五年）＊
（70）尹武炳「連山地方百済土器の研究」（『百済研究』第一〇輯、一九七九年）＊
（71）安承周・李南奭『論山表井里百済古墳発掘調査報告書――一九八五年度発掘調査――』（百済文化開発研究院、一九八八年）＊
（72）李勲「瑞山富長里古墳と墳丘墓」（『墳丘墓・墳丘式古墳の新資料と百済』（第四九回全国歴史学大会考古学部発表資料集）、二〇〇六年）＊
（73）李南奭・李賢淑「瑞山海美機池里墳丘墓」（『墳丘墓・墳丘式古墳の新資料と百済』（第四九回全国歴史学大会考古学部発表資料集）、二〇〇六年）＊
（74）全栄来「井邑、雲鶴里古墳群」（『全北遺跡調査報告』第三輯、一九七四年）＊
（75）金承玉・李承泰「完州上雲里遺跡の墳丘墓」（『墳丘墓・墳丘式古墳の新資料と百済』（第四九回全国歴史学大会考古学部発表資料集）、二〇〇六年）＊
（76）吉井秀夫「栄山江流域の三国時代墓制とその解釈をめぐって」（『朝鮮史研究会論文集』第三九集、二〇〇一年）
（77）尹根一・金洛中・曺美順『羅州新村里九号墳発掘調査報告書』（国立文化財研究所、二〇〇一年）＊
（78）朴淳發注（6）前掲文献。
成正鏞「四～五世紀百済の地方支配」（『韓国古代史研究』二四、二〇〇一年）＊
（79）李丙燾「近肖古王拓境考」（『韓国古代史研究』、一九七六年）＊
（80）林永珍（高正龍訳）「百済の成長と馬韓勢力、そして倭」（『検証　古代日本と百済』、二〇〇三年）

(81) 徐賢珠『栄山江流域古墳土器研究』(学研文化社、二〇〇六年) ＊
(82) 白井克也「土器からみた地域間交流――日本出土の馬韓土器・百済土器」(『検証 古代日本と百済』、二〇〇三年)
吉井秀夫「日本出土百済(馬韓)土器の諸問題」(『日本所在百済文化財調査報告書Ⅲ――近畿地方――』(国立公州博物館研究叢書第一四冊)、二〇〇二年) ＊
金鍾萬(寺岡洋訳)「日本出土百済系土器の研究――西日本地域を中心に――」(『朝鮮古代研究』第九号、二〇〇八年)
(83) 金元龍『新羅土器の研究』(国立博物館叢書甲第四、一九六〇年) ＊
(84) 崔秉鉉『新羅古墳研究』(一志社、一九九二年) ＊
(85) 金泰植『加耶連盟史』(一潮閣、一九九三年) ＊
(86) 田中俊明『大加耶連盟の興亡と「任那」――加耶琴だけが残った』(吉川弘文館、一九九二年)
(87) 金龍星注(9)前掲文献。
吉井秀夫「韓国の古墳群――慶尚北道大邱・慶山地域の場合――」(『季刊考古学』第七一号、二〇〇〇年)
(88) 金大煥「嶺南地方積石木槨墓の時空的変遷」(『嶺南考古学』二九、二〇〇一年) ＊
(89) 李熙濬「新羅の墳墓」(『東アジアと日本の考古学』第Ⅰ巻(墓制①)、二〇〇一年)
(90) 李殷昌「伽倻地域土器の研究――洛東江流域出土土器様相を中心として――」(『新羅伽耶文化』二、一九七〇年(伊藤秋男訳「伽倻地域土器の研究」(『朝鮮考古学年報 一九七〇年』、一九七三年))) ＊
(91) 定森秀夫「韓国慶尚南道昌寧地域出土陶質土器の検討――陶質土器に関する一私見――」(『古代文化』第三三巻第四号、一九八一年)

定森秀夫「韓国慶尚南道釜山・金海地域出土陶質土器の検討――陶質土器に関する一私見――」(『平安博物館研究紀要』第七輯、一九八二年)
(92) 李盛周注(8)前掲文献。*
(93) 李熙濬注(7)前掲文献。*
(94) 白井克也「新羅土器の型式・分布変化と年代観――日韓古墳編年の並行関係と暦年代――」(『朝鮮古代研究』第四号、二〇〇三年)
(95) この他、山字形の立飾が変形・退化したと思われる金銅冠や青銅冠が、慶尚北道安東、忠清北道丹陽、江原道東海などで出土しているが、六世紀中葉以降の小型墳からの出土例が多く、それ以前の冠とは性格が異なると考えられている。
(96) 李漢祥「五～六世紀新羅の辺境支配方式――装身具の分析を中心に――」(『韓国史論』三三、一九九五年)*
李漢祥「装飾大刀の下賜に反映された五～六世紀新羅の地方支配」(『軍史』第三五冊、一九九七年)*
(97) 朴普鉉「樹枝形立華飾冠の系統」(『嶺南考古学』四、一九八七年)*
毛利光俊彦「朝鮮古代の冠――伽耶――」(『堅田直先生古希記念論文集』、一九九七年)
(98) 申敬澈・金宰佑注(50)前掲文献。
(99) 金泰植注(85)前掲文献。
(100) 金世基『古墳資料からみた大加耶研究』(学研文化社、二〇〇三年)*
(101) 朴天秀「大伽耶の古代国家形成」(『碩晤尹容鎮教授停年退任紀念論叢』、一九九六年)*
(102) 朴天秀『加耶と倭　韓半島と日本列島の考古学』(講談社、二〇〇七年)
(103) 李熙濬「土器からみた大伽耶圏域とその変遷」(『加耶史研究――大加耶の政治と文化――』、一九九五年)*

(104) 吉井秀夫「考古資料からみた朝鮮諸国と倭」(『国立歴史民俗博物館研究報告』第一一〇集、二〇〇四年)

第6章

(106) 黄暁芬注(30)前掲文献。
(107) 太田侑子「古代中国における夫婦合葬墓」(『史学』四九―四、一九八二年)
(108) 高久健二「楽浪・帯方郡塼室墓の再検討――塼室墓の分類・編年および諸問題の考察――」(『国立歴史民俗博物館研究報告』第一五一集、二〇〇九年)
(109) 横穴系埋葬施設の場合、墳丘および埋葬施設の築造が終わってから被葬者の埋納がおこなわれるため、厳密な意味では、第1章で示した「墳丘先行型」・「墳丘後行型」墳墓の定義をそのまま当てはめることができない。ただ、横穴系埋葬施設の場合も、その一部あるいは全部を地下に築造してからその上側に墳丘が盛られる例と、ある程度まで盛土をした上に埋葬施設を築造するために、墳丘の上部に埋葬施設が位置する例がある。そこで横穴系埋葬施設を用いた墳墓の場合は、完成後の墳丘と埋葬施設との関係に注目して、前者を「墳丘後行型墳墓」、後者を「墳丘先行型墳墓」と呼ぶことにする。
(110) 吉井秀夫「墓制からみた百済と倭」(『百済と倭国』、二〇〇八年)
(111) 李勲・山本孝文注(68)前掲文献。
(112) 梅原末治『朝鮮古代の墓制』(座右宝刊行会、一九四七年)
(113) 沈奉謹・朴廣春・李東注・辛勇旻・高久健二『昌寧校洞古墳群』(東亜大学校博物館古蹟調査報告第二一冊、一九九二年)＊
(114) 吉井秀夫「百済横穴式石室墳の埋葬方式」(『立命館大学考古学論集Ⅰ』、一九九七年)

(115) 吉井秀夫「古代東アジア世界からみた武寧王陵の木棺」(『日中交流の考古学』、二〇〇七年)
(116) 尹武炳注(70)前掲文献。
徐聲勳・申光燮「表井里百済廃古墳調査」(『中島V』(国立博物館古蹟調査報告第一六冊)、一九八四年)*
(117) 文化財管理局編『武寧王陵発掘調査報告書』(一九七三年)*
(118) 国立扶餘博物館編『陵寺　扶餘陵山里寺址発掘調査進展報告書』(国立扶餘博物館遺跡調査報告書第八冊、二〇〇〇年)*
(119) 吉井秀夫注(114)前掲文献。
(120) 和田晴吾「棺と古墳祭祀——「据えつける棺」と「持ちはこぶ棺」——」(『立命館文学』第五四二号、一九九五年)
(121) 山本孝文『三国時代律令の考古学的研究』(書景文化社、二〇〇六年)*
山本孝文「考古学から見た百済後期の文化変動と社会」(『百済と倭国』、二〇〇八年)
(122) 吉井秀夫「朝鮮半島錦江下流域の三国時代墓制」(『史林』七四巻一号、一九九一年)
(123) 有光教一「羅州潘南面古墳の発掘調査」(『昭和十三年度古蹟調査報告』、一九四〇年)
(124) 姜仁求『韓国の前方後円墳　舞妓山と長鼓山測量調査報告書』(韓国精神文化研究院調査研究報告書八七——一、一九八七年)*
姜仁求「海南「マルムドン」古墳調査概報——韓国の前方後円墳追補(三)——」(『三佛金元龍教授停年退任紀念論叢I　考古学篇』、一九八七年)*
(125) 国立文化財研究所編『羅州伏岩里三号墳』(国立文化財研究所、二〇〇一年)*
(126) 吉井秀夫「横穴系墓制を通してみた六世紀の加耶と周辺諸国」(『六世紀代加耶と周辺諸国』、二〇〇八年)*

(127) 山本孝文「伽耶地域横穴式石室の出現背景――墓制変化の諸側面に対する予備考察――」(『百済研究』第三四輯、二〇〇一年)＊

(128) 河承哲「伽倻地域石室の受容と展開」(『伽倻文化』第一八号、二〇〇五年)＊

(129) 和田晴吾注(120)前掲文献・

(130) 吉井秀夫注(104)前掲文献。

(131) 柳沢一男「五〜六世紀の韓半島西南部と九州――九州系埋葬施設を中心に――」(『加耶、洛東江から栄山江へ』(第一二回加耶史国際学術会議)、二〇〇六年)

(132) 高正龍「加耶から新羅へ――韓国陜川三嘉古墳群の土器と葬制について――」(『京都市埋蔵文化財研究所研究紀要』第三号、一九九六年)

(133) 山本孝文注(121)前掲文献＊。洪潽植『新羅後期古墳文化研究』(春秋閣、二〇〇三年)＊

(134) 東潮『高句麗考古学研究』(吉川弘文館、一九九七年)

第7章

(135) 武末純一注(17)前掲文献。

(136) 李熙濬「三韓小国形成過程に対する考古学的接近の枠組み―集落分布定型を中心として―」(『韓国考古学報』四三、二〇〇〇年)＊

(137) 韓国考古学会編『階層社会と支配者の出現』(社会評論、二〇〇七年)＊

(138) 高久健二注(31)前掲文献。

(139) 朴淳發注(6)前掲文献。

(140) 李熙濬注(7)前掲文献。

(141) 武田幸男「朝鮮三国の国家形成」(『朝鮮史研究会論文集』一七、一九八〇年)

李成市「朝鮮史における国家形成の諸段階——新羅・加耶を中心に——」(『歴史評論』五一四号、一九九三年)

図版資料の出典一覧

＊印は朝鮮語文献を示す。

図1　筆者作成
図2　筆者作成
図3　上：梅原末治・濱田耕作『金海貝塚発掘調査報告』（大正九年度古蹟調査報告第一冊、一九二三年）、図版第三
下：筆者撮影（二〇〇八年）
図4　筆者作成
図5　朴天秀他『高霊池山洞四四号墳——大伽耶王陵——』（慶北大学校博物館学術叢書三七、二〇〇九年）＊、図面一
図6　筆者作成
図7　上：韓永熙・任鶴鐘『煙台島Ⅰ』（国立晋州博物館遺蹟調査報告第八冊、一九九三年）＊、図六の一部を再トレース
下：同書、図九
図8　中村大介「方形周溝墓の成立と東アジアの墓制」（『朝鮮古代研究』第五号、二〇〇四年）、図九
図9　上：武末純一「遼寧式銅剣墓と国の形成——積良洞遺蹟と松菊里遺蹟を中心に——」（『悠山姜仁求教授停年紀念東北亜古文化論叢』、二〇〇二年）＊、第二図
下：李相吉（武末純一訳）「韓国・昌原徳川里遺蹟発掘調査概要」（『古文化談叢』第三二集、一九九四年）、図面三

図10　金吉植「扶餘松菊里無文土器時代墓」（『考古学誌』第九輯、一九九八年）＊、図面一を一部改変
図11　上：朴辰一「紀元前三・二世紀代墳墓構造検討――西南部地方を中心に――」（『考古学誌』第一三輯、二〇〇二年）＊、図四を再トレース
下：尹徳香『南陽里発掘調査報告書』（全北大学校博物館叢書一七、二〇〇〇年）＊、図面七を再トレース
図12　筆者作成
図13　上：高久健二「楽浪彩篋塚（南井里一一六号墳）の埋葬プロセス――その復元的研究と諸問題の考察――」（『東京大学大学院人文社会系研究科・文学部朝鮮文化研究室紀要』第六号、一九九九年）、図六
下：高久健二「楽浪墳墓の埋葬主体部――楽浪社会構造の解明――」（『古文化談叢』第三五集、一九九五年）、図五―一
図14　李盛周「墳丘墓の認識」（『韓国上古史学報』第三二号、二〇〇〇年）＊、図面四
図15　畿甸文化財研究院編『漣川鶴谷里積石塚――漣川鶴谷堤改修工事地域内発掘調査報告書――』（学術調査報告第三八冊、二〇〇四年）＊、図面二の一部を再トレース
図16　韓永熙・咸舜燮『天安清堂洞第四次発掘調査報告』（国立博物館古蹟調査報告第二五冊、一九九三年）＊、図面三の一部を再トレース
図17　国立扶餘文化財研究所編『堂丁里住居址及び周溝墓発掘調査報告書』（国立扶餘文化財研究所学術研究叢書第一七輯、一九九八年）＊、挿図三を再トレース
図18　李健茂・李栄勲・尹光鎮・申大坤「義昌茶戸里遺蹟発掘進展報告（Ⅰ）」（『考古学誌』第一輯、一九八九年）＊、図面一

図19　高久健二「三韓の墳墓」（『東アジアと日本の考古学Ⅰ　墓制①』、二〇〇一年）、図一〇・一一
図20　筆者作成
図21　池内宏『通溝』上（日満文化協会、一九三八年）、第一四図
図22　武末純一「百済初期の古墳――石村洞・可楽洞古墳群を中心に――」（『鏡山猛先生古稀記念古文化論攷』、一九八〇年）、第七図
図23　武末純一「百済初期の古墳――石村洞・可楽洞古墳群を中心に――」（『鏡山猛先生古稀記念古文化論攷』、一九八〇年）、第九図
図24　文化公報部文化財管理局『天馬塚発掘調査報告書』（一九七四年）＊、図面三（上）、挿図二七（下）
図25　崔聖愛『慶州九政洞古墳』（国立慶州博物館学術調査報告第一八冊、二〇〇六年）＊、図面四
図26　申敬澈・金宰佑『金海大成洞古墳群Ⅰ――概報――』（慶星大学校博物館研究叢書第四輯、二〇〇〇年）＊、図面四三
図27　金鍾徹『高霊池山洞古墳群三二～三五号墳・周辺石槨墓』（啓明大学校博物館遺跡調査報告第一輯、一九八一年）＊、第四図
図28　朴淳發（木下亘・山本孝文訳）『百済国家形成過程の研究　漢城百済の考古学』（六一書房、二〇〇三年）、図一三
図29　ハンシン大学校博物館『ハンシン考古学発掘一六年』（ハンシン大学校博物館叢書第二七冊、二〇〇七年）＊、四二頁写真二
図30　吉井秀夫「考古学からみた百済の国家形成過程」（『シンポジウム倭人のクニから日本へ』、二〇〇四年）、図三

図31　筆者作成

図32　吉井秀夫「朝鮮半島における国家の成立とアイデンティティ」（『東アジア古代国家論――プロセス・モデル・アイデンティティ――』、二〇〇六年）、図三

図33　李鮮馥・金成南『馬霞里古墳群』（崇実大学校博物館・ソウル大学校博物館・韓国鉄道敷設工団、二〇〇四年）＊、図五を再トレース

図34　車勇杰・趙詳紀・呉允淑『清州新鳳洞古墳群』（忠北大学校博物館調査報告第四四冊、一九九五年）＊、図面三の一部を再トレース

図35　李勲「瑞山富長里古墳と墳丘墓」（『墳丘墓・墳丘式古墳の新資料と百済（第四九回全国歴史学大会考古学部発表資料集）』、二〇〇六年）＊、図面二の一部を再トレース

図36　1：全栄来「高敞・松龍里甕棺墓」（『全北遺跡調査報告』第五輯、一九七五年）＊、図一
2・3：徐聲勲・成洛俊「栄山江流域の甕棺墓調査資料――新たに確認された甕棺遺構とその他の資料――」（『霊岩内洞里草墳谷古墳』、一九八六年）＊、図面四（2）、図面五（3）

図37　朴天秀「栄山江流域の古墳」（『東アジアと日本の考古学Ⅰ（墓制①）』、二〇〇一年）、図四を改変

図38　李盛周（木村光一・原久仁子訳）『新羅・伽耶社会の起源と成長』（雄山閣、二〇〇五年）、図三―一二を改変

図39　筆者作成

図40　金龍星『新羅の高塚と地域集団――大邱・慶山の例――』（春秋閣、一九九八年）＊、挿図九・挿図一

図41　1：毛利光俊彦「朝鮮古代の冠――新羅――」（『西谷眞治先生古稀記念論文集』、一九九四年）、第二図七

2・3：毛利光俊彦「朝鮮古代の冠――伽耶――」（『堅田直先生古希記念論文集』、一九九七年）、第五図一九（2）、第四図一六（3）

図42　韓国考古学会『韓国考古学講義』（社会評論、二〇〇七年）＊、図二〇一をもとに筆者作成

図43　1〜4：趙栄済・朴升圭・金貞禮・柳昌煥・李瓊子『陜川玉田古墳群Ⅲ』（慶尚大学校博物館調査報告第七輯、一九九二年）＊、図面八（1）、図面九―二（2）、図面五四―二（3）、図面五七―二（4）

5〜7：趙栄済・朴升圭・柳昌煥・李瓊子・金相哲『陜川玉田古墳群Ⅳ』（慶尚大学校博物館調査報告第八輯、一九九三年）＊、図面四七（5）、図面四九―一四九（6）、図面五五（7）

図44　筆者作成

図45　高久健二『楽浪塼室墓の研究』（平成一七〜一八年度科学研究費補助金（若手研究（B））研究成果報告書、二〇〇七年）、付図八（1）、付図三二（2）

図46　1：宋義政・尹炯元『法泉里Ⅰ』（国立中央博物館古蹟調査報告第三一冊、二〇〇〇年）＊、図面八

2：李勲・山本孝文「公州水村里古墳群に見る百済墓制の変遷と展望」（『古文化談叢』第五六集、二〇〇七年）、第五図

3：李南奭『汾江・楮石里古墳群』（公州大学校博物館、一九九七年）＊、図面四五

4：李鮮馥・金成南『馬霞里古墳群』（ソウル大学校博物館、二〇〇四年）＊、図四九

図47　沈奉謹・朴広春・李東注・辛勇旻・高久健二『昌寧校洞古墳群』（東亜大学校博物館古蹟調査報告第二一冊、一九九二年）＊、図面九

図48　吉井秀夫「朝鮮半島錦江下流域の三国時代墓制」（『史林』七四巻一号、一九九一年）、図八

図49　1：姜仁求（岡内三真訳）『百済古墳研究』（学生社、一九八四年）、図三一

2・3：関野貞編『朝鮮古蹟図譜』三（朝鮮総督府、一九一六年）、七一〇〜七一三（2）、七二二〜七二四（3）を再トレース

図50　山本孝文『三国時代律令の考古学的研究』（書景文化社、二〇〇六年）＊、図二三

図51　1：徐聲勳・成洛俊『海南月松里造山古墳』（国立光州博物館学術叢書第四輯、一九八四年）＊、図面二

2：殷和秀・崔相宗『海南方山里長鼓峰古墳試掘調査報告書』（国立光州博物館学術叢書第三八冊、二〇〇一年）＊、図面一〇

3：李栄文『長城鈴泉里横穴式石室墳』（全南大学校博物館、一九九〇年）＊、図面六

図52　上：朴天秀「栄山江流域の古墳」（『東アジアと日本の考古学Ⅰ（墓制①）』、二〇〇一年）、図四―五

下：尹根一・林永珍・金洛中・趙鎮先・鄭桂玉『羅州伏岩里三号墳』（国立文化財研究所、二〇〇一年）＊、図面六二・六四を改変

図53　1：趙栄済・朴升圭・柳昌煥・李瓊子・金相哲『宜寧中洞里古墳群』（慶尚大学校博物館学術調査報告第一二輯、一九九四年）＊、図一四

2：金鍾徹『高霊古衙洞壁画古墳実測調査報告』（啓明大学校博物館遺跡調査報告第二輯、一九八五年）＊、第七図

図54　1：崔秉鉉『新羅古墳研究』（一志社、一九九二年）＊、図八八

2：崔秉鉉『新羅古墳研究』（一志社、一九九二年）＊、図九四

図55　趙栄済・柳昌煥・河承哲・孔智賢『宜寧雲谷里古墳群』（慶尚大学校博物館研究叢書第二二輯、二〇〇〇年）＊、図面七〜一三を再構成

図56　筆者作成

あとがき

本書を手に取ってお読みいただいた皆さんには申し訳ないのだが、実は私は「文明」や「国家」というものがあまり好きではない。あるいは、そうした存在に懐疑的な人間である、といった方が正確だろうか。卒業論文以来の私の主たる研究テーマの一つは、百済の国家形成過程を明らかにすることにあったが、本書でも述べたように、百済の場合、漢城をはじめとして王都周辺の墳墓に対する情報が非常に限られてきたこともあり、私は、国家形成の中心勢力の動向よりも、むしろその周辺諸勢力の変化に注目してきた。そのため、中央勢力の評価は相対的に低くなりがちであり、私の国家形成過程に対する議論は、どうしても歯切れの悪いものにならざるをえないのである。

京都大学人文科学研究所の研究班『国家形成の比較研究』に参加するお誘いを受けたときも、こんな私が参加してもよいのかと少々躊躇した。しかし、世界各地の国家形成に関する報告や、国家形成理論に関する議論を聞きながら、多くの知的刺激を受けることができた。そして、研究班での発表をもとに、これまでの研究成果を「朝鮮半島西南部における古代国家形成過程の諸問題」(『国家形成の比較研究』学生社、二〇〇五年）としてまとめることができた。

研究班で学びながら、そして本書の構想をねる中で、他地域における国家形成過程との比較検討を進めるためには、最初に「三国」ありき、ではなく、朝鮮半島という地理的空間の中における地域ごとの文化の変遷過程を、できるだけ長期期間にわたって検討し、その中で、高句麗・百済・新羅の三国や加耶諸国がどのように登場・成長してきたのかを明らかにする必要があるのではないか、と考えるようになった。こうした構想は、立命館大学で教壇に立つことになって以来、主に日本考古学や日本史を専攻する学生を相手に、朝鮮考古学の研究成果をどのように講義すればよいのか、と試行錯誤する中で生まれてきたものでもある。立命館大学および現在の勤務校である京都大学だけではなく、大阪大学（二〇〇一年）・奈良大学（二〇〇一年）・茨城大学（二〇〇四年）・九州大学（二〇〇八年）・岡山大学（二〇〇八年）・島根大学（二〇〇九年）で講義をする機会を与えられたことは、本書を執筆するために大きな助けとなった。我慢強く講義を聴講し、貴重な意見を聞かせてくれた当時の受講生の皆さんに、遅ればせながら感謝したい。

どうにか書き上げた原稿を読み返してみると、やはり朝鮮半島西南部における動向の記述が中心になってしまった一方、高句麗関係の記述が全く不十分であることを改めて思い知らされた。これは、北朝鮮の研究状況による部分も少なくないが、何よりも私の不勉強によるものである。また、韓国における調査研究の進展はまさに日進月歩であり、本書を構想・執筆中にも、記述に影響を与えかねない新しい発見や研究発表があったのだが、それらを十分に反映することができなかった。今後の課題としたい。

これまで私が考古学研究を続けてこれたのは、私を支えてくださった多くの方々の指導と励ましによるものである。私は、小学校四年生頃から郷土史に関心をもつようになり、次第に考古学に憧れるようになった。そして、高校一年生の夏に、地理歴史考古学部の顧問であった是川長先生につれられて、兵庫県たつの市・タイ山古墳群の発掘調査に参加し、出土した須恵器の整理を手伝う経験を通して、漠然とした憧れは具体的な目標にかわったように思う。また、加古川史学会の活動に参加する中でも、さまざまな貴重な経験をすることができた。

京都大学に入学してからは、誘われるままに縄文時代の住居跡から中世の山城まで、さまざまな時代の遺跡の発掘に参加した。そうした中で、ひょんなことから京都朝鮮古代研究会に出席しはじめ、二回生の秋に、大阪市文化財協会が企画した韓国の遺跡をめぐる団体旅行に参加して、韓国の遺跡や遺物にすっかり魅せられてしまった。幸い、京都大学考古学研究室は、自由に自分の研究をおこなえる環境にあり、小野山節先生や山中一郎先生からの指導を受けながら、朝鮮考古学をテーマとして卒業論文・修士論文を書くことができた。

修士課程修了後、当時の文部省から奨学金をえて、一九九〇年秋から約二年半の間、大邱広域市に所在する慶北大学校に留学したことは、私の人生にとって最大の財産となった。当時の韓国では、本書で紹介した多くの遺跡が盛んに発掘され、原三国時代から三国時代にかけての研究が大きく展開していこうとする時期であった。各地の発掘現場で、あるいはさまざまな研究会で知りあった、ここで全ての名前をあげることができない数多くの先生方や友人達からは、学問だけではなく、ほんとうにさまざまなことを学ぶことができた。一緒に現場で汗を流したり、お酒を酌み交わしながら議論をした友人達の多くは、今や韓国考古学を牽引する存在として各地で活躍しており、その調査研究成果なしには、本書を執筆することは不可能であった。そうした意味で、本書はこれまで受けてきた学恩に対する自分なりの「レポート答案」のつもりでもある。日本語文献を自由に読みこなす韓国の友人達が、どのように「採点」をしてくれるのか、今から気がかりであるが、少しでも恥ずかしくない点数がもらえるように、これからも研究に精進したい。

元来遅筆な上に、なかなか踏ん切りがつけられなかった私が、どうにか本書を書き上げることができたのは、編集を担当された小野利家氏の督促と励ましがあってこそである。いろいろとご迷惑をおかけしたことをお詫びするとともに、感謝申し上げたい。また、本書の内容の一部は、平成一八年度〜平成二一年度科学研究費補助金（基盤研究（C））『朝鮮三国時代の墳墓における棺・槨・室構造の特質とその変遷』の研究成果であることを記しておく。

最後になるが、研究の道へ進むことを許してくれた両親、異国での生活で苦労をしながら私を支えてくれている妻、そして心の支えである娘・息子に、末筆ながら心から感謝したい。

二〇〇九年一二月

吉井　秀夫

朝鮮考古学への理解をさらに深めるための文献案内

ここでは、朝鮮考古学の概要を知るための概説書や辞書類、および各時代についての最近の研究動向を知ることができる代表的な専門書を紹介したい（＊印は朝鮮語・中国語文献を示す）。

まず概説書である。植民地時代の調査成果の概要を知るための代表的な文献としては、梅原末治による1・2をあげておきたい。韓国においては、金元龍が一九六六年に最初の概説書を刊行して以来、数度にわたってその改訂版を刊行している。日本語に翻訳された最終版である3には、訳者である西谷正による詳細な訳注がつけられている。4は、韓国で出版された最終版である。5は、韓国考古学会による最新の概説書。北朝鮮における概説書としては、6をあげておく。ただし、一九九〇年代以降、北朝鮮における時代観は大きく変化していることに注意されたい。7は、日本語で読める最新の概説書である。

1　梅原末治『朝鮮古代の文化』（高桐書院、一九四六年）
2　梅原末治『朝鮮古代の墓制』（座右寶刊行会、一九四七年）

3　金元龍（西谷正訳）『韓国考古学概説』増補改訂版（六興出版、一九八四年）
4　金元龍『韓国考古学概説』第三版（一志社、一九八六年）＊
5　韓国考古学会編『韓国考古学講義』（社会評論、二〇〇七年）＊
6　社会科学院考古学研究所編『朝鮮考古学概要』（一九七七年）＊
7　早乙女雅博『朝鮮半島の考古学』（同成社、二〇〇〇年）

8は、日本語で朝鮮半島の遺跡について基本情報を知るために便利な最新の辞典である。韓国の国立文化財研究所が編纂した考古学関係の事典としては9・10がある。11・12・13は、現地での踏査に基づいて、高句麗・新羅・百済・加耶の遺跡を紹介しており、現地を訪れるガイドブックとしても役立つ。

8　西谷正編『東アジア考古学辞典』（東京堂出版、二〇〇七年）
9　国立文化財研究所編『韓国考古学事典』（学研文化社、二〇〇一年）＊
10　国立文化財研究所編『韓国考古学専門事典　青銅器時代篇』（学研文化社、二〇〇四年）＊
11　東潮・田中俊明『韓国の古代遺跡　1新羅篇（慶州）』（中央公論社、一九八八年）
12　東潮・田中俊明『韓国の古代遺跡　2百済・伽耶篇』（中央公論社、一九八九年）
13　東潮・田中俊明『高句麗の歴史と遺跡』（中央公論社、一九九五年）

次に、各時代の専門書である。青銅器時代や初期鉄器時代を扱った論文や専門書は多いが、ここでは本書の問題意識に通ずるものとして14・15をあげておく。16は、楽浪漢墓に関する総合的な研究書である。

14　崔鍾圭『三韓考古学研究』（書景文化社、一九九五年）＊
15　李盛周『青銅器・鉄器時代社会変動論』（学研文化社、二〇〇七年）＊
16　高久健二『楽浪古墳文化研究』（学研文化社、一九九五年）＊

17は、高句麗の墳墓および出土遺物を中心とした研究書であるが、百済・新羅・加耶の墳墓や遺物についても幅広く言及されている。中国における高句麗考古学の研究成果をまとめた概説書としては、18をあげておく。

17　東潮『高句麗考古学研究』（吉川弘文館、一九九七年）
18　魏存成『高句麗遺跡』（文物出版社、二〇〇二年）＊

19は、漢城に国家としての百済が成立する過程を考古学的に分析したもの。熊津・泗沘に王都がおかれた時代を中心とする百済墳墓を研究した成果をまとめたものとしては、20・21がある。22は、墓制や出土遺物、都市の分析を通して、六・七世紀における百済と新羅の国家形成について検討する。栄山江流域における墳墓および出土遺物に対する総合的な研究成果としては23・24をあげておきたい。

19　朴淳發『漢城百済の誕生』（書景文化社、二〇〇一年（木下亘・山本孝文訳『百済国家形成過程の研究　漢城百済の考古学』（六一書房、二〇〇三年））＊

20　李南奭『百済石室墳研究』（学研文化社、一九九五年）＊
21　李南奭『百済墓制の研究』（書景文化社、二〇〇二年）＊
22　山本孝文『三国時代律令の考古学的研究』（書景文化社、二〇〇六年）＊
23　徐賢珠『栄山江流域古墳土器研究』（学研文化社、二〇〇六年）＊
24　金洛中『栄山江流域古墳研究』（学研文化社、二〇〇九年）＊

25は、慶州周辺の原三国時代から統一新羅時代までの墳墓および出土遺物を総合的に検討した著作。26は、慶州と洛東江以東地域の地域間関係の詳細な分析を通して、五世紀代を中心とする新羅の国家形成過程を検討した。27は、墳墓や土器の分析を通して、洛東江流域の地域間関係から新羅や加耶諸国が成長する過程を検討し、28は、大邱・慶山地域の墳墓の分析を通して、新羅の形成過程を論ずる。29は、墳墓および出土土器の分析を通して、六～七世紀における新羅領域内の地域間関係の特質を整理した。加耶諸国のうち、30は池山洞墳墓群をはじめとする大加耶系の墳墓を、31は、玉田墳墓群を長年調査してきた著者による研究成果をまとめ、32は、加耶諸国の発展過程を、考古資料の広がりからみた日本との交渉の変化と関連づけて議論している。

25　崔秉鉉『新羅古墳研究』（一志社、一九九二年）＊
26　李熙濬『新羅考古学研究』（社会評論、二〇〇七年）＊
27　李盛周『新羅・伽耶社会の起源と成長』（学研文化社、一九九八年（木村光一・原久仁子訳『新羅・

伽耶社会の起源と成長』(雄山閣、二〇〇五年))＊
28 金龍星『新羅の高塚と地域集団——大邱・慶山の例——』(春秋閣、一九九八年)＊
29 洪潽植『新羅後期古墳文化研究』(春秋閣、二〇〇三年)＊
30 金世基『古墳資料からみた大加耶研究』(学研文化社、二〇〇三年)＊
31 趙栄済『玉田古墳群と多羅国』(ヘアン、二〇〇七年)＊
32 朴天秀『加耶と倭　韓半島と日本列島の考古学』(講談社、二〇〇七年)

索　引

＊日本語の読みにもとづいて五十音順に配列した。ただし、研究者等現代人で原語読みが慣例となっているものについては、その読みに従って五十音順に配列した。

遺跡名索引

事項・人名索引

吉井　秀夫（よしい　ひでお）

京都大学大学院文学研究科准教授。専門は朝鮮考古学。

1964年、兵庫県神戸市で生まれ、加古川市で育つ。1988年に京都大学文学部史学科考古学専攻を卒業し、1993年に同大学大学院博士後期課程を中途退学。京都大学文学部助手、立命館大学文学部専任講師・助教授をへて、2000年より京都大学大学院文学研究科に移り、2007年より現職。

大学在学中より、百済を中心とする朝鮮半島の墳墓の地域性とその変遷について調査研究を進めている。大学院在学中に大韓民国慶北大学校大学院考古人類学科碩士課程に留学後は、考古資料を手がかりとした古代日朝関係史についての研究も手がけてきた。また、京都大学赴任後は、植民地朝鮮において日本人研究者がおこなった考古学的調査についての再検討や、京都大学で所蔵・保管する朝鮮半島出土考古資料の整理検討作業も進めている。

【主な著書】

共著として、『東アジアと日本の考古学』第Ⅰ巻（同成社、2001年）、『倭国と東アジア』（日本の時代史2、吉川弘文館、2002年）、『漢城百済の物流システムと対外交渉』（ハンシン大学校学術院、2004年）、『国家形成の比較研究』（学生社、2005年）、『東アジア古代国家論――プロセス・モデル・アイデンティティー――』（すいれん舎、2006年）、『百済と倭国』（高志書院、2008年）、『日本所在高句麗遺物Ⅱ』（東北亜歴史財団、2009年）などがある。

シリーズ：諸文明の起源 13
古代朝鮮　墳墓にみる国家形成　学術選書 047

平成 22（2010）年 2 月 15 日　初版第 1 刷発行

著　　者…………吉井　秀夫
発 行 人…………加藤　重樹
発 行 所…………京都大学学術出版会
京都市左京区吉田河原町 15-9
京大会館内（〒 606-8305）
電話（075）761-6182
FAX（075）761-6190
振替 01000-8-64677
HomePage http://www.kyoto-up.or.jp

印刷・製本…………㈱太洋社
カバー写真…………高霊・池山洞墳墓群（1985 年筆者撮影）。
装　　幀…………鷺草デザイン事務所

ISBN 978-4-87698-847-1
定価はカバーに表示してあります　Printed in Japan

学術選書 ［既刊一覧］

＊サブシリーズ 「心の宇宙」→[心] 「諸文明の起源」→[諸]
「宇宙と物質の神秘に迫る」→[字]

001 土とは何だろうか？ 久馬一剛
002 子どもの脳を育てる栄養学 中川八郎・葛西奈津子
003 前頭葉の謎を解く 船橋新太郎 [心] 1
004 古代マヤ 石器の都市文明 青山和夫 [諸] 11
005 コミュニティのグループ・ダイナミックス 杉万俊夫 編著 [心] 2
006 古代アンデス 権力の考古学 関 雄二 [諸] 12
007 見えないもので宇宙を観る 小山勝二ほか 編著 [字] 1
008 地域研究から自分学へ 高谷好一
009 ヴァイキング時代 角谷英則 [諸] 9
010 GADV仮説 生命起源を問い直す 池原健二
011 ヒト 家をつくるサル 榎本知郎
012 古代エジプト 文明社会の形成 高宮いづみ [諸] 2
013 心理臨床学のコア 山中康裕 [心] 3
014 古代中国 天命と青銅器 小南一郎 [諸] 5
015 恋愛の誕生 12世紀フランス文学散歩 水野 尚
016 古代ギリシア 地中海への展開 周藤芳幸 [諸] 7
018 紙とパルプの科学 山内龍男
019 量子の世界 川合・佐々木・前野ほか編著 [字] 2
020 乗っ取られた聖書 秦 剛平
021 熱帯林の恵み 渡辺弘之
022 動物たちのゆたかな心 藤田和生 [心] 4
023 シーア派イスラーム 神話と歴史 嶋本隆光
024 旅の地中海 古典文学周航 丹下和彦
025 古代日本 国家形成の考古学 菱田哲郎 [諸] 14
026 人間性はどこから来たか サル学からのアプローチ 西田利貞
027 生物の多様性ってなんだろう？ 生命のジグソーパズル 京都大学総合博物館 京都大学生態学研究センター 編
028 心を発見する心の発達 板倉昭二 [心] 5
029 光と色の宇宙 福江 純
030 脳の情報表現を見る 櫻井芳雄 [心] 6
031 アメリカ南部小説を旅する ユードラ・ウェルティを訪ねて 中村紘一
032 究極の森林 梶原幹弘
033 大気と微粒子の話 エアロゾルと地球環境 笠原三紀夫 東野 達 監修
034 脳科学のテーブル 日本神経回路学会監修／外山敬介・甘利俊一・篠本滋編
035 ヒトゲノムマップ 加納 圭

036 中国文明　農業と礼制の考古学　岡村秀典　諸 6

037 新・動物の「食」に学ぶ　西田利貞

038 イネの歴史　佐藤洋一郎

039 新編 素粒子の世界を拓く　湯川・朝永から南部・小林・益川へ　佐藤文隆 監修

040 文化の誕生　ヒトが人になる前　杉山幸丸

041 アインシュタインの反乱と量子コンピュータ　佐藤文隆

042 災害社会　川崎一朗

043 ビザンツ　文明の継承と変容　井上浩一　諸 8

044 江戸の庭園　将軍から庶民まで　飛田範夫

045 カメムシはなぜ群れる？　離合集散の生態学　藤崎憲治

046 異教徒ローマ人に語る聖書　創世記を読む　秦 剛平

047 古代朝鮮　墳墓にみる国家形成　吉井秀夫　諸 13